军事经济学院国防经济国家重点学科学术文库

美国战争经济论

杜文君 著

中国财政经济出版社

图书在版编目（CIP）数据

美国战争经济论/杜文君著．—北京：中国财政经济出版社，2009.5
（军事经济学院国防经济国家重点学科学术文库）
ISBN 978 - 7 - 5095 - 1342 - 2

Ⅰ．美… Ⅱ．杜… Ⅲ．军事经济—研究—美国 Ⅳ．E371.2

中国版本图书馆 CIP 数据核字（2009）第 045387 号

责任编辑：卢关平　　责任校对：杨瑞琦
封面设计：邹海东　　版式设计：汤广才

中国财政经济出版社出版

URL：http：//www.cfeph.cn
E - mail：cfeph @ cfeph.cn

社址：北京市海淀区阜成路甲 28 号　邮政编码：100142
发行处电话：88190406　财经书店电话：64033436
北京富生印刷厂印刷　各地新华书店经销
787×960 毫米　16 开　18 印张　278 000 字
2009 年 5 月第 1 版　2009 年 5 月北京第 1 次印刷
印数：1—4000　　定价：36.00 元
ISBN 978 - 7 - 5095 - 1342 - 2/F · 1139
（图书出现印装问题，本社负责调换）
本社质量投诉电话：010 - 88190744

前　言

战争及其军事战略受政治、经济、文化、地缘和战略思维等多重因素的影响和制约，每一种因素在战争及其军事战略的筹划和实施过程中分别扮演着作用各异的角色，其中，经济因素对美国战争和军事战略的影响尤为深刻：战争对象的认定、战争手段的选择、战争目的的确定乃至实现，每一个环节无一不受其左右和约束。本书在充分认同其他因素重要影响和固有作用的前提下，着重从经济的视角探析美国战争及其军事战略整体的经济特性、具体战略要素构成中的利益渴望、手段选择和效益追求。

战争与美国成长历史相伴相随，一部美国战争史就是一部求利史，在英属殖民地诞生的美国通常在丝毫没有受到军事安全威胁的情况下还要在世界各个角落马不停蹄地点燃战火，今天的美国似乎仍然没有停止战争脚步的迹象。审视美国的战争与军事战略历程，你会由衷感慨它的求利性：从战略目的的确立直至战略目的的实现，逐利法则是那样深刻地、全方位地浸润着它的每一个环节，以至于你会理所当然地认为：战争就是这个国家成长的工具，事实上，美国战争及其军事战略的经济特性是与生俱来的。

1. 因为美国战争与经济唇齿相依，相得益彰。

人口仅占世界总人口4.6%的美国，之所以能够在世界上如此强盛并因此而霸道，战争发挥了重要作用，战争在美国历史上始终存在①，并发挥着经济助推器的作用，且暴力本身就是一种经济力。“1911年在刺刀威逼下的海地国家银行变成了美国花旗银行的私产”②。纵观美国200多年的历史，这个诞生于独立战争、地处两洋之间的国家经济繁荣的进程几乎与战争相伴相随：征伐印第安人的战争、两次独立战争、美墨战争、美西战争，两次世界

① ［美］阿伦·米利特：《美国军事史》，军事科学出版社1989年版，第3页。
② 王绳祖：《国际关系史（17世纪中叶～1945）》，法律出版社1986年版，第215页。

大战、绵延近半个世纪的冷战、朝鲜战争、越南战争、两次海湾战争、阿富汗战争和科索沃战争等，战争使美国开疆拓土，叱咤风云，并一步一步成长为当今世界的霸主，傲立于世界民族之林，它使美国成为世界历史上最富有、最强大的国家，将战争视为民族福音和经济进步的手段，世界上恐怕没有哪一个国家能与之媲美。战争自身的这种财富效应以及带给美国巨大的"红利"使美国人对战争具有惯性的心理预期，从而使运筹战争为己任的军事战略具有天然的逐利性。

历史研究表明，美国经济上的强弱同其作为一个军事强国的兴衰之间有着内在的逻辑联系。19世纪末20世纪初，美国开始从自由竞争向垄断资本主义阶段过渡，在新一轮的经济竞赛中，一些老牌资本主义国家后劲不足，步履蹒跚，美国则充分利用欧洲的资本、技术和人力资源，紧锣密鼓发展美国经济，速度远远超过其他资本主义大国，令其望尘莫及。但由于美国经济的国际化是通过对外经济扩张和霸权主义手段实现的，从而使美国经济对世界资源、商品、资本市场存在着严重的依赖，正是美国经济的脆弱性给军事战略的经济利益渴望埋下了深深的伏笔，以致美国军事战略变迁的历程就是对利益渴望和效益追求的过程，美国战争及其军事战略在不同历史发展时期表现出不同的经济利益渴望：

第一阶段，对土地和疆域资源的渴求。从美国建国之初到19世纪末的美西战争之前，是"横贯大陆"时期。这一时期，美国的军事战略是使其疆域形成一个完整的北美大陆板块，实现"横贯大陆，连接两洋"的扩张目的，并通过对中美洲和南美洲的军事干预，将整个美洲置于美国的控制之下，使美洲真正成为"美国人的美洲"。

第二阶段，对海洋资源的渴求。从美西战争到第二次世界大战（以下简称"二战"）结束，是美国向全世界进行扩张的时期，即"对拼两洋"时期。在这一时期，通过美西战争，美国的势力范围从美洲扩展到了太平洋，经过两次世界大战，美国把手伸到了太平洋、大西洋的各个角落，成功实现了"对拼两洋"的目的，确立了其大国的优势地位。

第三阶段，对世界权力的渴求。对世界控制权力的争夺实质上就是对财富分配权的攫取。从二战后到冷战结束，是美国"争霸世界"时期。这一时期，美国在全球范围内进行军事干预，与苏联展开全方位的角逐和博弈，终于使苏联陷入崩溃瓦解的境地，从而如其所愿地登上了世界霸主的宝座。

第四阶段，对稀缺战略资源的渴求。从冷战结束至伊拉克战争，是美国

“称雄全球”时期。美国军事战略目标的全球性折射了美国垄断资本在全球利益的广泛分布性，战争成为掠夺稀缺战略资源的重要手段。

追寻美国战争历史的变迁轨迹，扩张和争夺是始终不变的主旋律，但这种扩张并非传统意义上的掠夺和占领，而是以经济利益为核心的国家利益的渗透和拓展，通过扩张，美国的经济利益遍布世界的各个角落，正是经济利益的广泛性导致美国军事战略的求利性、好战性和全球性，美国战争的利益渴望因此而使军事战略的经济色彩愈发昭然若揭。21世纪的美国更加崇尚使用武力获取和护持经济利益，因为经济一体化使美国的经济利益全球化，战争仍一如既往地成为潜在经济利益获取和现实经济利益护持的工具，为了维护战略资源供给线和掌控分配权，美国不惜劳师万里频频出兵海外，将军事力量视为支撑经济大国地位的重要基石和成就霸业不可或缺的重要支柱，显现出穷兵黩武的典型帝国心态。

曾几何时，我们将美国偏好战争的原因先是归结为意识形态的不同、文明的冲突，最后落脚在霸权上，评判美国战争及其军事战略也常常抱有“爱恨情仇”心理：一方面对美国先进的武器装备和全球作战能力心存仰慕；另一方面由于近代史上帝国主义侵略的经历而对美国怀有深深的敌意。基于这种片面的错误知觉，我们对美国的战争与战略更多的是从政治、军事、文化乃至战略思维的视角去穷究根源，似乎美国战争的逻辑归宿只是霸权，很少从经济的视角洞悉美国的战争与军事战略的实质，其实，争夺霸权远不是人们惯常认定的“是美国战争行为的唯一标准”，争霸或者称霸只是美国战争的政治目标，而这个目标的背后必定隐含着深厚的经济根源，战争背后，总能够嗅到一丝丝商人的气息，所以，美国追求的是有经济底蕴的霸权，因为，只有雄厚的经济实力才是美国霸权的坚实基础，经济繁荣则是美国霸权的最终目标。没有经济底蕴作铺垫、经济昌盛为结果，美国的霸权无异于空中楼阁、南柯一梦。正是基于这一点，美国战争及其军事战略具有天然的逐利性。

2. 美国战争及其军事战略运筹自身也具有浓厚的经济学涵义。

审视美国以运筹战争为己任的军事战略，往往会由衷感慨它在利益渴望、利益获取和利益实现过程中的功利性：开战前认定战争对象和选择战争区域的利益取向、历久传承的借用他国财力分担战争成本的联盟战略、旨在遏制战争萌芽、阻止战争升级的非战争军事行动、以削弱对方战争经济潜力为目的的逢战必用的战时经济战……从战略目的的确立、战略手段的选择、战略力量建设和运用直至战略目的的实现，逐利法则是那样深刻地浸润在战略运筹的每一个环节，以致战略运筹和市场经营呈现惊人的一致性。这个国家的战略运筹理念因为和市场经营法则异曲同工而显得异彩纷呈，这个民族的逐利个性根深蒂固而又独特地影响着战略运筹的每一个环节，显而易见，利益渴望与效益追求渗透在美国战争及其军事战略的历史与实践进程中。从严格意义上说，美国军事战略从目的到手段展现出最典型、最完整的经济性特征始于第二次世界大战时期。两次世界大战期间的美国军方制定了一系列以"颜色"为代号的计划，在他们看来，国家政策中占突出地位的那些经济因素，不但过去是今后仍将是引起国际冲突与战争的根本原因，他们很愿意为了经济上的原因参与战争①。但在共同认可战争经济根源的基础上，军种间又存在着严重的分歧：单独保卫美国的利益还是依赖盟国的帮助。在整个20世纪30年代，这种军种间的争论使战略计划不断修改和调整，最终海军作战部长斯塔克跳出军种界线，提出了后来被海军称之为"雾虹计划"（又称"D计划"）的战略方案。该方案以国家利益为基点，提出维护美国"领土、经济和意识形态完整"是战争计划制定的首要前提，而这有赖于强大的英国海军和大英帝国去抑制欧洲大陆上敌对势力的任何军事入侵及保持"有利的对外贸易的畅通……尤其是与欧洲的贸易。英国一旦陷落，美国便会失去安全必不可缺的条件，并将会发现自己孤立无援，在单独与全世界作战。因此，防止大英帝国崩溃应当是与大陆防御和西半球防御相关并仅次于后者的一个主要目标，有鉴于此，在目前这场危机中，支持英国抗击德国必须成为美国重要的基本国策"②。斯塔克在他那份非同凡响的计划中所阐述的主要内容，后来成了美国在第二次世界大战的最基本的战略决策，但他作出的贡献却远不止于此，以今天的大战略眼光来评判，他抛弃了狭隘的、传统的军种范畴，使战争计划第一次既有战略目的经济利益考虑又有联盟战略手段的效益选择，更是站在国家经济实力的框架内制定整个战争计划。从经济的视角来描绘美国当时的军事战略，战前的战略是H型架构，即各军种只强调本军种的战略地位，追求本单元的局部利益最大化；而战后的战略，则是U型架构，各军种是一个相互依存的整体，但没有一个军种单元能单独存在，从而避免了战略力量单元成本的上升，尤为重要的是，战略决策的过程

① 马克·A. 施托勒：《盟友和对手》中文版，新华出版社2002年版，第5页。
② 马克·A. 施托勒：《盟友和对手》中文版，新华出版社2002年版，第38页。

就是将军事战略目标和国家战略目标有机融合的过程，自此以后，军事战略目标和国家战略目标融合一体便成为美国军事战略最为鲜明的战略特征，以至今天的人们每每提及杜鲁门主义、尼克松主义或者里根主义，立刻就会联想起遏制战略、现实威慑战略和新灵活反应战略。所以，从这个意义上讲，美国的军事战略从H型向U型的转化[①]，标志着美国军事战略已经逾越了单纯的军事领域范畴，开始具有大战略的蕴意，而第二次世界大战对美国的军事战略发展而言，也因此成为一个重要的可圈可点的时代。

自古以来有过多少辉煌的帝国，老牌帝国西班牙、海上强国荷兰和英国，都曾经留下不可一世的光荣，但不论它们曾经多么强大，结果都以衰落乃至销声匿迹而告终。在现代历史上，号称日不落帝国的英国，仅称雄了一个世纪左右的时间便衰落了。其间的历史人物从马其顿国王亚历山大一世到罗马帝国的恺撒大帝，从拿破仑到希特勒，无一不是如此。古今中外的国家盛衰史表明：任何一个国家，如果在军事战略上过度扩张，结果很可能导致综合国力的削弱，即使这个国家正处于繁荣昌盛时期也无法摆脱终将衰退的命运，如果说美国军事战略的利益渴望是基于繁荣美国经济的图谋，那么，效益追求在某种程度上折射了美国力图规避经济衰落兑现为现实的心态。目前美国霸权的一个显著特征是综合实力的不均衡，军事力量遥遥领先于任何国家，但在经济全球化的时代大背景下，其经济力量日益受制于日本和西欧，所以，美国的军事战略只能有两种选择：一是选择霸权，在与其他国家永无休止的争斗中凭借其经济实力和军事强权占据上风；二是选择抛弃，退回到孤立的美洲大陆。从新世纪美国频频出兵的现状来看，霸权争夺是美国不变的永恒目标，由于战略资源稀缺的客观经济约束，其军事战略的效益追求愈来愈显现出与市场经营法则的趋同性：在战略目的上强调有限；在战略手段上力图经济；在战略力量建设上注重精兵；在战略效果上追求速决；在战略绩效评估上追求综合战争效应。总之，效益追求是美国战略实现利益渴望的必然选择。

---

① U型和H型是借用美国耶鲁大学的威廉森教授（Oliver Willimason）在研究大公司时对企业组织形态的描述。大型公司的组织形态主要采取三种结构形式：U型、H型和M型。U型就是所谓的“职能式”组织，在这种组织内，没有一个单位可以单独存在，各个单位相互依存，共同追求利润目标的最大化。H型组织中，各单元从事的经营行为是相互独立的，每一个单位都依赖于自己。而M型组织最重要的特点就在于组织内各单位都局部相互依赖，每一单位所制造的产品或提供的服务虽有所不同，但共同利用某些资产，如技术、技能或是其他重要的资源，该组织介于U型和H型之间。

美国战争史表明，战争的本源是经济，从美国军事战略发展变化的特点来看，美国军事战略具有全球性、进攻性、联盟性和灵活性，而美国争霸、称霸及对霸权地位的护持，是为了最大限度得到霸权的制度收益，实现以经济利益为核心的国家利益渴望，建立以经济霸权为内核的全球霸权体系，因为，只有奠定坚实而丰裕的经济基础，才能在政治、军事、文化乃至其他领域随心所欲地张扬其影响力。美国的军事战略是天然逐利和必然求利有机结合的产物，美国追求的是有经济底蕴的霸权，因为，只有雄厚的经济实力才是美国霸权的坚实基础，没有经济底蕴作铺垫、经济昌盛为结果，美国的全球霸权无异于空中楼阁、南柯一梦。正是基于这一点，美国军事战略的逻辑起点是维护以经济利益为核心的国家利益，逻辑终点是护持以经济霸权为核心的全球霸权。也许美国进行的战争不一定每次有明确的经济图谋，甚至还进行过从成本角度来讲根本就是得不偿失的战争，但却在战争整体上表现出不可或缺的经济利益渴望，美国战争的经济性特征及其规律就深藏在这种确定性之中，揭示这种经济特征与规律无疑是军事战略学的责任。在当今全球经济一体化的时代大背景下，有必要从利益渴望和效益追求的角度诠释美国的军事战略，正确认识其发动战争的经济动因及其战略的经济本质，洞悉美国军事战略的历史变迁和现实趋向，藉此作为观测美国军事战略变迁和预测未来军事战略走向的标本，为我国理性预期美国军事战略演绎趋向、科学运筹我国新时期军事斗争准备提供理论参考，为拓展军事战略研究领域提供有价值的借鉴。另外，美国的战争行为不仅反映了美国的军事战略趋向和全球战略利益目标，而且在很大程度上体现了经济学的成本和效益理念在战争行为中的广泛应用，因此，探寻美国战争经济既是军事战略学研究的重要内容，更是国防经济学理论体系的重要组成部分，借助经济学原理发现战争行为的经济规律，以此推动国防经济学理论范畴的延伸和拓展，这也是国防经济学研究的目标之一。

毫无疑问，系统而科学地研究美国战争及其军事战略的经济性有着无可置疑的理论研究价值和现实指导意义。

关于美国战争的研究一直是国际关系学界、军事战略学界和军事经济学界的共同热门话题。在西方国际关系学界，关于美国战争的研究形成了两种截然不同的观点：以汉斯·摩根索、汉迪·布尔以及肯尼斯·沃尔兹等为代表的新旧现实主义理论学派从政治和力量均衡的角度出发，认为权力的不均衡是美国战争亘古不变的本质特征；而以莫德尔斯基、罗伯特·吉尔平等为代表的新旧自由主义和古典经济学派的学者们则认为：就像表面上混沌无序的国内经济生活存在着起伏升降的各种周期一样，美国战争同样存在着不同的、各有规律可循的周期，对于特定的周期而言，总有一个居于主导地位的霸权国家或国家集团为维护霸权而呈现出有规律的周期性战争特点[①]。与此同时，国内有共识性的观点则是霸权论，认为美国战争的根本原因大多是基于霸权，其中以国际关系研究学者秦亚青为代表人物，以《霸权体系与国际冲突》为经典著作，霸权论的主要观点是：20 世纪 60 ~ 70 年代，美国实力地位不断衰落的现实和力图维护美国霸权地位的冲动极大地刺激了美国战争的欲望。霸权论观点持有者以政治为切入点，深刻地探求了历史上国际体系变迁中霸权国家兴衰更迭的过程及规律，探索了美国为维护霸权而发动战争的政治原因。

在军事战略学界，形成共识的观点是战争经济本源论，以军事战略理论研究专家葛振峰、姚有志、傅立群和彭光谦等将军为典型代表，其中，《百年战争评说》集中反映了战争经济本源论的观点，他们认为，美国战争是不同历史阶段矛盾冲突的必然产物，21 世纪的美国战争和 19 世纪的美国战争的本质都一样，其本源都是经济，但引发战争的表面冲突则可能是形形色色、林林总总的，美国战争折射了美国国家利益的走向。

在军事经济学界，从战争的起源、战争的目的、战争的危机管理、战争的经济保障直到战争效果的评估都有基于经济视角的研究，尤其是关于战争经济保障的理论研究更是百花齐放，欣欣向荣。其中，涉及对战争规律的阐述，以刘化绵将军为代表的军事经济理论专家认为：规律是事物发展内在的、本质的必然联系，任何事物都是有规律可循的，《中国军事经济学教程》有对规律的精彩论述。

上述不同领域中外学者的真知灼见为本书探析美国战争及其军事战略的经济特质奠定了理论基础。本书根据马克思主义唯物史观——战争经济本源论为理论底蕴，主要围绕在经济的大视野下集中考察美国战争及其军事战略。研究的对象主要是美国战争及其军事战略呈现出的经济因素。美国战略层次结构通常分为国家战略、国家安全战略、国防战略、军事战略和战区战略五层，由于美国国家战略目标指向的全球性，作为实现国家战略目的的主

① ［美］罗伯特·吉尔平，武军等译：《世界政治中的战争与变革》，中国人民大学出版社 1994 年版，第 96 页。

要工具，军事战略在现实生活中往往与国家战略、国家安全战略和国防战略具有极强的交融性和互动性，因此，本书研究的军事战略在外延上有时不可避免地要涉及相关战略层次的内容。

本书旨在从经济的视角分析美国战争及其军事战略。本书对"经济"概念的界定，就是如何以最小的代价取得最大的效果，就是如何在各种可能的选择中，也就是在各种主观与客观、自然与人际条件的制约下，进行代价最小而收效最大的那一种最佳抉择。从经济学的角度看，社会科学以至人文科学的一切领域，都是以经济学的原理为理论基础的：哲学首先要解决"人的起源"的问题；政治、法律自身是为了解决经济利益冲突而存在的；历史归根到底就是经济发展的过程；而文学则是描述经济学的一大理论要素即人的偏好的多元性以及它在决定人的行为中的作用。这些都佐证了西方经济学界盛传着的一句经典颂词：经济学是社会科学"皇冠上的明珠"。这就是本书试图从经济的视角来看美国战争及其军事战略决策这一特殊人类活动的初衷。

本书的"经济论"主要是指美国战争及其军事战略的经济利益渴望、为了实现这种经济利益渴望而有计划、有针对性选择的理性预期中的效益手段以及具有经济学涵义的资源配置方式。欲望（want)、稀缺（scarcity)、抉择(choice）和效益（efficiency）基本涵盖了美国军事战略中的主要经济特性。所以，本书刻意要回答的，不是美国战争和军事战略是什么，而是战争和军事战略中独具的经济特征，这些因素主要从美国军事战略整体和具体构成两方面折射出来：一是美国军事战略整体的经济特性，如战争及其军事战略的经济本源、战略决策者的"经济人"角色特征，战略资源的稀缺性状态、战略运筹的经济学理念、军事战略的经济基础、军事战略的经济矛盾以及军事战略的经济效应等等；二是美国军事战略构成要素中的经济特性，即军事战略目的的经济利益渴望、实现战略目的经济手段选择和军事力量建设和运用中的效益追求。

本书主要根据美国军事战略的构成要素来设计全书框架和写作脉络。美国前参谋长联席会议主席麦克斯韦尔·泰勒认为，战略包含目的、方法、手段三个要素，即战略 = 目的（追求的目标） + 途径（行动方案） + 手段（实现目标的工具)①。确定战略目标，制定实现这些目标的战略方针，以及运

① 彭光谦、姚有志：《军事战略学教程》，军事科学出版社 2001 年版，第 9 页。

用人力、物力、财力等等军事力量贯彻这一战略方针以求最终达到战略目的，构成了军事战略的全部内容，即军事战略 = 战略目的 + 战略手段 + 军事实力。全书从扫描美国战争经济本源为起点、以军事战略逻辑基点为导向、以军事战略构成要素为基本脉络，分析美国军事战略目的的利益渴望、手段选择和军事力量建设及其运用的效益追求，在探析美国军事战略总体经济特性的基础上，具体分析美国军事战略构成要素的经济特征，并在此基础上思考我国战略利益渴望、效益追求的实现路径和制度设计。综上所述，全书基于独特的经济视角来提炼和探寻美国战争及其军事战略的经济性，这是国防经济学和军事战略学两个学科的一个契合点，因此而成为本书的探讨重心，希冀本书能够为国防经济学和军事战略学研究提供有价值的理论参考。

内 容 提 要

“暴力仅仅是一种手段，而目的则相反地是经济利益。”美国战争及其军事战略是对马克思主义“战争经济本源论”的完美佐证和经典诠释。战争及其战略的经济本源使美国军事战略具有与生俱来的经济色彩，而助推美国经济成长的使命，又使美国的军事战略洋溢着浓郁的寻利气息，从战争目的的确立、战争手段的选择直至战争力量建设，逐利法则深刻地浸润着战争运筹的每一个环节，从而使美国战争及其军事战略彰显独特的经济特性。

本书共分为六章，第一章，探析美国战争及其军事战略的逻辑基点与归宿；第二章，分析美国战争及其军事战略的经济特性，即战争主体的“经济人”角色；战争资源的稀缺性状态；战争运筹的经济学理念；战争对象和战争区域选择的利益取向；战争的经济底蕴、战争的经济约束以及战争的经济效应等等；第三章，探寻美国战争目的的利益渴望；第四章，探究美国实现战争目的的经济手段选择；第五章，管窥美国运用和建设战争力量的理性预期和效益追求举措；第六章，思考我国战争和战略效益追求的实现路径。

全书以美国战争的经济本源为龙头、以美国战争及其军事战略的逻辑基点为导向、以军事战略的构成要素为基本脉络，分析了美国战争及其军事战略目的的经济利益渴望、战争手段的经济选择和战争力量建设的效益追求，并在此基础上思考了关于我国战争效益追求的制度设计。全书的主要观点是：以经济利益为核心的国家利益是美国战争及其军事战略的逻辑基点，以经济霸权为内核的全球霸权是其逻辑归宿，美国战争目的的利益渴望，手段的经济选择、战争力量运用与建设的效益追求均以此为轴心。美国追求的是有经济底蕴的霸权，只有雄厚的经济实力才是美国霸权的坚实基础，没有经济底蕴为辅垫、经济昌盛为结果，美国的霸权无异于空中楼阁、南柯一梦。正是基于这一点，美国战争及其军事战略的经济性具有深广的意义，美国战争的经济特征及经济规律就深藏在这种确定性之中，客观揭示这种经济特征与规律，无疑对我们准确认识美国战争及其军事战略的经济本质、理性预期美国战略趋向具有理论参考和现实指导意义。

关键词：战争　军事战略　利益渴望　效益追求　美国

ABSTRACT

Violence is merely a means, while the aim is economic interest. This Marxist wiew on the origin of war has been best illustrated by American wars and its military strategies. American wars have been the best way to boost its economy, which is best characterized by the establishment of strategic purpose, the choice of strategic means, and the construction of military might.

The dissertation is divided into six parts. The first part analyzes the logic departure point and the destination of American military strategies. The second part analyzes the economic features of American military strategies, that is, the economic personality of the subject of war, the sanctity of strategic resources, the economic theorem of war design, the economic implications of strategies, the foundation of strategies, the economic restraints and the economic effects of strategies. The third part deals with the pursuit of economic interests in American strategic purpose. The fourth part focuses on the choices of means to realize its strategic purpose. The fifth part reveals the rational expectation of the American employment and construction of its military forces, and the measures taken to pursue profit. The last part is about the implications to the pursuit of strategic benefits of China.

The dissertation starts by analyzing the economic origins of war. It takes US military strategies as the departure point of logic, and offers a comprehensive analysis of the elements of those strategies. It goes on to analyze the economic aspirations, choice of means and profit – seeking in the construction of military force of the US. It comes to a comparative study of the institutional design in China's pursuit of economic benefits in its strategy. The major conclusions of the dissertation are as follows: US military strategy takes as its core the pursuit of economic interests; its strategic purpose, choice of means, employment of military might and construction are all based on the consideration of economic interests; economic might forms the basis of US hegemony. It is hard to imagine US hegemony without a strong economic power. The understanding of this point helps an in – depth understanding of the economic side of American military strategies. To reveal the economic features and rules of US military strategies offers realistic guidance to a reasonable prediction of the future development of American strategy.

Key words: warfare military strategies economic factors interest aspiration pursuit of benefits

目　录

第一章 美国战争的经济本源和军事战略的逻辑归宿

虽然战争形态的嬗变速度远远超出了一般人的想象，但战争的经济本源是亘古不变的。“暴力仅仅是手段，相反地，经济利益是目的。”① 马克思主义唯物史观的战争经济本源论是颠扑不破的真理。美国在世界经济中一度赢得领先地位，并成为霸权国，战争手段不可或缺，它在美国经济成长中始终是一种独特而又常用的投资手段。在美国经济羽翼未丰之时，战争是拓展疆域、增加地理版图、奠定经济基础的手段；当美国经济傲视群雄之际，战争为美国商品和资本寻找出路；今天的美国，战争更是攫取经济发展所需战略资源的工具。所以，对美国而言，战争与经济相得益彰，战争的经济本源、战争的财富效应和助推美国经济成长的使命使运筹战争为己任的美国军事战略具有与生俱来的经济特性，争夺霸权的经济底蕴需求使美国军事战略将以经济利益为核心的国家利益作为逻辑基点，以经济霸权为核心的全球霸权护持视为逻辑归宿。

第一节 美国对外战争的经济本源

考察美国的任何一场战争，在硝烟的背后都有着深刻的经济本原，或许战争爆发的表面上有林林总总的原因，或政治、军事乃至宗教分歧，但隐藏在战火背后的一定有潜在或者现实的经济利益。因为经济是政治的基础，经济的强大是美国霸权的前提，有了强大的经济实力，才能有强大的军事实

① 《马克思恩格斯全集》第20卷，人民出版社1971年版，第175页。

力。同时，“军事力量可作为达到经济目的的主要手段。”[①] 经济利益伴随着美国战争及其战略，就像潮汐伴随着海洋。美国的国家性质和垄断资本贪婪攫利的本性决定了其必然不断谋求向外扩张，以寻求海外商品市场、生产原料供给地和资本投资场所。纵览美国的战争历程，战争的经济动因大多体现在下列几个方面：保护现有的和潜在的海外原料来源；为本国商品进入世界各地打开门户通道；保护已经占领的海外市场和对外投资渠道；保护本国商业通道畅通无阻；维护美国实业界在海外的贸易、投资势力范围；通过对外军事和经济援助创造新的外国主顾和投资机会；维护有利于美国垄断资本利益需求的经济秩序；争夺重要战略资源及其分配控制权。美国战争所具有的这种一箭多雕的作用，不仅为了眷顾它在工业化国家中的小伙伴的利益，更主要的是为了美国自己的利益，并以此为基础建立和护持全球霸权。一言以蔽之，孙子在其《火攻篇》中的“非利不动、非得不用、非危不战”和“合于利而动、不合于利而止”的战争经济法则就是对美国军事战略淋漓尽致的真实写照。

一、独立战争的经济诱因

200 多年前，美国尚是大英帝国的北美殖民地，在长达一个多世纪之久的殖民统治下，北美十三州的经济发展受到重重阻碍，导致各阶层人民与英国殖民统治的矛盾日趋尖锐，而 1765 年英国政府颁布的《印花税法》终于成为触发北美殖民地独立战争的导火索，原先英属北美十三个殖民州在政治上四分五裂，但在反《印花税法》的斗争中开始走向联合，反抗宗主国经济压榨的共同利益上升为挣脱英国殖民统治的共同政治。这场历时 8 年(1775～1783)的独立战争因为经济上的诱因而使北美原本政治上分散的十三州为了挣脱英国殖民主义的束缚而联合奋起抗争，结成了经济与政治上共命运的民族共同体，最终建立了独立自主的资产阶级民主共和国。殖民土地上的十三州达到了进行战争的目的，年轻合众国的建立，为美利坚经济的发展扫除了英国殖民统治枷锁这一当时最大的障碍。这场缘起于维护经济权利的独立战争，相对后来的一些侵略扩张战争如美墨战争（1846）、美西战争(1898）尚具有一丝丝正义的色彩。通过这次战争，美国摆脱了对英国的依赖，推翻了英国在北美十三州的残酷殖民统治，由半殖民地经济转变为独立

---

① ［美］约翰·柯林斯：《大战略》，中国人民解放军军事科学院 1978 年版，第 29 页。

自主的经济，自此以后，美国摆脱了经济上对英国的依赖，进入了发展资本主义时期。

二、南北战争的经济诉求

美国南北战争发生在1861~1865年，是自由劳动制度和奴隶劳动制度的激烈较量。早在17世纪中期，英国殖民者为了开发北美大陆，攫取超额利润，将数以万计的黑人从非洲运往北美南方的殖民地，实施种植园奴隶制。美国借助独立战争摆脱英国殖民统治后，美国南北双方沿着截然不同的道路南辕北辙地发展着，在北方，资本主义经济犹如雨后春笋般蓬勃发展，而在南方，阻碍生产力前进的奴隶制度横行，显然，北方先进的自由劳动制度遇到了南方落后奴隶制度的羁绊，而南方奴隶主力图推广的奴隶制度将几百万黑人束缚在种植园中，更使北方工业资本家无法获得大量廉价劳动力，加之南方将农产品运往欧洲，进口欧洲的工业品，这使北方工业品市场受到极大冲击，于是双方展开了具有划时代意义的针锋相对的较量。直到1860年反对奴隶制度的共和党候选人林肯当选为总统，南方15个奴隶制州中的11个相继退出联邦，并于1861年的2月自立门户另组国家，4月份，南方军进攻联邦军驻守的要塞，引发了历史上可圈可点的南北大战。这场战争以北方胜利、南方奴隶制度灭亡而告终。美国内战是一次资产阶级民主革命，它为美国资本主义高速发展开辟了道路，极大地解放了生产力，在美国战争历史上具有史无前例的革命性意义。

显而易见，相较美国其他的对外战争而言，在美国历史上，有这样一场内战具有革命性的意义，即：当落后保守的奴隶制度成为美国资本主义经济发展的羁绊时，战争居然首当其冲地成为这个国家扫清经济制度障碍的选择手段。

三、始于18世纪的疆土拓殖与商人的贸易渴望

商业扩张需求的不断上升与美国“大陆扩张”和“海洋扩张”政策有着惊人的同步性，经济需求实际上就是美国对外战争的根本推动力。18世纪80年代，美国商人的目光就开始投向太平洋彼岸的东方，虽然欧洲和大西洋是北美商人传统的贸易活动地区，那里商业发达、技术先进，但同时也强国林立，各国之间的争霸斗争此起彼伏，是一片永远的战争温床。频繁的欧洲战乱促使北美商人企图寻找一个替代大西洋贸易的有利可图的市场。1784

年初，美利坚开往中国的首条商船“中国皇后”号横过大西洋，绕道好望角来到广州，这条商船赚取的丰厚利润十分诱人，巴尔的摩、费城、波士顿的商人们为之垂涎，他们凭借早期美利坚民族强烈的探险精神，纷纷奔往东方，分享这条新的贸易线路带来的好处，依靠亚洲田野里成熟的作物，许多商人成为百万富翁。

时光进入美国经济迅猛发展的19世纪初，美国商人追逐经济利益的欲望越来越符合战略决策者扩张的战略企图。1801年，美国以战争相威胁，要挟法国出卖由它控制下的路易斯安纳，使美国的领土扩大了近一倍。1846~1848年，美国实施武装颠覆和侵略战争，打败了新独立的墨西哥，获取了加利福尼亚、科罗拉多、得克萨斯、内华达、犹他和亚利桑那州大部分达190万平方公里的土地，把美国领土推至太平洋沿岸。又采取“劝说”和战争威胁相结合的手段，迫使英国放弃俄勒冈的大部分土地。美墨战争是美国对弱小邻国墨西哥进行的侵略战争，是美国在北美大陆上进行的第一次领土扩张战争，美国从此成为美洲的真正主宰，并借此打通了通向太平洋的大陆通道，为美国的版图增加了119.3万平方公里的领土①。战争的胜利使美国获得了大西南广阔的土地和丰富的资源，促进了美国农业的资本主义化，为美国工业化奠定了基础，推动了美国工业化的进程。在战后不久，就在加利福尼亚发现了金矿，由于金矿的诱惑，加利福尼亚在很短的时间内使太平洋沿岸集中了不计其数求富的人们，这些淘金人开辟了轮船交通，铺设了横穿美国大陆的铁路，使美国西部开始由野蛮和荒凉走向繁华和现代文明。自此以后，美国开始有了窥探东方的窗户，美国的战争“向西扩张的精神惯性就指向整个太平洋了”②。

19世纪末期，美国富有传奇色彩的牧歌式西进运动大功告成，自由竞争时代的扩张主义传统和垄断时期的资本欲望结合而成一种更为强烈的海外侵略战略，美国在美洲以外扩张领土的野心越来越膨胀。1898年的美西战争是美国战争史上的一个重要转折点，它是美国从自由资本主义过渡到帝国主义阶段后参与瓜分世界的战争，美国用炮舰昭示它吹响了由北美大陆走向全球扩张的号角，向全世界宣布了它要参与重新瓜分世界的角逐，它选择了老牌但业已没落的殖民帝国西班牙开刀，以极小的代价从西班牙手中取得了

① 蔡祖铭：《美国军事战略研究》，国防大学研究生院2001年9月，第28页。

② ［英］约翰·科斯特洛：《太平洋战争》上册，东方出版社1985年版，第8页。

对菲律宾、关岛和波多黎各的占有权，将星条旗插到了西太平洋，并且对古巴实行了实际的控制，麦金莱总统解释美国吞并菲律宾的战略考虑是：不能把它转交给我们的商业对手法国或德国，那会是亏本生意①。美西战争是美国由自由资本主义转变为垄断资本主义后所进行的一次重新瓜分世界的帝国主义战争，它是美国由自由资本主义向垄断资本主义过渡的一个标志，通过美西战争，将帝国扩大到亚洲，把美国引向远东和太平洋扩张的新时代。美西战争是美国垄断资本发展、对外经济扩张的必然产物，而美西战争的结果又反过来刺激了美国经济的飞速发展。到1900年，美国工业生产总产值已经超过农业生产总值的一倍以上，1913年的美国居世界第一的地位愈来愈明显，作为工业发展水平标志的钢、铁、煤的产量，美国一国的生产已经等于英、法、德三个国家的总和，自此以后，美国名副其实地步入了世界经济大国的行列，从此真正地走上了对外扩张的道路。正如美国历史学家后来在总结这次战争时所赞叹的那样："在美国历史上没有一次战争似美西战争这样迅速就收到了光荣的结果……这次战争从各方面来看都是理想的，战费不多，美国在海外的地位大为提高，而战利品的收获使美国人的口袋都涨满了。"②

然而，从西班牙手中夺取菲律宾还只是美国战争满足商人们追逐亚洲诱人市场的小序曲，美国扩张的更大战略目标则是东方美丽的中国，尽管当时美国商业利益的重点在欧洲和拉美，在中国的投资和贸易量都很少，但美国商人垂涎中国潜在的广阔市场。"美国对华投资和政府贷款总计2 470万美元，被洛克菲勒财团支持的美国华美合兴公司要求在中国建筑铁路干线，主要股东是美国企业界和政界的重要人物。"③ 显而易见，美国成为列强在亚太地区竞技场上角逐的主角之一，既是美西战争后美国国际地位所决定的，更是满足美国商人对海外市场渴望的结果。1900年，八国联军镇压了中国人民反帝爱国大起义——义和团运动，当沙俄试图占领中国东北三省时，西奥多·罗斯福的表白充分暴露了商人们的渴望：我们完全承认俄国在满洲的特殊地位，我们没有做任何事情去干涉它在满洲的进程与它的合法的野心。我们所坚持的仅仅是俄国必须给予我们美国人进入该地区平等地从事企业活

---

① 周柏林：《美国军事战略发展与现状》，解放军出版社2002年版，第25页。

② 康玛格、纳文斯：《美国通史》下卷，中外出版社1949年版，第117页～119页。

③ 朱崇坤：《霸权的历程》，新华出版社2000年版，第51页。

动的机会与权力[1]。对菲律宾的占领及对中国的门户开放政策，是美国在远东太平洋地区具有决定意义的战略扩张。美国商人为此振臂欢呼：太平洋成了我们的内海……我们的财富使我们能够开发东亚并把它并入我们的经济领域[2]。由此可见，美国拓展殖民地的经济原因是因为殖民地的获得可进一步扩大美国商人的海外贸易，殖民地是美国国内产品的销售地和海运的苗床，日益增长的美国经济不断要求向海外扩张，因而美国投入世界战争的竞技场便是理所当然的了。

四、两次世界大战中的战略选择与垄断资本家的贸易需求

1914 年 8 月 4 日，欧洲战火燃起，威尔逊总统宣布中立。一是为了坐收渔利，二是为了利用中立地位同交战双方进行贸易以获取巨额军火利益。在中立战略的幌子下，美国的海外市场迅速扩大，百万富翁增加了 17 000 人。从 1914 ~ 1917 年，军火出口增长了 12 倍多、钢铁出口增长 3 倍多、小麦和面粉的出口增长近 2.5 倍，实现了和平而体面地征服国外市场的雄心壮志[3]。虽然战争的隆隆炮声最后使美国的中立战略发生了倾斜，威尔逊政府最终坐上协约国的战车，但这仍是利益选择的结果。当时美国商人虽然同战争双方都进行贸易，但与协约国的贸易额均远远超过同盟国，如果协约国失败，美国将不能继续与其进行有利可图的贸易，而且也很难收回巨额贷款，因此，美国最终向德奥同盟国宣战，由此可见，维护美国在协约国的经济利益是对德宣战的经济原因，虽然美国的参战客观上加强了协约国的力量，推动了第一次世界大战结束的进程，但美国先前的中立战略和后来的参战均非出自于正义的纯正动机与和平的美好愿望，而是保护垄断资产阶级获得高额利润的必然选择。战争不仅给美国商人带来了惊人的利润，也完全改变了美国在世界经济中的地位，大战使主要强国元气大伤，确立了美国作为军事强国的地位，经济中心也由欧洲转到了北美，由此，成就和奠定了美国世界经济大国的地位，为美国在第二次世界大战中取得世界霸权奠定了基础。

无独有偶，美国在第二次世界大战中实施的“中立”和“先欧后亚”战略同样折射了对垄断资本家贸易保护的利益图谋。大战爆发前夕，罗斯福政

---

① 周柏林：《美国军事战略发展与现状》，解放军出版社 2002 年版，第 28 页。
② 约翰·科斯特洛：《太平洋战争》上册，东方出版社 1985 年版，第 24 页。
③ 周柏林：《美国军事战略发展与现状》，解放军出版社 2002 年版，第 32 页。

府正疲于应付经济危机，国内根深蒂固的孤立主义思潮随着战火的硝烟而有增无减，最主要的是美国的利益还没有受到直接的威胁，因此，战前和战初的美国一如既往地采取中立战略，但商人并未旁观战争，他们不愿拿巨额的私人利润作为换取和平的筹码，于是意大利从美国得到不在禁运之列的对战争至关重要的石油等物资，交战国可以支付现款从美国购买战略物资和武器装备。在战时经济利益的刺激下，美国成为名副其实的世界兵工厂，但在充满战争硝烟的氛围中连任的罗斯福总统洞察到希特勒发动的战争将要威胁资本主义世界的存亡，最终损害美国的利益，决定向同盟国提供战争援助，而珍珠港事件激发了美国参战的热情之火，美国随后奉行的“先欧后亚”战略蕴含着强烈的利欲。从协约国的角度来看，军事上采取“先欧后亚”战略无疑是合情合理的，但从美国的角度来讲，“先欧后亚”不单从军事方面考虑的，它还有政治、经济上的利益权衡。政治上，德国法西斯是美国全球利益的威胁，欧洲是各帝国主义国家争夺的重心，只有打败德国，解除这个主要威胁，美国才有可能按照自己的利益构想设计和安排世界秩序，将主要力量使用于欧洲，可以与苏联、英国这两个世界强国建立可靠的同盟关系，并借助其力量打败德国，美国便可以较小的力量和代价取得最后胜利。经济上，欧洲是美国资本和商品输出的主要市场，是最重要的贸易伙伴。“1941 年底，美国在欧洲的投资达 20.06 亿美元，几乎是亚洲、大洋洲投资总和（8.53 亿美元）的 2.5 倍。”① 欧洲贸易地位的重要性明显超过亚洲，而与大西洋相连的美国东部海岸是美国经济和金融中心，只有打倒了德国法西斯这个主要敌人，才能确保美国在欧洲的经济利益和东海岸经济的安全。显而易见，在欧洲的巨大经济利益，是美国实施“先欧后亚”战略的主要经济参照系，第二次世界大战使美国一跃成为世界超级大国，也因此成就了美国世纪的到来。

五、冷战时期遏制战略的经济利益预期及理性、非理性措施

战后的美国陷入了一场漫长但没有硝烟的战争，1947 年 3 月杜鲁门主义的出台标志着冷战的正式开始，1991 年 12 月前苏联的解体标志着冷战的终结，由于美国战略的利益渴望已经从有形的疆域转向对全球控制权力的争夺，为此必须铲掉唯一与之抗衡的前苏联，始自于杜鲁门政府的遏制战略成

① 蔡祖铭：《美国军事战略研究》，军事科学出版社 1993 年版，第 80 页。

为战后美国军事战略的一条主线，对前苏联的遏制除了政治和军事上的考虑外，也有源自于经济上的理性预期，遏制战略的始作俑者杜鲁门的表白最集中地显现了这种经济上的理性预期：“如果西欧落入苏俄手中，就会使苏联的煤炭供应增加1倍，钢的供应增加2倍。”[①] “苏联拥有800万平方英里的领土。这样一片广阔的土地拥有巨大的天然资源储藏量，足以支持进行可以同我们自己相比的经济开发。”[②] 他认为美国必须有一个“对付这种挑战的实用而现实的行动计划”，最终目的是“使我们在若干年以内变得更强大，并且使苏联帝国最终必须改变它的道路或是垮台”。[③] 正是在对前苏联经济强盛的极大恐惧中，自杜鲁门以后的历届政府都采取称谓各异而实质相同的遏制战略，每届政府宣称的军事战略花样百出且层出不穷，但无一例外都承袭了遏制战略的精髓，并由此出台了林林总总的非理性与理性交织的措施：

艾森豪威尔政府时期。将使用核武器视为遏制前苏联的有效手段，并自认为找到一种非常经济并且十分有效的方法，但实践证明这种“战略一元论”有着天然的缺陷，因为它是以美国对前苏联绝对的核优势为前提的，使美国陷入了要么在核大战中与前苏联同归于尽，要么屈辱投降的两难困境。此战略最终因为前苏联惊人的核力量发展而走进了死胡同。

肯尼迪政府时期。美国历史上最年轻的总统一改前届政府的做法，采取多元的“灵活反应战略”，强调常规力量与核力量的结合，但在越南打的那场美国历史上最不光彩的战争消耗了军费的大部分，使其没有资金进行大规模的国防科研和武器装备的更新，加之前苏联利用美国陷入越战之机，加紧在中东等地与美国争夺世界霸权，大力扩充实力，不但在经济上缩小了与美国的差距，而且在军事上使美苏之间出现核均势，并逐渐形成苏攻美守的态势，从而宣告了灵活反应战略的破产。

尼克松—福特—卡特政府时期。在三届政府的频繁变迁中，虽然总统三易其人，但现实威慑战略始终如一。在中国与前苏联两国之间矛盾激化、联合起来对付美国已经不可能的大背景下，尼克松政府开始收缩战线，集中制苏。同前届政府相比，此届政府推行缓和政策，前苏联则利用美国收缩战线的大好时机，加紧对外扩张，1978年12月，前苏联出兵阿富汗，其扩张势

① 梅孜：《美国总统国情咨文选编》，时事出版社1994年版，第102页。
② 梅孜：《美国总统国情咨文选编》，时事出版社1994年版，第111页。
③ 梅孜：《美国总统国情咨文选编》，时事出版社1994年版，第135页。

头对美国的全球战略构成实质性的威胁，不言而喻，尼克松主义及其“现实威慑战略”最后以碰壁而告终。

里根政府时期。这是美国军事战略经济预期得以成功的时代，里根严厉抨击卡特政府的对苏缓和政策，所采用的新灵活反应战略强调双管齐下，在军事上，里根政府连年增长军费，仅第一任期内的1982～1985财政年度，军费开支就占GNP的6.2%[①]，创下美国军费增长的最高纪录，把前苏联拖进无尽的军备竞赛之中，加大了前苏联的经济负担；在经济上展开了对前苏联的强大攻势，一改尼克松和卡特政府对苏推行的缓和政策，对前苏联实行歧视性贸易政策，拒绝给前苏联以最惠国待遇，利用美国在经济、技术和财力方面的强大优势，削弱前苏联的实力直至将其拖垮，那个在二战中取得过辉煌战绩、并令美国寝食不安的国家，在里根时代终于成为了历史。

在整个冷战时期，基于惯常性的冷战思维，美国打了几场战场史上可谓战争烈度最小的战争。一是突袭格林纳达；二是两次空袭利比亚。20世纪80年代初期，美国认为格林纳达成为前苏联的殖民地，是恐怖活动的基地。基于此种冷战思维和霸权心态，1983年10月25日凌晨，美国为维护其在加勒比地区的霸权地位，对加勒比海岛国格林纳达发动了一场代号为“暴怒”的海、空联合入侵行动，这是自越南战争以来美国最大的一次军事行动。其实格林纳达只是中美洲的一个美丽岛国，这个加勒比海的岛国是世界上最小的国家之一，陆地面积344平方公里，人口仅11万，可谓弹丸小国，但由于它位于加勒比海东部小安的列斯群岛最南端，东临大西洋，西濒加勒比海，扼加勒比海出入大西洋的东部门户，其战略地位十分重要。正因如此，美国决不允许视为后院的加勒比地区有任何的不稳定，因为这会威胁到美国海上石油运输线的畅通和国家的安全，因此美国不惜劳师远征。

北部非洲的利比亚位于地中海，而非洲一直是世界上公认的、最贫穷的大陆，以求利为终极目的美国为何还要劳师远征呢？这个国家因为与前苏联缔结友好合作协议而损害了美国的经济利益，使得美国利用扶植新政权为自己非洲战略服务的愿望落空，由此埋下了美军空袭利比亚的种子。1986年3月和4月，美国先后实施了代号“草原烈火”和“黄金峡谷”两次空袭利比亚的军事行动。

综上所述，冷战虽然不是一场严格意义上的战争，美国和前苏联也从未

---

① 蔡祖铭：《美国军事战略研究》，国防大学研究生院2001年9月，第118页。

直接交战过，但基于冷战思维和美苏争霸而进行的战争却层出不穷，究其终极原因，美国与前苏联之间进行的不见硝烟的博弈大多具有深刻的经济根源：惧怕前苏联经济强过于美国，最终削弱美国霸权的经济基础。

六、朝鲜战争政治面纱背后的经济利益觊觎

朝鲜半岛位于亚洲东北部，地处中、俄、日三国之间，扼日本海与黄海、东海的海上交通要冲，历来乃兵家必争之地。朝鲜半岛牵涉到美、俄、日、中等大国的战略利益，各大国都把和平的朝鲜半岛视为东北亚稳定的一个极其重要的目标来定位。

朝鲜战争是第二次世界大战后规模最大的局部战争，作为冷战时期美国全球军事战略的实战样本，这场战争从表面上看似乎与经济无关，既不是占有广阔领土也非掠夺稀有的战略资源，仿佛纯粹是美国基于意识形态的不同、视其为反对苏联而进行的一场政治战争。但战争的本原就是经济，这场战争政治面纱的背后仍隐含着美国长远的经济梦想，即保卫战略原料供给地，占领包括朝鲜在内的亚洲丰富的资源和广阔的市场。霸占朝鲜是战后美国蓄谋已久的战略目标。“如果亚洲的自由国家为苏俄侵占，我们就会丧失许多的最重要的原料——包括作为我们的原子能之基础的铀——的来源地，而且，如果苏联掌握了欧亚两洲国家人力，将使我们面临一种没有希望与之相等的兵力。”[①] 这种心态源自于美国对战争红利的惯性预期，在两次世界大战中，美国都因欧洲各国输出减少而从填补世界市场的真空中获得巨大经济利益，经济实力的雄厚膨胀了美国全球战略的梦想，战后的美国确实也成功地利用以经济援助为主要形式的“马歇尔计划”使英法等西欧国家成为美国战后经济衰退的缓冲地带，作为全球战略的一个经济辅助手段，“马歇尔计划”使美国在西欧有了一个巩固的经济势力范围，随后它将触角伸向了亚洲，因为美国对包括朝鲜在内的亚洲丰富资源和广阔市场早就垂涎三尺。继1866年、1867年、1871年三次侵犯朝鲜失败后，1882年，美国战舰又出现在济物浦港口，胁迫朝鲜接受不平等条约，开辟三个商港，取得在朝鲜的领事裁判权，美国资本逐渐渗入朝鲜。所以，从经济角度考察，朝鲜战争是一场美国希冀建立亲美政府、进而结束第二次世界大战后期美苏分治南北朝鲜现状、最终实现占领亚洲市场梦想的决战。对美国经济而言，如果“不扩大

① 梅孜：《美国总统国情咨文选编》，时事出版社1994年版，第103页。

国外市场而要维持现在的生产水平，那是不可能的。如果不能扩大全世界的贸易，美国的经济将不得不收缩”①。由此可见，亚洲广阔市场的潜在诱惑是促使美国投入朝鲜战争的重要经济诱因之一，但美国在战略决策中却低估了中国的决心与能力，这个在此之前从不曾遭遇失败的超级大国试图在朝鲜半岛证明世界霸权是自己的，世界市场也是自己的，而结果却大相径庭，它的战争经济力量与政治影响力还不足以支持野心巨大的全球战略目标，从而导致隐藏在战争政治面纱背后的经济梦想落空。

七、美巴、美伊战争中的经济利益维护

巴拿马位于中美洲地峡南端最狭窄处，它北濒加勒比海，南临太平洋，东接哥伦比亚，西连哥斯达黎加。面积约 7.55 万平方千米，巴拿马虽为中美洲小国，但因扼南、北美洲之咽喉，又有巴拿马运河沟通两洋，故其地理位置十分重要，素有“世界桥梁”之称，也是美国在太平洋和大西洋的桥梁。1989 年 12 月 20 日凌晨，美国政府以“保护美国侨民生命财产安全”为借口，出动由陆海空三军组成的 2.6 万名精锐部队，趁着夜色对巴拿马实施代号为“正义事业”行动的突然袭击，此次战争行动仅持续 23 天，一如其他小规模远程突袭一样，利用战争获取经济利益、维护安全稳定是美国经济的不变需求。

巴拿马运河位于美洲巴拿马共和国的中部，地处中美洲地峡最狭窄区，南起巴尔博亚港，北至克里斯托巴尔港，长 81.3 千米（包括两端连接太平洋和大西洋的深水部分），宽 152 米至 304 米，深 14.3 米，是三大著名国际通航运河之一。它沟通了大西洋和太平洋，使两洋沿岸的航程缩短了10 000多千米，极大地方便了世界各地的海上运输业。但运河的最大受益者是美国，运河使美国的东、西海岸的航程缩短了12 600多千米，有利于两洋海军的调动，这在军事上大大加强了美国的战略地位。但在经济上，运河给美国带来的利益更大，美国对外贸易额的 40% 都是通过运河运输的，而全世界只有大约 5% 的货运业务通过此运河，每年美国驶经运河的货物占运河通行量的 1/3。半个世纪以来，巴拿马运河每年通行船只 1.3 万 ~ 1.5 万艘，载货大约 1.8 亿 ~ 1.9 亿多吨，但运河通行船只中的 70% 发自美国或以美国为目的地，美国是运河的最大用户，正是基于此，在历史上曾把巴拿马运河称

① 解力夫：《朝鲜战争》上卷，世界知识出版社 1995 年版，第 9 页。

为美国的"地峡生命线"。

和其他现实的战争对象不同，伊朗并非是美国的现实战争对象，它一直是美国认定的潜在战争对象，两国的紧张态势一度可用"箭在弦上"来描述。在地理位置上，伊朗堪称得天独厚，它扼守海湾的门户霍尔木兹海峡，又地处阿富汗与伊拉克之间，战略地位十分重要。从资源禀赋来看，伊朗拥有全球第四大石油蕴藏量，年石油出口量居全球第二，但引起美国重视并认定其为战争对象的主要源自于伊朗特殊的战略通道位置。霍尔木兹海峡位于伊朗和阿拉伯半岛之间，连接波斯湾和阿曼湾，东西长约150千米，南北宽55～97千米。目前，石油日均通过量约为1 300万桶，石油出口主要目的地是欧洲、北美、东南亚和大洋洲。霍尔木兹海峡还是波斯湾的出口，因此，霍尔木兹海峡可谓西方国家的石油"大动脉"，一旦霍尔木兹海峡被伊朗封锁，运输油轮就将绕行更长距离的航线或其他替代路线才能到达目的地，从而导致运输成本的大幅上升，而能够利用的替代航线和管线又寥寥无几，结果是油价攀升，最终严重影响世界石油市场的正常秩序，如果占全球1/3的石油贸易量将由此受阻，其严重结果将是不言而喻的。霍尔木兹海峡通道一旦被切断，就等于关闭了海湾"世界油库"的阀门，国际石油市场的供应将减少，这必将导致石油市场的剧烈动荡，对全球经济产生剧烈冲击[①]。伊朗不仅控制了被称为石油运输大动脉的霍尔木兹海峡，而且威胁随时封锁该处海峡，尤其针对美国及其在中东地区的盟友，若该情况真的发生，伊朗等于卡着美国的能源咽喉，虽然伊朗跟拉美的"反美联盟"是穷国俱乐部，但形成的共同合力却能扼住美国能源咽喉，扰乱美国的后院，这一切足以影响美国经济的正常运作。

正是伊朗具有扼守海湾门户霍尔木兹海峡的特殊地位，使得美国对其防范有加。然而，虽然伊朗一直是美国虎视眈眈的国家，两国一度也进入临战状态，但还从未直接交战，从成本和效益的角度来匡算，如果美国打伊朗，世界石油价格会涨到100美元/桶，而伊朗一旦封锁霍尔木兹海峡，油价会暴涨到150美元/桶，和伊拉克得大于失的战争后果相比，伊朗战争的经济结局显然不是美国所能够承受的，故美国和伊朗的战争火焰何时点燃还是个未知数。

---

① 汪海：《构建避开霍尔木兹海峡的国际通道》，《世界经济与政治》2006年第1期。

八、冷战后两次出兵海湾的经济利益图谋

石油是一种稀缺不可再生的资源，作为现代工业的血液，它不仅是一种商品，更是国家生存和发展不可或缺的重要战略资源，失去能源保障的国家面临的后果将是灾难性的，而失去能源的定价权和分配权将更是雪上加霜。伊拉克拥有世界上最大的尚未在地图上标明并且没有归属的石油宝库，而这个石油宝库所拥有的可能大大超过阿拉斯加、非洲和里海未开采的油田储藏量。毫无疑问，谁获得这些油田的所有权，谁就可以对 21 世纪的全球能源市场发挥不可估量的影响力。

冷战的帷幕轰然落下后，美国人眼里的战略对手由苏联转向地区强国，其军事战略的利益渴望开始转向对战略资源分配权为核心的全球霸权的护持。海湾战争的爆发具有深广的经济背景，美国二次出兵海湾都有争夺战略资源及其分配权的图谋，从表象上看，海湾有美国所需要的石油，但事实上美国并不是绝对意义上的能源缺乏，美国原本是一个能源资源相当丰富的国家，在 20 世纪 70 年代的能源危机以后，美国政府花费约 200 多亿美元建立了战略石油储备①。因此，海湾石油对美国带来的直接影响是很小的，但只要世界市场上的 1/3 石油来自海湾，那里石油生产量的下降将会造成世界石油市场上价格的上涨，而上涨的石油价格对美国经济有两种影响：一是进口石油将需要更多的钱。如果伊拉克把石油价格提高到每桶 27 美元，美国每年的进口账单就要增加 200 亿美元，将近占国民生产总值的 0.5%。二是经济增长将受到制约。石油价格的上涨导致美国每年要多支付进口支出，消费者在支付了这笔额外开支之后，不得不削减对其他产品或服务的消费，其结果是社会总体购买力下降，使总的物价指数攀升，进而影响经济增长率。在美国历史上曾有过此类教训，1973～1974 年美国物价指数上升约有 50% 是因为石油价格上涨所致②。对企业而言，如果高油价的状况持续下去，将不得不依靠控制成本来抵消无法提价的那部分支出，必须裁减人员或者控制投资，如果伊拉克想用更高的价格榨取钱财，对美国经济带来的影响无法预料，以此推而广之，美国经济将面临更加严峻的局面。倘若伊拉克继兼并科

① ［美］小约瑟夫·S. 奈：《海湾战争为什么符合美国国家利益》，《美国研究参考资料》1992 年第 1 期。

② 张敏谦：《美国对外经济战略》，世界知识出版社 2001 年版，第 154 页。

威特后再占领沙特，就等于掌握了全世界一半以上的石油资源，这无疑取得了对美国为首的西方国家的生杀大权，显而易见，海湾的石油是美国经济的生命线，能否控制中东的石油资源分配权，直接影响到美国经济全局，另外，石油也是工业国家庞大的经济机器赖以正常运转的黑色血液，左右着世界经济增长的命脉，谁控制了这条命脉，谁就拥有了国际事务的发言权。所以，控制海湾石油及其分配权对美国至关重要：既可稳定美国经济，又能控制西方工业的"动脉"，保障美国永远具有中东石油的分配控制权，使美国不受石油输出国组织限产、提价而对世界石油市场价格波动的影响。控制世界上石油储量第二的伊拉克，也是美国可以继续保持经济稳定进而对其他工业化大国保持绝对战略影响力的重要手段。因此，美国义无反顾地两次发动伊拉克战争，通过控制海湾石油分配权来维护美国霸权地位。目前，第二次伊拉克战争陷入困局，美国主导伊拉克重建局势艰难异常，但美国显然不会将重建的主导权让给联合国。

九、阿富汗战争中的经济利益渴求

阿富汗位于中亚、西亚与南亚交汇处，是印度洋通向中亚的交通要冲，战略地位不言而喻。作为一个内陆山国，在人们的印象中，阿富汗一直是一个战火四起的贫穷落后之国，然而就是这样一个弱小国家，在现代战争的博弈舞台上由于中亚能源及运输之争而大放异彩，世界大国都十分关注中亚并力图施加各自的影响，使得处于战略通道交叉位置的阿富汗成为大国争夺的牺牲品。阿富汗犹如一片草地，一群野兽不论是在打架还是在嬉戏都无关紧要，但是倒霉的却是它们脚下的美丽草原——阿富汗就是那块饱受践踏的草场。2001 年 10 月 7 日，美国发起了代号为"持久自由"的阿富汗战争，这是美国以"反恐怖活动"名义发动的又一场战争，也是一场以空中精确打击为主要样式、实力对比悬殊的非对称战争，它揭开了美国新世纪所谓"反恐"系列战争的序幕。

从地理角度来看，中亚地处欧亚大陆腹地，是欧亚大陆的心脏，这里拥有十分丰富的战略资源，石油、天然气、黄金、铀等资源的储量名列世界前茅，是当今世界上最后一片未开发的油气宝藏地。在能源储量日趋减少而需求量剧增的今天，拥有能源就等于拥有了国家的生存权和发展权，也就拥有了对其他国家命脉的控制权，丰富的战略资源和独特的地理位置使中亚成为大国地缘政治争夺的一个焦点。虽然在冷战时期美国就一直觊觎中亚，但在阿富汗战争之前，中亚是美国军事控制的真空地带。在欧洲，美国以俄罗斯为遏制目标，借助北约东扩，构筑由它主导的战略体系；在亚太，以中国为遏制目标，借助美日军事同盟推行地区霸权战略；在基本稳住亚欧大陆东西两翼之后，只有居于“心脏地带”的中亚是美国军事控制的真空地带。“9·11”事件给美国带来了涉足中亚的绝佳机会，在确认本·拉登为制造恐怖事件的嫌疑犯后，美国以打击恐怖主义为契机发动了阿富汗战争，如愿以偿地进入中亚。对于美国来说，占据中亚固然是为了消灭恐怖主义，使得由西太平洋封锁链、印度洋封锁链、中东战略基地、北约东扩国家构成的“战略包围中俄”的态势基本形成，但在军事目的的背后，仍有现实的经济利益渴求，美国认为，中亚地区的油气资源对美国经济利益需求至关重要，唯有占据中亚，才能绕开俄罗斯，远离伊朗，开辟一条从中亚经阿富汗、巴基斯坦、最终进入阿拉伯海的油气管道线路，从而打破俄罗斯对中亚油气出口的垄断局面，将中亚的油气资源源源不断地运往美国和西方世界。所以，无法找到本·拉登、反恐战争尚须继续等等借口都成为美国军事力量在阿富汗长期存在下去的理由，美国在中亚的军事存在已“逐步表现出长期、广泛甚至永久性的特点”①。

十、科索沃战争中的经济利益欲望

科索沃位于巴尔干半岛的中部，而后者扼黑海、亚得里亚海及地中海海口，南瞰非洲大陆，是美国欧亚大棋盘上一枚不可或缺的棋子。冷战时期，这里曾是东西方两大军事集团对峙的前沿阵地，冷战结束后，这里仍是欧亚大陆重要的战略关节。1999 年 3 月 24 日 ~ 6 月 9 日，以美国为首的北约集团悍然对主权国家南联盟发动代号为“联盟力量”的大规模战略空袭，美国和北约在战争中使用了除核武器以外的所有现代化武器，包括国际上禁用的集束炸弹、贫铀弹和石墨炸弹等，战争的残酷性可想而知。为什么美国要对南联盟这样一个经济并不发达、资源并不丰富、内部冲突不断、国力十分疲弱的国家大打出手呢？

这场战争既有同俄罗斯的显性经济利益争夺，又有与西欧等国隐性的利益较量。伴随着美国经济的日益成长，对能源的渴望及对世界市场的依赖成为美国频频出兵的经济根源。美国积极策划和推动北约东扩，是继第一次海

① 贾铁军：《谁左右着中亚》，《光明日报》2003 年 9 月 19 日。

湾战争后的一场不见硝烟的、更大规模的市场争夺战，争夺的目标是美国在两极体制制约下未能得手或未掌握主导权的地区：中欧地区、前苏联地区、中东、非洲地区和亚太地区。美国在科索沃如果能达到预期目标，就可以把俄罗斯挤出巴尔干地区，美国和北约国家就可以轻而易举地占领该地区的经济贸易和军火市场。中东欧的军火市场对美国极具诱惑力，二战后该地区一直是俄罗斯军火销售的重点地区。冷战结束后，中东欧国家纷纷要求加入北约，并开始按照北约入盟的标准改造军队，导致中东欧军火市场急剧扩大。仅首批加入北约的波兰、匈牙利和捷克三国更换战斗机一项就需花费100亿美元，科索沃一战在扫除北约东扩障碍的同时，将使美国军火商得到大把的军火订单，战争结束后，美国预期将在该地区的军火市场占据垄断地位，军火市场的份额将增长10%～20%①。

更具战略意义的是，科索沃战争还可以使美国维护美元霸权地位，继续控制西欧。西欧是近代西方文明的摇篮，在冷战时期出于对苏联的极端恐惧而依赖美国，冷战后，西欧国家通过加强政治、经济、军事合作加快了联合自强的步伐，并在处理波黑冲突时一度希望撇开美国单干，特别是1999年元月1日，欧元正式登台亮相，对美元的霸主地位构成直接挑战，使美国甚感不安，一度的美欧贸易战明显地折射了双方矛盾的激化。

第二次世界大战结束之时，美国就已经奠定了美元的霸权地位，美元开始履行征服经济世界的使命。美国是当今世界上最大的资金流入国，要吸引国际游资就必须保住美元的地位，而在世界区域范围内能够挑战美元的只有欧元，如果美元霸主地位被削弱，美国经济将面临重大冲击：美元汇率下降，进口减少，物价上涨，进而引发通货膨胀。为防止汇率下降，只能提高利率，但其结果是将对投资和消费产生巨大的负面影响，从而对股市形成巨大冲击波。所以，打击欧元，维护美元强势地位是美国经济的最大需求，而挑战美元霸权地位的主要是欧盟，挑起科索沃战争，激化西欧与俄罗斯的矛盾，一方面使日益独立的西欧不得不求助于美国军事力量的保护，另一方面使本可流到欧元区的大量资金流向美国，即便欧元在正式流通之前不“胎死腹中”，至少也使欧元启动后步履维艰。所以，通过这场战争，美国还能巩固美元在世界金融体系中的霸主地位，为美国继续获取长远的全球垄断性经济利益奠定基

---

① 《科索沃战争后勤及相关资料》，后勤指挥学院学术部档案室编印，第34页。

础。美元势力的扩张表明了美国对经济霸权的维护。

此外，借助科索沃战争，美国还可保护在黑海的石油利益，向南可以加强北约南翼，辖制中东北非不驯服的产油国，确保中东石油通道畅通无阻。科索沃战争可谓一石多鸟，它再次证明了经济利益是战争的本源这个颠扑不破的真理。

通过上述对美国战争的扫描，不得不佩服马克思主义唯物史观的经典论述。恩格斯说：不是暴力支配经济，而是相反暴力被迫为经济情况服务。美国战争的历史变迁清晰地表明：战争的本源是经济，对经济利益的渴望、获取及维护和美国战争息息相关，战争是美国经济成长的重要手段，战争固然总是服从、服务于美国全球军事战略的需要，单独的一场战争也许不是为了显而易见的经济利益渴望，但经济利益图谋总是规律性地蕴含在战争之中或者紧随在每次战争之后，从对疆域的渴望到对资源及其分配权力的渴求，战争显性的经济烙印反映了美国战争从建国伊始直至今天利益渴望的不同形式。美国战争的经济本源表明：以经济实力为基础的综合国力是美国霸权的底蕴，一如沃勒斯坦所断言的：“一个国家取得霸权，就是它有能力最大限度地在经济、军事、外交甚至文化上把它的意愿和规则强加于他国。这种能力的基础存在于强大的农业—工业生产、商业和财政之中。”[①] 以此推而论之，美国战争与经济相得益彰既是美国经济的需要，也是美国霸权的需要。

第二节 美国和战争对象的经济关联度

所谓经济关联度，是指美国和世界区域内主要国家之间经济的相关程度。由于攫取和保护以经济利益为核心的国家利益是美国战争行为的主要驱动因素，求利是美国战争行为判定的规律性经济选择，因而，美国和战争对象及战争区域的经济相关程度从理论上来讲应该非常强，如果从经济的视角解读美国海外出兵历史，可以判定这是美国战争对象及区域决策认定中的一个主要参照标准，换言之，美国和战争对象经济的相关程度是美国认定与谁为敌、在出兵何处的重要规律性基准。但是，具有现实意义的是，在冷战时

① 沃勒斯坦：《世界经济的政治学》，纽约，剑桥大学出版社 1984 年版，第 42 页。

期和冷战结束后，这个规律表现出了侧重程度不同的些微差异性：在冷战后，美国战争介入和战争对象的经济关联度表现为强相关，与冷战时期相比，这个同类指标要更高一些，这个规律可以通过计算冷战时期和冷战后的美国和区域范围内主要国家的综合国力——即经济力量和军事力量的相关系数来对比佐证，并据此推断，冷战结束后的美国和认定战争对象的经济关联度要更高于对军事的关联度。

军事和经济力量是最重要的权力因素，也是测量国家权力的最常用指数。美国作为霸权国的根本前提就是拥有强大的军事和经济实力，所以，在度量美国综合实力的时候，经济力量和军事力量是两个重要的变量，本书使用这两个变量的价值指标作为测量参数，即以军费开支（ME）作为军事力量的标志，以国民生产总值（GNP）或国内生产总值（GDP）作为经济力量的标志，分别选取冷战前期和后期的指标数据来计算和佐证。

一、冷战时期美国和战争对象的经济关联度

假设 H0：冷战时期的美国和区域内主要国家的经济有强相关关系，进而与战争对象的经济有强相关关系；

假设 H1：冷战时期的美国和区域内主要国家的军事有强相关关系，进而与战争对象的军事有强相关关系。

求证分三个步骤：

第一，计算美国战争介入率（见表 1－1）：

C：$C=\frac{A}{W}$。

表 1－1　　二战后至 2007 年的美国战争介入率

	亚洲	非洲	美洲	欧洲	合计
战争总次数（W）次	53	32	26	7	118
美军介入次数（A）次	19	6	16	4	45
美军介入率（C）%	0.3585	0.1875	0.6154	0.5714	0.3814

第二，分别选取各大洲的 10 个国家在冷战时期的经济实力（GDP/GNP）和军事实力指标（ME）（见表 1－2、表 1－3、表 1－4、表 1－5、表 1－6）。

表 1－2　　**亚　洲**①　　单位：亿美元

国家	中国	日本	印度	印度尼西亚	韩国	土耳其	巴基斯坦	越南	以色列	伊朗	总和
GDP/GNP	7 003	50 831	3 300	1 746	4 220	1 670	606	222	780	625	71 003
ME	506	450	84	30	156	68	38	10	70	47.6	1 459.6

表 1－3　　**非　洲**　　单位：亿美元

国家	南非	埃及	尼日利亚	阿尔及利亚	摩洛哥	利比亚	刚果	苏丹	肯尼亚	突尼斯	总和
GDP/GNP	1 280	560	430	490	315	250	63	91	89	182	3 750
ME	28	24	12	12	13	14	1.2	3.9	2.1	3.7	113.9

表 1－4　　**拉丁美洲**　　单位：亿美元

国家	巴西	加拿大	阿根廷	澳大利亚	智利	秘鲁	墨西哥	哥伦比亚	委内瑞拉	古巴	总和
GDP/GNP	6 881	5 710	2 150	3 516	516	562	2 139	787	600	120	22 981
ME	72	72	35	73	20	7.62	20	14	6.83	3.35	323.8

表 1－5　　**欧　洲**　　单位：亿美元

国家	德国	法国	英国	俄罗斯	意大利	西班牙	乌克兰	荷兰	波兰	瑞典	总和
GDP/GNP	1.908 万	1.538 万	1.104 万	3 469	1.069 万	5 645	380	3 973	1 000	2 060	72 717
ME	336	372	332	480	200	69	7.5	80	34	64	1 974.5

表 1－6　　**各洲综合实力汇总**　　单位：亿美元

	亚洲	非洲	美洲	欧洲
各洲经济实力（E）	71 003	3 750	22 981	72 717
各洲军事实力（P）	1 459.6	113.9	323.8	1 974.5

① 注：1. 此处区域国家选取各洲 10 个国家，国家排名根据海平主编的《各国综合国力排行榜》整理；

2. 各国 GNP/GDP 和 ME 以冷战前的 1988 财政年度计算，数据来源于 1987 ~ 2000 年《世界军事年鉴》和《世界经济年鉴》各期。

第三，计算 C—GDP/GNP 相关系数和 C—ME 相关系数。

根据计算公式：$\rho_{xy}=\dfrac{\operatorname{cov}(X,Y)}{\sqrt{\operatorname{var}(X)}\sqrt{\operatorname{var}(Y)}}$

及相应的均值计算公式为：$\bar{x}_i = \dfrac{1}{4}\sum_{a=1}^{4} x_{ai} \quad i = 1,2,3$

将全部数据用矩阵 X 表示：$X=\begin{bmatrix} 71\,003 & 1\,459.6 & 0.3585 \\ 3\,750 & 113.9 & 0.1875 \\ 22\,981 & 323.8 & 0.6154 \\ 72\,717 & 1\,974.5 & 0.5714 \end{bmatrix}$

最终计算结果为：$\rho_{xy}=[0.9684 \quad 0.3656 \quad 0.3876]$

计算结果表明：H1 的假设是正确的，即在冷战时期，美国战争介入和区域国家的军事力量的相关度（0.3876）要高于经济相关度（0.3656），表明在冷战时期，区域内主要国家的经济实力和美国是否介入战争呈现相对不显著状态，美国对军事实力的关注相对要更高一些；另外，区域内主要国家的军事力量 E 与经济力量 P 的相关度最高（0.9684），说明各国的经济力量和军事力量是相辅相成的，即经济实力越强大，军费开支总额相应就越高，这表明在冷战时期一个国家自身的综合国力强弱与美国是否将其作为现实战争对象有相关关系，但总体上美国对区域内国家的军事力量关注要更高于对经济力量的关注，据此可以推断，和冷战后的同期指标相比，冷战时期的美国在对区域内战争对象的认定时更关注于对方的军事力量。

二、冷战后美国和战争对象的经济关联度

1. 选取区域内各洲十个主要国家的经济实力（GDP/GNP）和军事实力（ME）指标，由于冷战后的美国所认定的战争对象频繁，选择的战争区域广泛，故采用的统计年度均为美国战争时期（海湾战争、科索沃战争、阿富汗战争和伊拉克战争）的相关数据，之所以包括冷战即将结束时的 1989 年，主要考虑它是冷战这个具有划时代意义特殊时期的分水岭。具体统计详见如下各表、图（见表 1－7、图 1－1、图 1－2、表 1－8、图 1－3、图 1－4、表 1－9、图 1－5、图 1－6、表 1－10、图 1－7、图 1－8、表 1－11、图 1－9、图 1－10、表 1－12），各表同时包含美国的综合力量指数统计，旨在便于比较同时期的美国和区域内主要国家的同类指标值。

表 1－7　　　　　　　非　洲　　　　　　　单位：亿美元

	1989 年		1991 年		1998 年		2001 年		2003 年	
	GDP	ME	GDP	ME	GDP	ME	GDP	ME	GDP	ME
南非	867.5	38	1 076	38.5	1 310	17	1 132	20	1 580	26
埃及	697.8	35	296.3	16.5	690	23.4	975	21	793	20
尼日利亚	215	1.7	318.4	2.44	490	3	414	5.5	480	4.8
阿尔及利亚	469	9.5	397.9	10	490	15	543*	19	650	22
摩洛哥	230	12.2	273*	12*	360	12	366*	15	437	18
利比亚	222	33	321	27	260	13	138.5	12	176	7.4
刚果	20.5	0.25*	25*	0.12*	55	0.5	45	4	56	4*
苏丹	105	2.38	68*	1.5*	79	2.1	126*	5.8	160	4.6
突尼斯	100	1.8*	146*	4.67	167*	3	206*	3.3	252	5
肯尼亚	86	1.4*	69*	1.1*	107*	1.6	105*	2	132	2.4
总和	3 012.8	135.23	2 990.6	113.83	4 008	90.6	4 050.5	107.6	4 716	114.2
美国	52 440	3 041	56 718	2 729.5	82 106	2 743	101 714	3 250	108 572	4 174

表 1－8　　　　　　　亚　洲　　　　　　　单位：亿美元

	1989 年		1991 年		1998 年		2001 年		2003 年	
	GDP	ME	GDP	ME	GDP	ME	GDP	ME	GDP	ME
日本	27 836	280	35 314	337	35 843	351	41 000	461	43 000	413
中国	3 371	55.4	4 000	71	9 618	113	11 590	170	14 000	224
印度	2 726	84	2 513	80.7	4 690	94	4 775	156	6 000	141
印尼	893.7	15.1	1 166.3	15	1 890	15	1 453	13	2 065	18
韩国	2 090	91	2 500*	109.5	4 260	124	4 221	133	5 209	139
土耳其	772.8	31.5	1 128*	44	1 880	89	1 993	72	2 353	99
巴基斯坦	368.1	24.9	427.2	32.3	610	28	650*	26	696	28
越南	150*	4*	145	13.4	270	7*	330*	18	390	23
以色列	448.9	57.5	584.3	50	970	85	1 103	90	1 090	74
伊朗	447	32	604.9	58	890	83	1 188	91	1 280	42
总和	39 103.5	675.4	48 382.7	810.7	60 921	1 054	68 303	1 230	76 083	1 201
美国	52 440	3 041	56 718	2 729.5	82 106	2 743	101 714	3 250	108 572	4 174

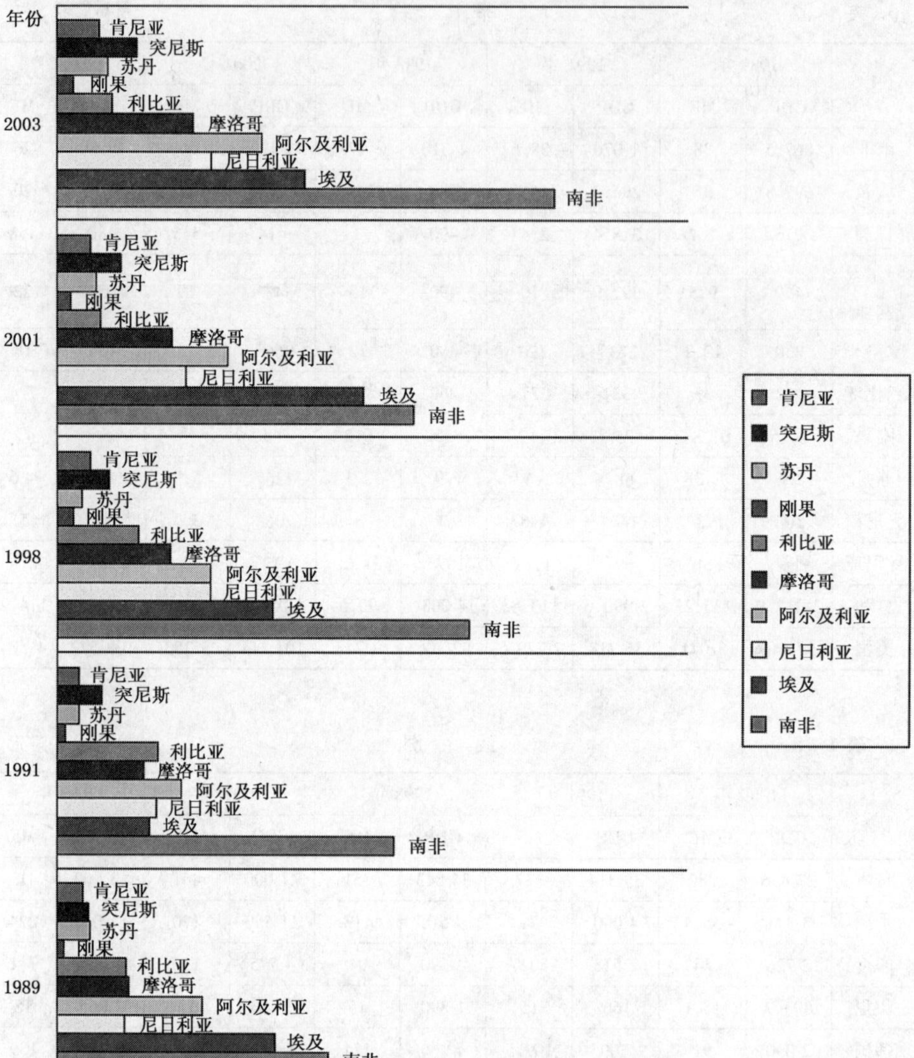

图 1－1　非洲各国 GDP 比较（单位：亿美元）

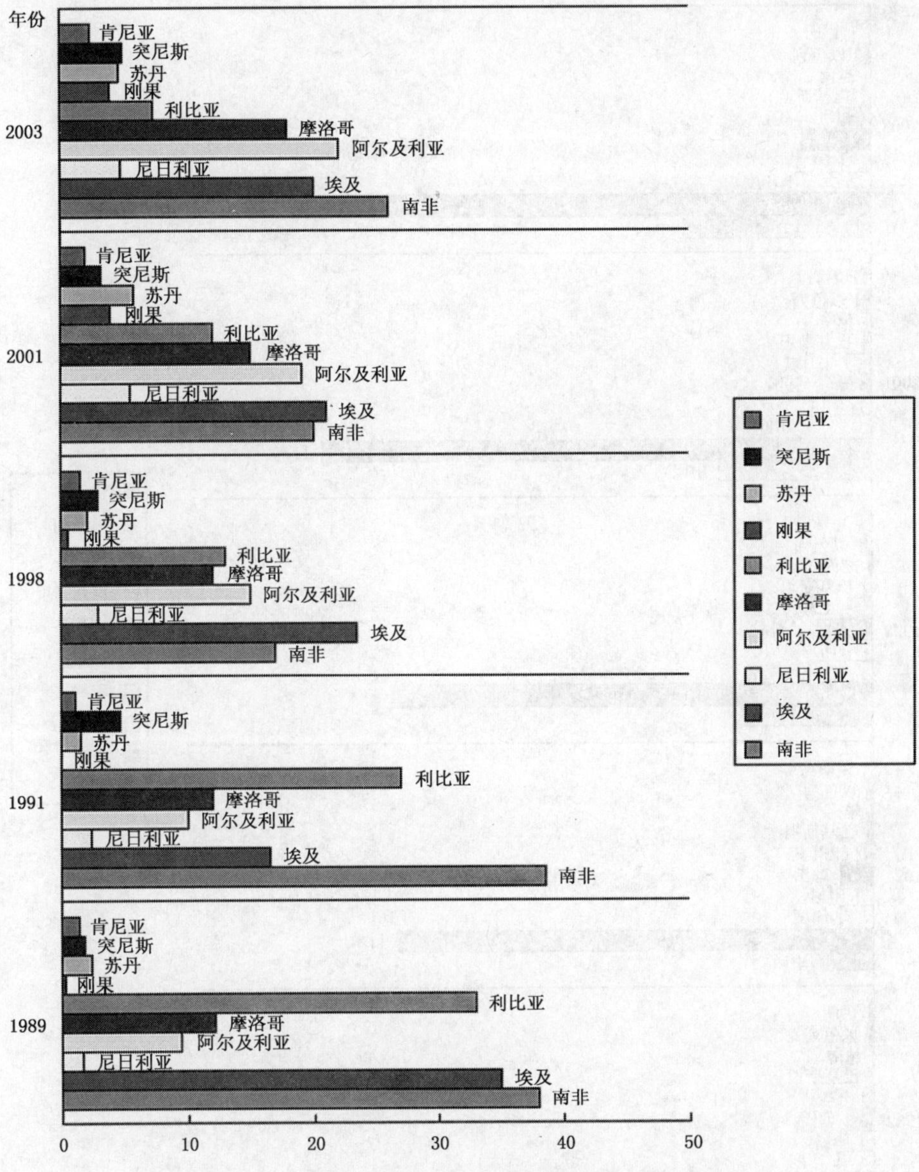

图 1－2　非洲各国 ME 比较（单位：亿美元）

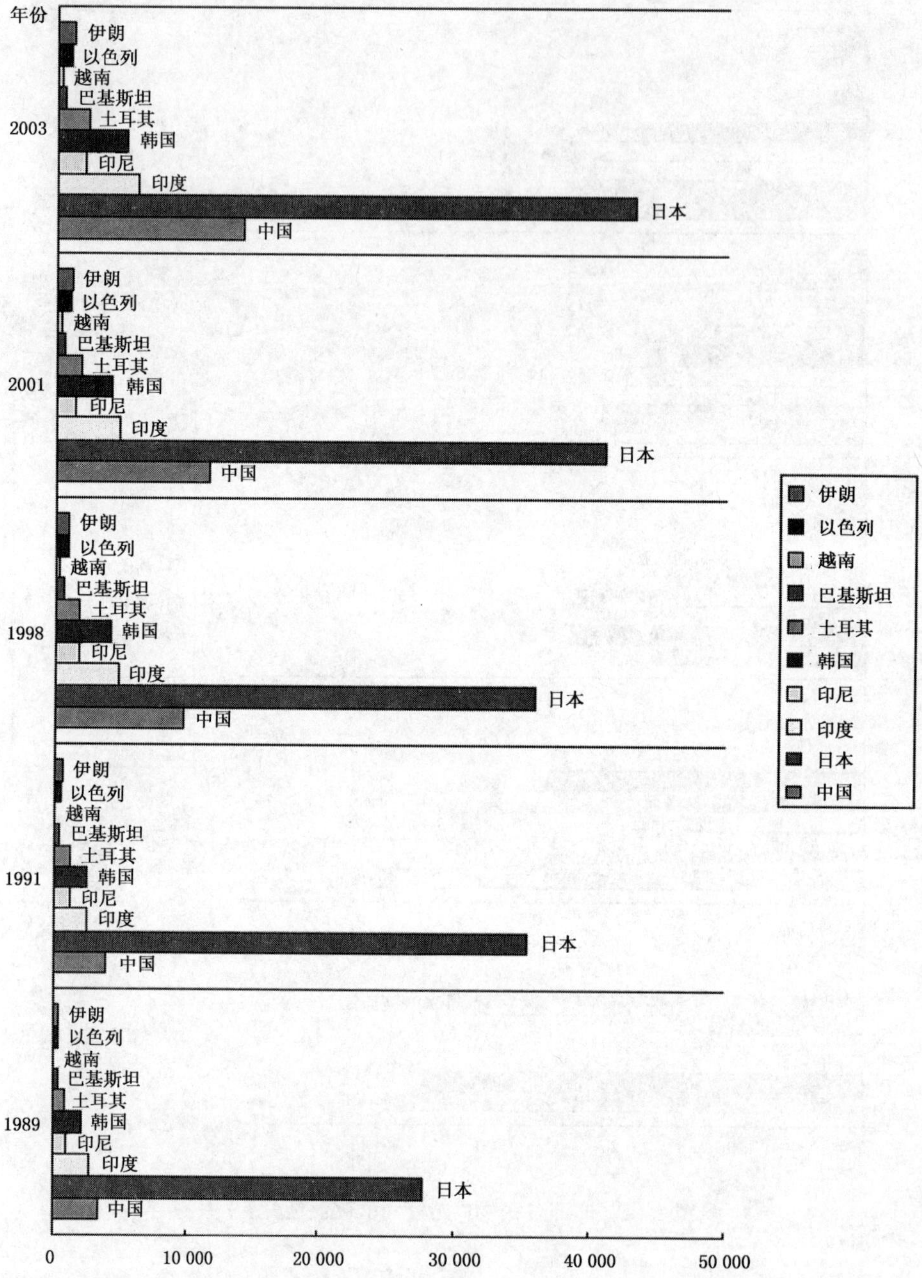

图 1－3 亚洲各国 GDP 比较（单位：亿美元）

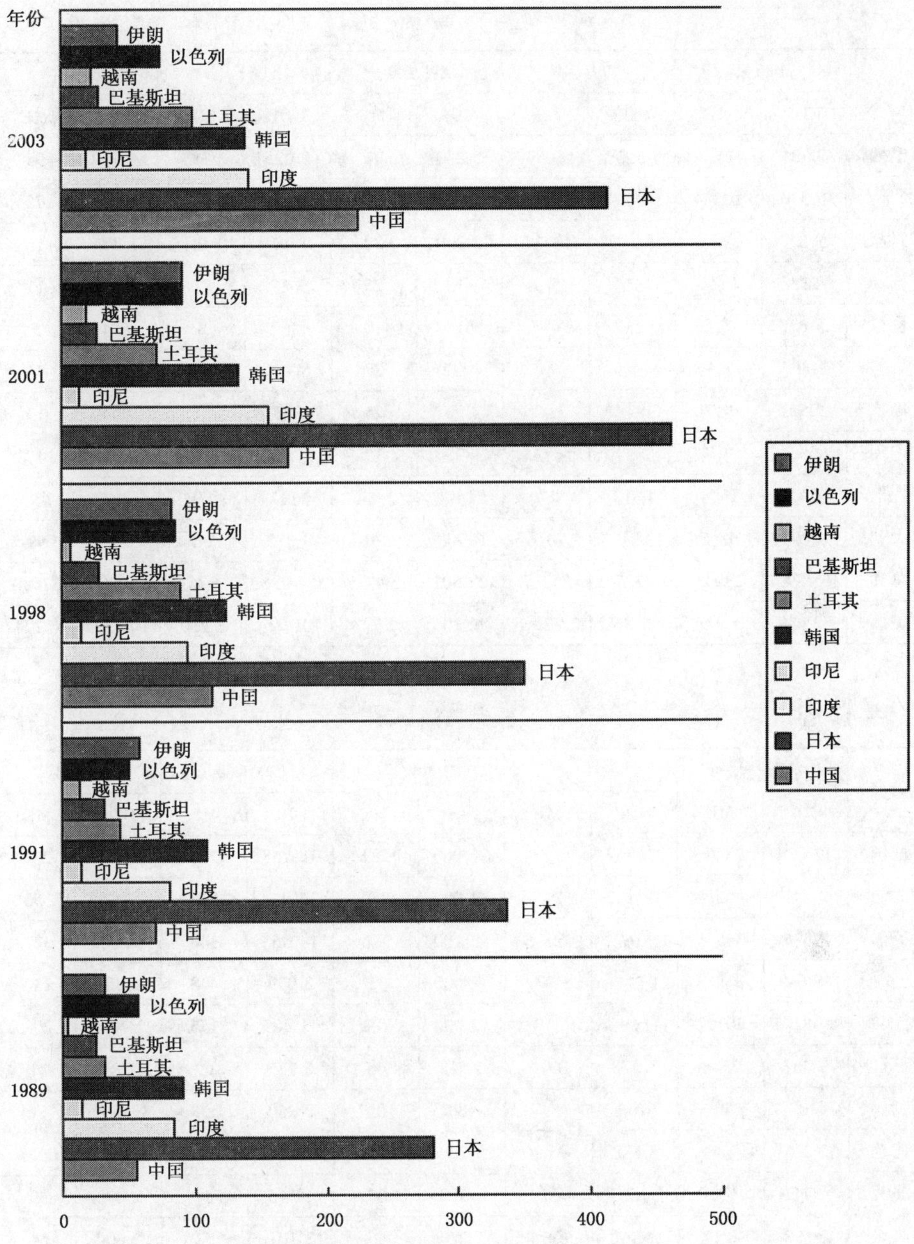

图 1-4　亚洲各国 ME 比较（单位：亿美元）

表 1－9 拉丁美洲 单位：亿美元

	1989 年		1991 年		1998 年		2001 年		2003 年	
	GDP	ME	GDP	ME	GDP	ME	GDP	ME	GDP	ME
巴西	3 731	15*	3 800*	10.4	5 830	78	5 025	88	4 930	92
加拿大	5 310	108.4	5 400*	114.2	6 040	82	6 999	76	8 680	75
阿根廷	578.7	7*	860*	10.3*	2 890	39	2 687	38	1 374	16
智利	233	4.7*	285*	5.7	812	25	568*	21	722	11
秘鲁	346.7	7.1	528*	4.3	610	10	486*	8	604	9
墨西哥	1 867	8.8	2 333*	7*	4 000	28	6 178	31	6 468	31
哥伦比亚	395.3	3.7	384*	10*	790	25	813	21	800	19
委内瑞拉	665.4	9.7	588*	16.2*	890	15	1 208	20	1 034	14.8
古巴	354.6	13.4	120*	4*	140	2.5*	260*	7	303	10*
澳大利亚	2 708	61.5	2 931.8	70.6	3 900	70	3 572	66	5 084	99
总和	16 189.7	239.3	17 229.8	252.7	25 902	374.5	27 796	376	29 999	376.8
美国	52 440	3 041	56 718	2 729.5	82 106	2 743	101 714	3 250	108 572	4 174

表 1－10 欧洲 单位：亿美元

	1989 年		1991 年		1998 年		2001 年		2003 年	
	GDP	ME	GDP	ME	GDP	ME	GDP	ME	GDP	ME
德国	12 070	336	16 767	323	21 000	282	18 738	276	24 000	277
法国	9 541	352.6	12 127	345	14 000	339	13 027	337	17 000	350
英国	8 386	345.6	11 167*	435.5	13 100	356	14 063	340	18 000	371
俄罗斯	26 640	3 110	21 222*	1 337	11 000	71	3 099	440	4 300	130
意大利	8 582.5	207.2	11 833*	213	12 000	202	11 409	155	15 000	208
西班牙	3 707	77.8	5 272	82.6	5 918	66	5 775	69	7 078.4	81
乌克兰	480*	4*	610*	5*	480	10.7	2 260	5.8	2 568*	12
荷兰	2 225	64	2 838	75.5	3 720	59	3 749	56	5 140	60.5
波兰	1 747	154.8	1 167*	21	1 590	32	1 745	34	2 070	39
瑞典	1 858	48.7	2 496*	62.4	2 270	45	2 101	52	2 800	54
总和	75 236.5	4 700.7	85 499	2 900	85 078	1 462.7	75 966	1 764.8	97 956.4	1 582.5
美国	52 440	3 041	56 718	2 729.5	82 106	2 743	101 714	3 250	108 572	4 174

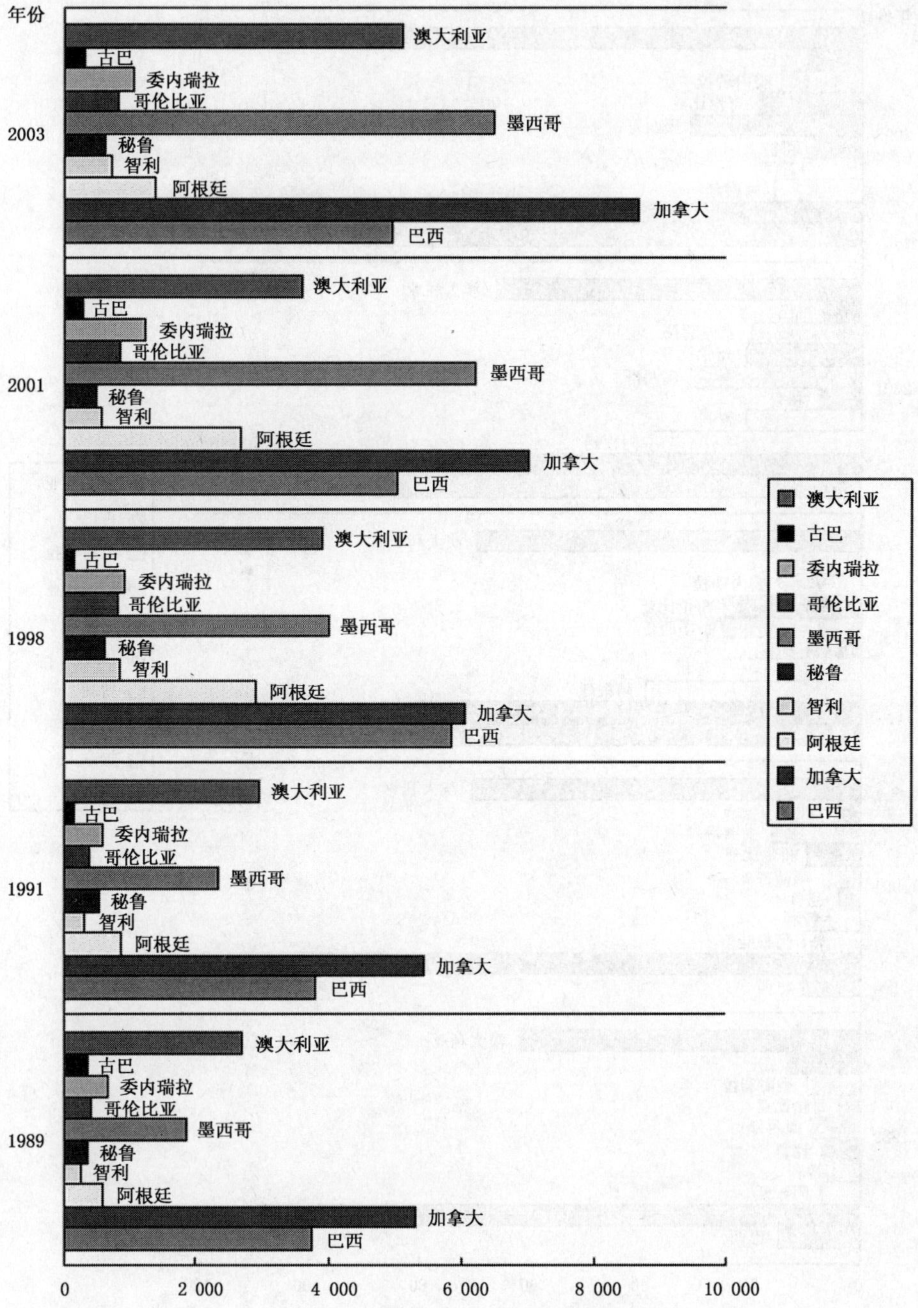

图 1－5　拉丁美洲各国 GDP 比较（单位：亿美元）

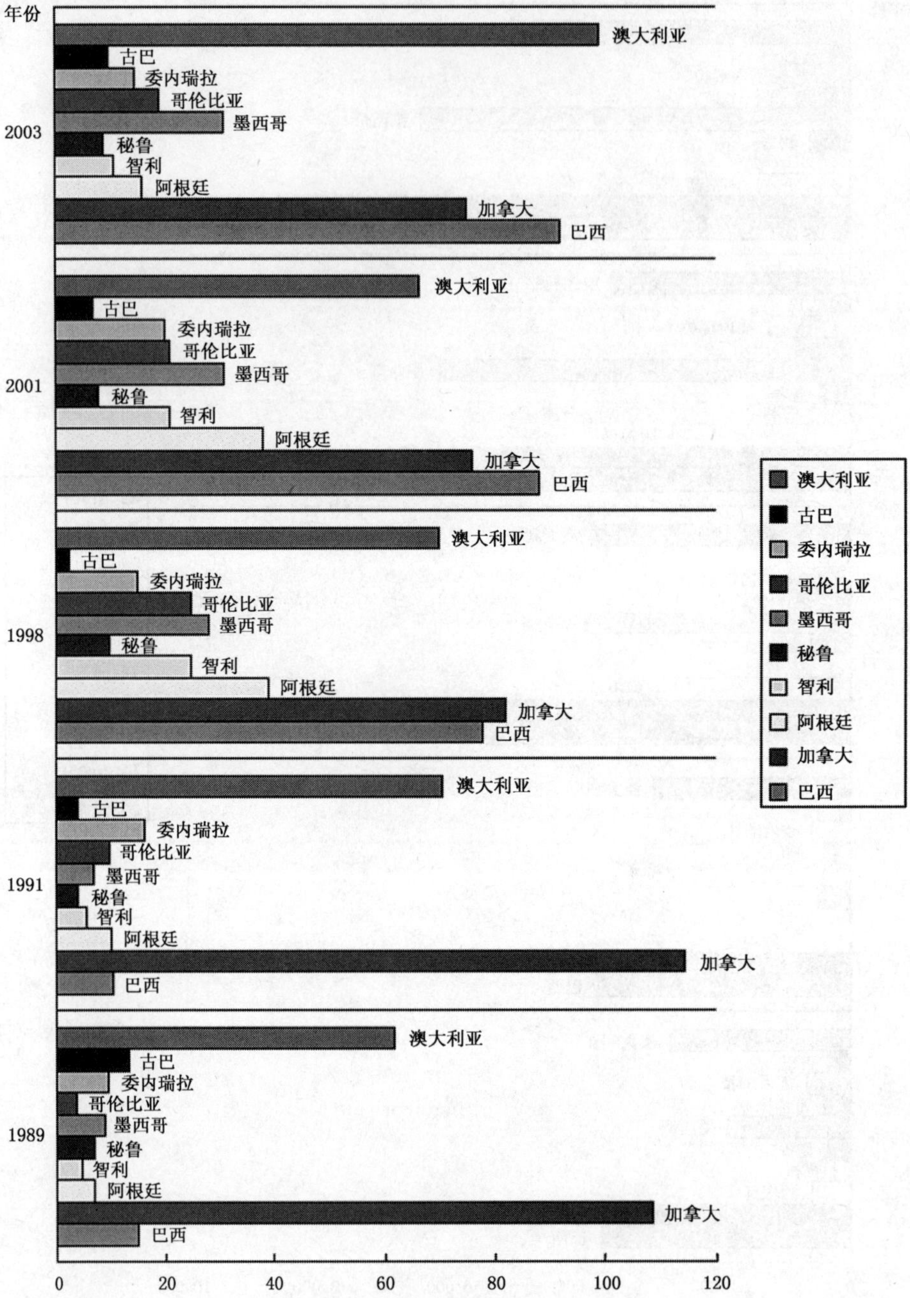

图 1－6 拉丁美洲各国 ME 比较（单位：亿美元）

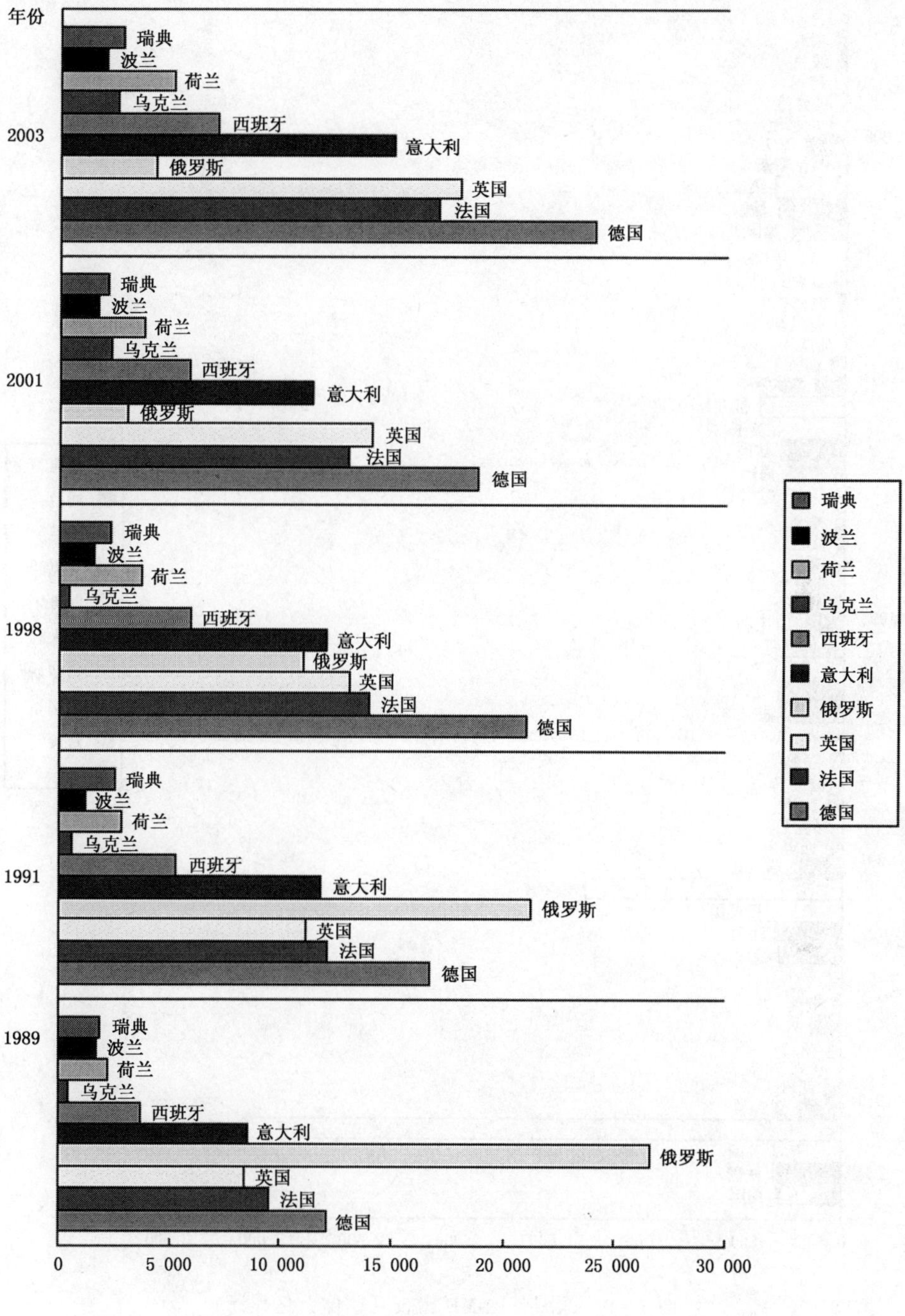

图 1－7　欧洲各国 GDP 比较（单位：亿美元）

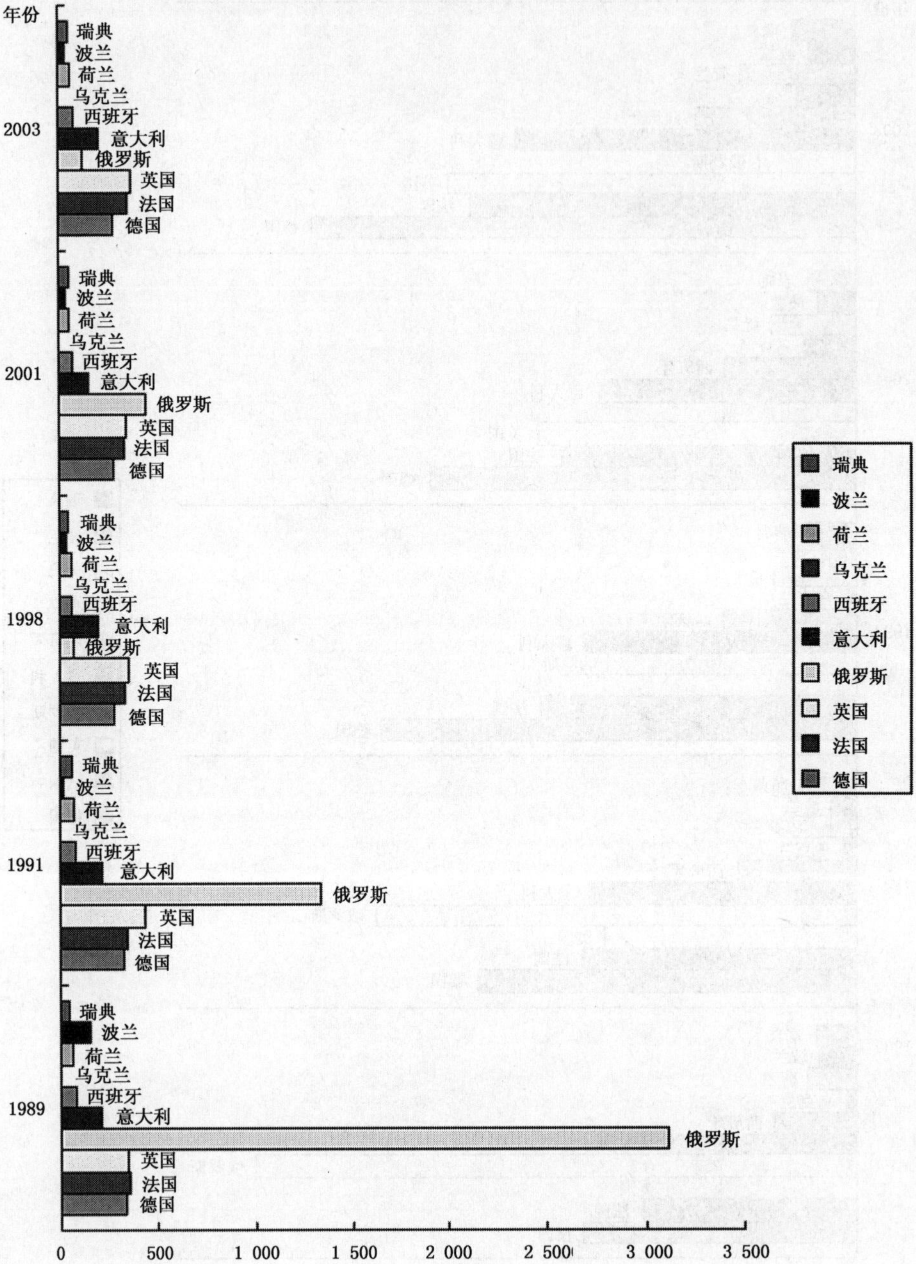

图 1－8 欧洲各国 ME 比较（单位：亿美元）

表 1－11　　**美国和各洲综合实力汇总统计**①　　单位：亿美元

	1989 年		1991 年		1998 年		2001 年		2003 年	
	GDP	ME	GDP	ME	GDP	ME	GDP	ME	GDP	ME
非洲	3 012.8	135.23	2 990.6	113.83	4 008	90.6	4 050.5	107.6	4 716	114.2
亚洲	39 103.5	675.4	48 382.7	810.7	60 921	1 054	68 303	1 230	76 083	1 201
美洲	16 189.7	239.3	17 229.8	252.7	25 902	374.5	27 796	376	29 999	376.8
欧洲	75 236.5	4 700.7	85 499	2 900	85 078	1 462.7	75 966	1 764.8	97 956.4	1 582.5
美国	52 440	3 041	56 718	2 729.5	82 106	2 743	101 714	3 250	108 572	4 174

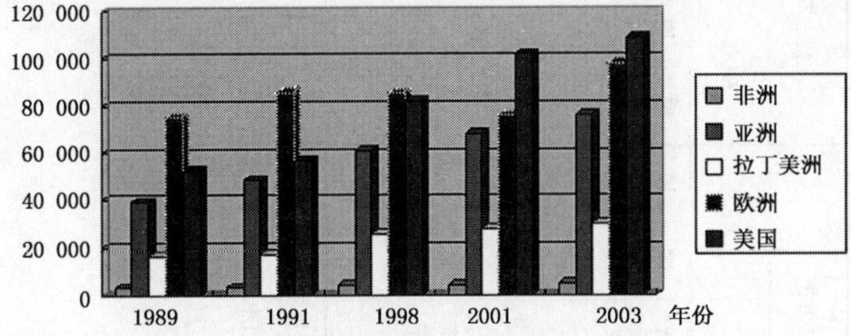

图 1－9　美国和各洲 GDP 比较

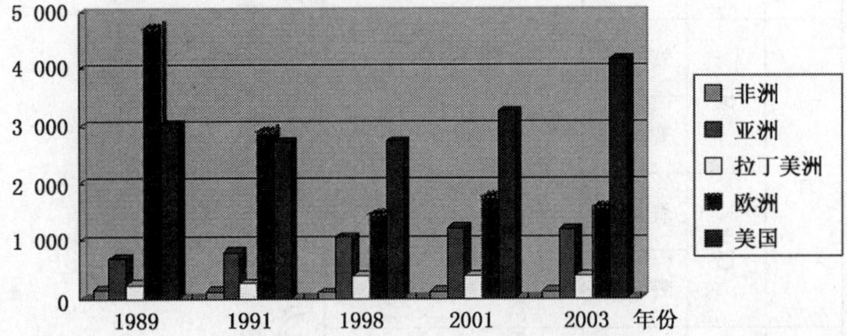

图 1－10　美国和各洲 ME 比较

① 注：1. 表 1－7～表 1－11 数据主要根据《世界军事年鉴》1990～2005 年各期、《世界经济年鉴》2000～2005 年各期、《SIPRI 年鉴 2004》以及《世界军费研究》提供整理，部分数据来自全民国防教育网：http：//www.gf81.com.cn。

2. 1990（不包括 1990 年）年以前德国的数据为西德的数据。

3. 1991（包括 1991 年）年以前俄罗斯的数据为前苏联的数据。

4. 本章为了计算的方便将澳大利亚划归美洲。

5. 标 * 号的数据为估算数据。以苏丹为例，苏丹 2000 年的 GDP 为 123 亿美元，其 2001 年的 GDP 增长率为 2.8%，则苏丹 2001 年的 GDP 为 123×（1＋0.028）＝126 亿美元。

表 1－12　美国与各洲综合实力增长幅度比较①

	非洲				亚洲				美洲				欧洲				美国			
	GDP		ME		GDP		ME		GDP		ME		GDP		ME		GDP		ME	
	增长值	增长率	增长值	增长率	增长值	增长率	增长值	增长率	增长值	增长率	增长值	增长率	增长值	增长率	增长值	增长率	增长值	增长率	增长值	增长率
1990～2000 年	1 224.8	40.5	－17.4	－14.3	32 862	75.7	409.7	54.2	12 742	77.4	118.8	46.0	11 467	16.0	－799	－34.1	41 624	71.7	－111	－3.7
2000～2005 年	1 638	38.6	30.9	29.6	15 333	20.1	295.3	25.3	5 705	16.3	32.8	8.7	32 826	39.6	425.6	27.6	45 209	45.4	300	10.4

注：增长值单位为亿美元；增长率单位为百分比。此表根据表 2 的数据计算得来，例如，非洲 1990 年至 2000 年 GDP 的增长值为 4 246－3 021.2＝1 224.8亿美元，增长率为（1 224.8/3 021.2）×100%＝40.5%。其中美洲不包括美国。

① 表 1－12 中主要根据《世界军事年鉴》1990～2005 年各期、《世界经济年鉴》2000～2005 年各期、《SIPRI 年鉴 2004》以及《世界军费研究》提供的数据整理，部分数据来自全民国防教育网：http：//www.gf81.com.cn。

2. 计算 C—GDP/GNP 相关系数和 C—ME 相关系数（见表 1－13）。

表 1－13　　美国与各洲综合实力相关系数表

年份	各洲经济实力与军事实力的相关度	美国战争与各洲经济实力的相关度	美国战争与各洲军事实力的相关度
1989	0.9624	0.5141	0.4678
1991	0.9582	0.4865	0.4665
1998	0.9979	0.5095	0.4542
2001	0.9712	0.4672	0.4260
2003	0.9960	0.4808	0.4137

上表计算步骤是根据计算公式：$\rho_{xy} = \dfrac{\text{cov}(X, Y)}{\sqrt{\text{var}(X)}\sqrt{\text{var}(Y)}}$

及相应的均值计算公式计算而来：$\overline{x_i} = \dfrac{1}{4}\sum_{a=1}^{4} x_{ai} \quad i = 1,2,3$

1989 年全部数据的矩阵用 X 表示：$X = \begin{bmatrix} 3\,012.8 & 135.23 & 0.1875 \\ 39\,103.5 & 675.4 & 0.3585 \\ 16\,189.7 & 239.3 & 0.6154 \\ 75\,236.5 & 4\,700.7 & 0.5714 \end{bmatrix}$

1989 年美国和各洲相关系数计算结果为：$\rho_{xy} = [0.9624 \quad 0.5141 \quad 0.4678]$

1991 年的全部数据用矩阵 X 表示：$X = \begin{bmatrix} 2\,990.6 & 113.83 & 0.1875 \\ 48\,382.7 & 810.7 & 0.3585 \\ 17\,229.8 & 252.7 & 0.6154 \\ 85\,499 & 2\,900 & 0.5714 \end{bmatrix}$

1991 年美国和各洲相关系数计算结果为：$\rho_{xy} = [0.9582 \quad 0.4865 \quad 0.4665]$

1998 年全部数据用矩阵 X 表示：$X = \begin{bmatrix} 4\,008 & 90.6 & 0.1875 \\ 60\,921 & 1\,054 & 0.3585 \\ 25\,902 & 374.5 & 0.6154 \\ 85\,078 & 1\,462.7 & 0.5714 \end{bmatrix}$

1998 年美国和各洲相关系数计算结果为：ρ_{xy} = ［0.9979 0.5095 0.4542］

2001 年全部数据用矩阵 X 表示：$X = \begin{bmatrix} 4\,050.5 & 107.6 & 0.1875 \\ 68\,303 & 1\,230 & 0.3585 \\ 27\,796 & 376 & 0.6154 \\ 75\,966 & 1\,764.8 & 0.5714 \end{bmatrix}$

2001 年美国和各洲相关系数最终计算结果为：ρ_{xy} = ［0.9712 0.4672 0.4260］

2003 年全部数据用矩阵 X 表示：$X = \begin{bmatrix} 4\,716 & 114.2 & 0.1875 \\ 76\,083 & 1\,201 & 0.3585 \\ 29\,999 & 376.8 & 0.6154 \\ 97\,956.4 & 1\,582.5 & 0.5714 \end{bmatrix}$

2003 年相关系数最终计算结果为：ρ_{xy} = ［0.9960 0.4808 0.4137］

表 1－14 表明，和冷战时期的 1988 年相比，美国战争介入和各洲的经济相关度大大提高了，即 0.5141、0.4865、0.5095、0.4672 和 0.4808 均 > 0.3656。

表 1－14　　冷战时期和冷战后的美国和各洲综合实力相关系数比较

年份	各洲经济实力和军事实力的相关度	美国战争介入和各洲经济实力的相关度	美国战争介入和各洲军事实力的相关度
1988	0.9684	0.3656	0.3876
1989	0.9624	0.5141	0.4678
1991	0.9582	0.4865	0.4665
1998	0.9979	0.5095	0.4542
2001	0.9712	0.4672	0.4260
2003	0.9960	0.4808	0.4137

表 1－13 和表 1－14 计算的美国和区域内主要国家军事、经济的相关系数，折射了美国战争对象及区域判定的几个规律性的经济取向：

第一，1989 年作为冷战即将结束时的分水岭，具有划时代的特殊意义，在这一年里，美国战争介入和各洲经济实力的相关度高达 0.5141，而和各洲的军事力量相关度是0.4678，美国战争介入和各洲经济实力的相关度不仅远远高于冷战时期的1988年（0.5141 > 0.3656），而且远远高于冷战后的美国各个战争时期的经济相关度（0.5141 > 0.4865，0.5141 > 0.5095，0.5141 > 0.4672，0.5141 > 0.4808），说明美国从关注军事到注重经济的转变以及认定战争对象标准的细微变化，这个指标在冷战后的每一场战争——即海湾战争、科索沃战争、阿富汗战争和伊拉克战争中，也均高于美国和区域内主要国家军事实力相关度（0.5141 > 0.4665，0.5141 > 0.4542，0.5141 > 0.4260，0.5141 > 0.4137），美国战争和区域主要国家经济的联系一目了然，据此推断，美国和战争对象的经济强相关度在冷战结束后是判定战争对象、选择战争区域的规律性经济取向。

第二，自1991年冷战结束后，区域内各主要国家自身的综合力量大幅度提高，冷战后各洲区域国家的经济实力与军事实力的平均相关度是0.9808，较之于冷战前的0.9684略有增长，说明各洲随着国民经济的发展，军费额度也随之相应提高（进一步佐证见附录三）。

第三，自1991年冷战结束后，美国和区域内主要国家的军事、经济相关度均高于冷战时期，其中，美国和区域国家经济相关度的平均值为0.486（> 0.3656），美国和区域国家军事相关度的平均值为0.4401（> 0.3876）。但是，相对于美国和各洲经济实力平均相关度（0.486）而言，美国和各洲区域主要国家的军事力量平均相关度（0.440）相对要低。由此可见，美国对区域内主要国家经济的关注要高于对军事力量的关注，进而佐证了美国和战争对象的经济强相关是冷战后美国认定战争对象、选择战争区域时的规律性经济取向。

上述规律性的经济取向还需要时间作更进一步的检验和佐证，但它们的落脚点无疑都是争夺和护持以经济霸权为核心的全球霸权。也许在某个特定的历史时期内，诸如意识形态、国家安全、传播民主等其他因素会占有较为重要的突出地位，但归根结蒂，经济利益是美国最现实而且是最迫切的国家利益，求利性是战争对象及区域判定的显而易见的取向，其他一切理由不过是掩盖经济利益渴求实质的幌子和面纱而已。

三、冷战时期、冷战后美国和战争对象关联度差异探析

为什么美国战争介入和各洲战争对象的军事、经济关联度在冷战时期和冷战结束后有一些细微的差异呢？这是因为在冷战时期美国判定战争对象及

区域的规律性经济取向是关注区域范围的主要国家和战争对象的军事力量，而在冷战后，则更偏重于区域国家以及战争对象的经济力量。

基于时代背景来看，在冷战时期，当美国和霸权的主要挑战国——苏联严重对峙时，核武器阴云的笼罩使得军事斗争成为所有领域中最重要的较量平台，正因为如此，军事力量成为最令人瞩目的力量，并具备高度灵活的可转换性（fungibility），即军事力量最强大的国家不仅可以在军事领域起着主导作用，而且可以将自己拥有的军事力量转化为对其他领域统治的实际权力，这种可转换的军事力量就像市场领域中的货币一样，它不仅使持有者在以军事力量为主的综合国力方面占据主导地位，而且可以将总体权力资源转换成各个具体领域的权力，从而获得本国所期望的边际效益，进而在所有领域占据绝对主导地位。而在冷战后，虽然军事力量仍然是国家权力的最重要组成部分之一，但是军事力量的可转换性较之冷战时期大为降低，虽然美国仍然是军事力量位居首位的霸权国和唯一的世界超级大国，但是由于军事力量可转换性的极大削弱，在各个具体领域里，美国单凭军事力量已经不能完全达到自己的理性期望，尤其是在全球经济一体化的时代大背景下，以经济实力为基础的综合国力才是掌控世界大舞台的旋纽，因此，美国判定战争对象及其区域的取向自然会从关注军事转向重视经济，这是冷战结束后的美国战争介入与经济关联度较之军事关联度更高的真实原因所在。

四、美国十五年期间和战争对象的经济关联度

为了进一步佐证美国战争对象及其区域判定和战争对象经济关联度强相关的规律性经济取向，以使结论更为让人信服，在前文基础上，本节再选取美国十五年间的 GDP 和 ME 的相关数据，计算美国和区域国家的军事经济关联度，以作进一步的求证和规律提炼（见表 1－15、表 1－16、表 1－17、表 1－18、表 1－19、图 1－11、图 1－12、表 1－20）。

表 1－15 非 洲 单位：亿美元

国 别	1990 年		2000 年		2005 年	
	GDP	ME	GDP	ME	GDP	ME
南非	1 016	43.2	1 258	19	1 873	30*
埃及	395	15.7	900	24.7	781	30
尼日利亚	273	2.8	417	3.4	773	6*

续表

国别	1990年		2000年		2005年	
	GDP	ME	GDP	ME	GDP	ME
阿尔及利亚	454	19	463	18	853	20*
摩洛哥	254	13.4	330	17	519	19*
利比亚	290	20	380	12	315	12
刚果	19.7	1*	47	1.3	73	4*
苏丹	110	3.2	123	3.3	227	6
突尼斯	124	2.1*	210	3.7	309	5.6*
肯尼亚	85.5	1.4*	118*	2	161	2.7*
总和	3 021.2	121.8	4 246	104.4	5 884	135.3

表1-16　　亚　洲　　单位：亿美元

国别	1990年		2000年		2005年	
	GDP	ME	GDP	ME	GDP	ME
中国	3 878	64.7	10 808	144	20 549	302
日本	30 522	297	49 472	473	46 638	426
印度	2 833	101	4 710	159	7 198	156
印尼	963	16	1 600	22.7	2 451	25
韩国	2 398	108.9	4 570	128	7 142	141
土耳其	1 143	32.8	2 100	51	3 325	58
巴基斯坦	397	29	628	33	896	26
越南	155*	13	310	10	437	24
以色列	512	61.6	1 070	70	1 143	94
伊朗	595	32	990	75	1 812	41
总和	43 396	756	76 258	1 165.7	91 591	1 461

表1-17　　美　洲　　单位：亿美元

国别	1990年		2000年		2005年	
	GDP	军费	GDP	军费	GDP	军费
巴西	3 303	30*	6 430	99	5 878	105
加拿大	5 920	101.9	7 242	76	10 345	76
阿根廷	647	7.7	2 783	31	1 619	33

续表

国别	1990年		2000年		2005年	
	GDP	军费	GDP	军费	GDP	军费
智利	276	5.4	703	21	935	38
秘鲁	172	6.4	547	8.3	698	12
墨西哥	1 938	6.8	5 540	30	6 930	29*
哥伦比亚	394	9	827	20	977	17
委内瑞拉	477	5.6	1 175	14	1 061	15.6
古巴	338	12.5*	168	6.5	349	8
澳大利亚	3 008	72.7	3 800	71	6 128	76
总和	16 473	258	29 215	376.8	34 920	409.6

表 1-18　　　　　　　欧　洲　　　　　　　单位：亿美元

国别	1990年		2000年		2005年	
	GDP	军费	GDP	军费	GDP	军费
德国	15 065	310	18 752	260	27 301	249
法国	11 872	316	13 000	270	19 727	295
英国	9 867	355.6	14 000	345	22 276	384
俄罗斯	12 075	946	12 000	290	6 718	650
意大利	10 908	189.8	10 776	160	17 097	194
西班牙	4 845	79.8	5 680	70	10 190	84
乌克兰	500*	4*	520*	4.4	751	6.5*
荷兰	2 788	74.7	4 276	62	5 813	66
波兰	1 409	10.5	1 600	36	2 462	35
瑞典	2 194	55	2 386	45	3 481	4.5
总和	71 523	2 341.4	82 990	1 542.4	115 816	1 968

表 1-19　　各洲综合实力汇总统计①　　亿美元

	1990 年		2000 年		2005 年	
	GDP	ME	GDP	ME	GDP	ME
非洲	3 021.2	121.8	4 246	104.4	5 884	135.3
亚洲	43 396	756	76 258	1 165.7	91 591	1 461
美洲	16 473	258	29 215	376.8	34 920	409.6
欧洲	71 523	2 341.4	82 990	1 542.4	115 816	1 968
美国	58 033	3 000	99 657	2 889	144 866	3 189

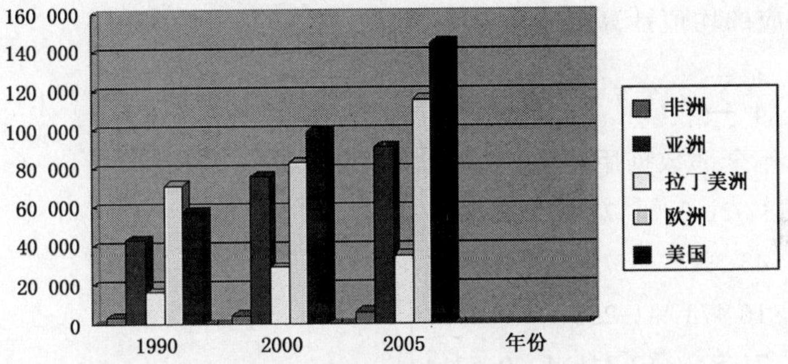

图 1-11　十五年期间美国和各洲 GDP 比较（亿美元）

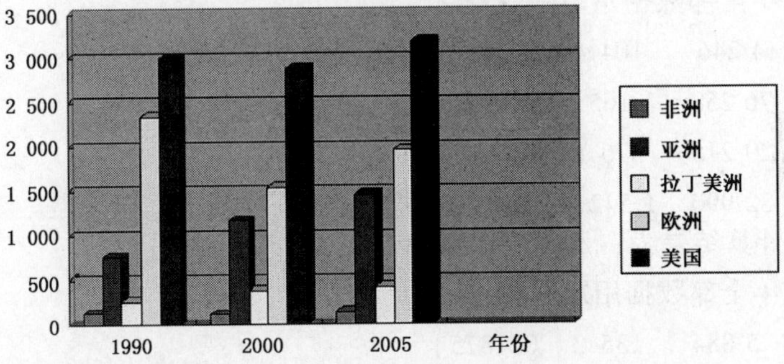

图 1-12　十五年期间美国和各洲军费（ME）比较（亿美元）

① 1990 年以前（包括 1990 年）德国的数据为前联邦德国的数据，1990 年以前（包括 1990 年）俄罗斯的数据为前苏联的数据。为了计算的方便将澳大利亚划归美洲。以上各表的数据主要根据《世界军事年鉴》1990～2005 年各期、《世界经济年鉴》2000～2005 年各期、《SIPRI 年鉴 2004》以及《世界军费研究》整理得出。标 * 号的数据为估算。以古巴为例，1990 年古巴军费开支占 GDP 的 3.7%，则 1990 年古巴军费为 338 × 3.7% = 12.5 亿美元。

表 1-20 美国与各洲综合实力相关系数计算

年份	各洲经济实力与军事实力的相关度	美国战争介入与各洲经济实力的相关度	美国战争介入与各洲军事实力的相关度
1990	0.9495	0.4925	0.4685
2000	0.9823	0.4463	0.4235
2005	0.9935	0.4680	0.3963

根据计算公式：$\rho_{xy} = \dfrac{\mathrm{cov}(X,Y)}{\sqrt{\mathrm{var}(X)}\sqrt{\mathrm{var}(Y)}}$

及相应的均值计算公式为：

$$\overline{x}_i = \frac{1}{4}\sum_{a=1}^{4} x_{ai} \quad i = 1,2,3$$

1990 年全部数据用矩阵 X 表示：

$$X = \begin{bmatrix} 3\,021.2 & 121.8 & 0.1875 \\ 43\,396 & 756 & 0.3585 \\ 16\,473 & 258 & 0.6154 \\ 71\,523 & 2\,341.4 & 0.5714 \end{bmatrix}$$

最终计算结果为：$\rho_{xy} = [0.9495 \quad 0.4925 \quad 0.4685]$

2000 年全部数据用矩阵 X 表示：

$$X = \begin{bmatrix} 4\,246 & 104.4 & 0.1875 \\ 76\,258 & 1\,165.7 & 0.3585 \\ 29\,215 & 376.8 & 0.6154 \\ 82\,990 & 1\,542.4 & 0.5714 \end{bmatrix}$$

最终计算结果为：$\rho_{xy} = [0.9823 \quad 0.4463 \quad 0.4235]$

2005 年全部数据用矩阵 X 表示：

$$X = \begin{bmatrix} 5\,884 & 135.3 & 0.1875 \\ 91\,591 & 1\,461 & 0.3585 \\ 34\,920 & 409.6 & 0.6154 \\ 115\,816 & 1\,968 & 0.5714 \end{bmatrix}$$

最终计算结果为：$\rho_{xy} = [0.9935 \quad 0.4680 \quad 0.3963]$

计算结果表明，十五年期间的美国战争介入和区域内主要国家的经济相关度仍然要高于军事关联度，即 $0.4925 > 0.4685$，$0.4463 > 0.4235$，$0.4680 > 0.3963$。表明美国出兵时相对于军事关联度而言，更加关注战争对象的经济关联度。

五、美国和区域强国的经济关联度

根据表 1－15、表 1－16、表 1－17 和表 1－18 的统计数据，结合世界战略格局和战略态势，本书将南非、中国、德国和巴西分别定位为区域内国家中的强国，本书选取这四个区域强国的经济力量（GDP）和军事力量（ME）指标来考察其和美国经济的关联程度。

表 1－21　美国和区域强国经济及军事相关系数计算

	美国和区域强国经济实力的相关度	美国与区域强国军事实力的相关度
中国	0.9973	0.8471
南非	0.9754	0.3166
德国	0.9797	－0.3136
巴西	0.7560	0.2192

注：美国和各洲区域强国经济的相关度根据表 1－15～表 1－18 中 1990 年、2000 年和 2005 年的数据计算。

计算方法以中国和南非为例：

根据计算公式：$\rho_{xy}=\dfrac{\mathrm{cov}(X,Y)}{\sqrt{\mathrm{var}(X)}\sqrt{\mathrm{var}(Y)}}$

及相应的均值计算公式为：

$$\bar{x}_i = \frac{1}{3}\sum_{a=1}^{3} x_{ai} \quad i = 1,2$$

$$\mathrm{cov}(X,Y)=E(X,Y)-E(X)E(Y)$$
$$D(X)=E(X^2)-E^2(X)$$

将中国和美国的 GDP 用矩阵 X 表示：$X=\begin{bmatrix} 3\,878 & 58\,033 \\ 10\,808 & 99\,657 \\ 20\,549 & 144\,866 \end{bmatrix}$

最终计算结果为：$\rho_{xy}=0.9973$

将中国和美国的军费用矩阵 X 表示：

$$X=\begin{bmatrix} 64.7 & 3\,000 \\ 144 & 2\,889 \\ 302 & 3\,189 \end{bmatrix}$$

最终计算结果为：$\rho_{xy}=0.8471$

同理，将南非和美国的 GDP 用矩阵 X 表示：$X=\begin{bmatrix}1\,016 & 58\,033\\ 1\,258 & 99\,657\\ 1\,873 & 144\,866\end{bmatrix}$

最终计算结果为：$\rho_{xy}=0.9754$

南非和美国的 ME 用矩阵 X 表示：$X=\begin{bmatrix}43.2 & 3\,000\\ 19 & 2\,889\\ 30 & 3\,189\end{bmatrix}$

最终计算结果为：$\rho_{xy}=0.3166$，其他国家与美国的相关度计算方法同上。

表 1－21 的计算结果表明，中国、德国、南非和巴西等四个国家均和美国的经济呈强相关，经济相关度依次为 0.9973、0.9797、0.9754 和 0.7560，这一指标远远高于美国和这些国家的军事关联度。尤其值得特别注意的是，美国经济不仅和中国经济相关度高达 0.9973，而且和中国军事的相关度也比其他国家都要高（0.8471），同类指标远远高于南非、巴西和德国等区域强国（美国和区域强国的经济相关度进一步佐证的估价方程参见附录）。这一方面展现了中国经济的崛起，经济强国的地位令美国高度瞩目；另一方面也昭示了中国作为美国认定的潜在战争对象的可能性，美国极有可能在经济上依赖中国的同时在军事上采取遏制的常规性手段。

第三节　美国对外战争的主要驱动因素

国家利益显然是美国战争行为的决定性驱动因素，由于具体的战争驱动因素在不同历史时期作用和地位的差异，因而对战争驱动和影响的力度不尽相同。在美国经济成长初期，羽翼未丰，维护国家安全是战争的主要驱动因素；在冷战时期，美苏综合实力伯仲难分，意识形态差异则主要是战争滋生的肥沃土壤；而在今天美国经济严重依赖外部世界市场的大背景下，觊觎以战略资源分配权为核心的经济利益是美国进行对外战争的催生婆。但是，无论国家利益需求的重心乃至排序如何变更，战争对经济利益的现实追逐和潜在渴望在美国的任何历史时期都具有相对的稳定性和永恒性。

一、国家利益

国家利益是一种先验给定的国家属性①，是一种与国家相伴相生的现象，对美国而言，世界上任何遥远角落的任何国家所发生的一切事项，都直接或者间接地关系到美国的国家利益，美国不仅要为攫取美国的利益而战，为维护盟国小伙伴的利益出兵，还要为推进美国价值观、稳定世界秩序、护持美国霸权而战。美国一般将国家利益作如下分类：第一类是"生死攸关的利益"。这是关乎美国生存、安全和活力的利益，包括保卫美国及其盟国的领土完整等。第二类是"重要的利益"。这些利益一旦受到威胁，不会直接影响美国的国家生存，但会间接影响到美国的安全强盛以及美国所处的国际环境。第三类是"人道主义利益"。世界许多地区爆发的以国内种族或部族之间相互杀戮为特征的冲突，以及罕见的干旱、洪灾和大规模武装冲突所引起的难民潮，都可能对地区稳定构成威胁，对美国所倡导的民主、自由价值观产生冲击，进而对美国的国际地位形成挑战。因此，美国也要为此而战。综上所述，美国国家利益层级中的第一层次是国家领土和主权的安全，即国家生存安全；第二层次是经济利益，即经济安全；第三层次是美国价值观或意识形态维护。20 世纪 90 年代初期，布什在《美国国家安全战略》报告中对美国国家利益的边际范围做了现实而全面的概括：美国作为一个自由、独立的国家而存在于世界，以确保其根本价值观念免遭侵犯、其国家制度和人民安全无虞；保持美国经济的健康增长，以确保个人拥有致富的机遇和国家在国内外行动时具有足够的资源；确保世界的稳定与安全，促进政治自由、人权和扶持民主制度；与盟友建立健康、合作和富有政治活力的关系。这个表述将维护美式价值观、确保国家安全、推动经济繁荣三者有机地联系在一起。每一个具体的利益目标在特定情景和特定时代中都可视为国家利益，国家利益是驱动美国为之而战的根本动因。

富有戏剧性的是，早期对国家利益最有影响的研究出自著名的历史学家

① 2000 年 8 月，美国国家利益委员会完成了一份关于美国国家利益的研究报告，该报告不仅重新界定了冷战结束后美国国家利益的目标，而且还按照国家利益的优先秩序，详尽地排列了核心国家利益、极其重要的国家利益、重要的国家利益和次要国家利益的关键性内容要点。报告按照优先次序排列了美国国家利益的四大等级序列，即核心国家利益、极其重要的国家利益、重要的国家利益和次要国家利益。在核心国家利益的排列中，该报告明确地将中国和俄罗斯确定为美国的潜在战略对手，并将此项内容列为美国核心国家利益中的第五项，明晰地将维护国际信息传递能力以确保美国价值观能够持续地对外国文化产生积极影响作为美国的重要国家利益。

查尔斯·比尔德之手。比尔德在1934年出版的《国家利益理念》(the Idea of National Interest)一书[①],名为研究国家利益,实际上是一部美国国家经济利益的发展史。比尔德在书中追溯了美国不同区域的经济利益的形成和发展,以及它们对不同时期的美国外交政策的影响。他认为,美国国家利益的核心不是国家安全,而是经济利益,所谓"国家利益"是相对于州和区域的利益而使用的概念,并不是一种现代意义上的国家利益,政党所代表的是不同的经济利益集团,其制定的外交政策反映的则是区域经济利益集团的经济愿望和要求,尽管政客们喜欢使用"国家利益"这样的字眼儿[②]。以今天的眼界来看这样的评价,简单将美国的国家利益简化成"经济利益"显然欠科学,因为在冷战时期,作为霸权国的美国进行的战争表面上看不能说是完全出于经济利益的考虑,有时甚至是牺牲了美国的经济利益,但美国战争的驱动力在很大程度上是经济利益使然的确是不可回避的一个现实。

二、美国国家利益排序

1. 意识形态。"意识形态是指在一定的社会经济基础上形成的系统思想观念,代表了一定阶级或者社会集团的利益,又反过来指导这一阶级或集团的行动"[③],其核心内容是价值观。在美国战争历史中,有许多战争是基于意识形态而滋生。美国历史短暂,但美国社会又非常需要一种能将不同民族维系在一起、使社会保持一体化的纽带,这个纽带就是政治上的共识,也就是意识形态或主要价值观念上的基本一致性。"美利坚是一个高度注重意识形态的民族……其一致程度令人吃惊。"[④] 这种令人惊讶的一致性集中体现在19世纪中叶的"天定命运"这一思潮上,其中心思想就是种族优越论、美国伟大论和民主制度优越论。"种族优越论"认为,美利坚人是最优秀的民族,他们有征服劣等民族的权利,并"希望天定命运的向外扩张权利不被

---

① Charles A, Beard, The Idea of National Interest: An Analytical Study In American Foreign Policy (reprint, Chicago: Quadrangle Books, 1966).

② Beard, The Idea of National Interest, PP.32~33, P.45.

③ 王缉思:《美国意识形态的新趋势》,《美国年鉴2000》,中国社会科学出版社2000年版,第206页。

④ [美]杰里尔·A.罗赛蒂著,周启朋、傅耀祖译:《美国对外政策的政治学》,世界知识出版社1997年版,第354页。

赋予除美国外的任何其他民族"[①]。"美国伟大论"则认为，美国人天定具有拯救落后民族并使之获得新生的能力和使命"[②]。"民主制度优越论"则认为，美国所创立的立宪民主制度是世界上最好的政治制度，最能保障人们的自由权利，因此应当被世界各国效法。"天定命运"是在美国大陆扩张进入高潮时期应运而生的扩张主义意识形态，它是驱动美国战争发生的不可忽视的重要因素，在相当程度上，美国的战争行为反映了"一种超越国家疆界的强烈使命感，一种传播美国梦和美国价值观的义务，一种依照美国模式建立世界文明的冲动"[③]。根据"天定命运"逻辑的推理，美国是正义的化身，反对美国无异于反对上帝的旨意，进行战争是历史赋予美国的道德使命。正像"天定命运"的信念为美国早期的领土扩张和拓殖提供了道德依据一样，威尔逊主义也以此为借口，为美国参与第一次世界大战寻求辩护：美国加入协约国一方参战，就是因为德国、奥匈帝国等国是专制国家，而英、法以及二月革命后的俄国是民主国家，威尔逊要"站在欧洲民主力量一边而战斗，反对野蛮的威廉统治的德国。正义比和平更加宝贵，我们为之而战的是我们心中最珍贵的东西——民主。我们为那些处于极权统治之下的人民参与政府的权利而战，为弱小国家的权利与自由而战"[④]。同理，美国参加第二次世界大战也抱着相似的信念。

历史在发展，"天定命运"理念仍然像过去一样根深蒂固，"没有一个国家像美国那样一厢情愿地认定美国的价值观是放之四海而皆准的。"[⑤] 冷战时期的遏制战略就是这种传统道德使命感的延续，这一时期的美国战争具有浓厚的意识形态色彩，"冷战不仅仅是两支敌对军队间的斗争。它还是两种相互对立的意识形态间的斗争。"[⑥] 在美国人看来，冷战是善与恶之间的一场拯救世界的斗争。美国人不认为自己在冷战年代里的表现是帝国主义的，

---

① Albert K. Weinberg, Manifest destiny, A Study of Nationalist Expansionism in American History, Baltinore, The Johns Hopkins Press, 1935, p.143.

② Albert K. Weinberg, Manifest destiny, A Study of Nationalist Expansionism in American History, p.171.

③ Michael Hunt, Ideology and U.S. Foreign Policy, New Haven: Yale University Press, 1987; Emily Rosenberg, Spreading The American Dream, New York, Hill and Wang, 1982.

④ 引自 Melvin Small, was War Necessary? – National Security and U.S. Entry into War, Beverley Hills: Sage, 1980, P.153.

⑤ 亨利·基辛格：《大外交》，海南出版社 1997 年版，第 3 页。

⑥ ［美］理查德·尼克松著，范建民等译：《超越和平》，世界知识出版社 1995 年版，第 27 页。

或是自私自利的，而认为自己是一个由乐善好施和优越的人民组成的清白无罪的社会，他们代表着进步和这个世界的充满希望的未来。这种信念在越南战争中更加明显地表现出来。当时美国企业界在越南几乎没有任何投资或其他任何种类的经济利益，然而，“出于意识形态的原因，工商界一般都支持这场战争。”[①] 1991 年海湾战争的硝烟刚刚散去，美军就出兵索马里实施维和行动，索马里既无美国所需要的资源，更无美国资本和商品所需要的市场，但美国力促安理会通过 794 号决议出兵维和，并承担多国部队的主力，因为美国认为自己有义务“在关键地区慑止侵略和高压统治”[②]。在 1999 年的科索沃战争中，美国政要的一个潜台词就是，一定要搞垮欧洲最后一个共产主义堡垒。美国在 20 世纪为击败对民主的威胁——德意志帝国、日本帝国、第三帝国和欧洲与亚洲的共产主义——而牺牲了成千上万的生命和数不清的财富，如果没有能为这些牺牲提供根据的理想和价值观，美国人就不会为他们的国家为人类建设一个更好的世界所做的事情而引以自豪[③]。所以，在美国战略决策者的意识形态中，美国战争是正义的化身，美国若不是真心信服它所代表的最深刻的价值和理念，也无从坚持这个政策（指遏制战略）历 40 年，并且付出严酷代价。美国政府许多最高等级的机密文件，自始就无意发表给公众知晓，它们却往往弥漫着道德色彩，可以说为这个说法作见证[④]。也许自杜鲁门之后的历任总统对意识形态的重视程度不尽相同，但“天定命运论”成为一代又一代美国战略决策者的理想信念。

意识形态之所以成为驱动美国战争的主要因素之一，除了美国笃信的价值观念外，主要源自于意识形态自身独特的“掩盖”之功用。在现实生活中，美国“用意识形态作为对外关系准则，其实不可能是纯而又纯的，它经常会用来掩盖其实并非意识形态的意图”[⑤]。毛泽东对此曾有过精辟论述：“据我看，美国反共是把它当作个题目来做文章，以达到他们另外的目的，首先是占据从日本到英国的这个中间地段……欺负它们，控制它们的经济，在它们的领土上建立军事基地，最好使这些国家都弱下去。”[⑥] 毛泽东的评

① ［美］罗杰·希尔斯曼等著，曹大鹏译：《防务与外交决策中的政治：概念模式与官僚政治》，商务印书馆 2000 年版，第 437 页。

② 《2005 财年美国国防报告》第 3 页。

③ Richard Gid Powers, Not Without Honor: The History of American Anticommunism, p.428.

④ 亨利·基辛格：《大外交》，海南出版社 1997 年版，第 414 页。

⑤ 陈乐民：《西方外交思想史》，中国社会科学出版社 1995 年版，第 11 页。

⑥ 《毛泽东外交文选》，中央文献出版社 1994 年版，第 159 页。

判深刻揭示了美国战略决策者意识形态中的非意识形态意图。意识形态在美国战争中具有的这种特殊功用其实是与美国国情分不开的，与其他西方大国不同，美国几乎不存在传统意义上的国家安全问题，没有外敌入侵威胁国家领土和主权完整的忧患，所以，很难像其他西方国家那样打着维护国家安全、抗击外敌侵略的旗号出兵，意识形态被用作掩盖真实战略及战争企图的烟幕弹。

意识形态之所以成为驱动美国战争的主要因素之一，还在于这种价值观与美国国家利益具有高度的契合点。维护"一超独霸"地位是美国的国家利益，美国要实现"一超独霸"的战略目标，这既是美式价值观念的必然要求，也是美国战略决策者心目中谋求国家利益的最佳途径，而维持美国业已形成的"世界霸主"地位正是美国价值观念与国家利益的契合点，也正是基于此，意识形态才成为国家利益的有机组成部分，或者说是国家利益的一种表现形式，进而成为驱动美国战争的因素之一。

2. 国家安全。国家安全是国家的最高利益，因而是美国战争行为中具有决定性影响作用的驱动性因素。"最重要的国家安全利益是生存，……如果一个国家作为主权实体被消灭了，其他一切也就毫无意义了。"① 美国参与两次世界大战，除了经济利益使然，另一方面的动机是为了支持欧洲大陆可以维持和恢复均势的力量，从而不使任何一个欧洲国家称霸欧洲，并因此得以把权力投射到大洋彼岸威胁美国国家安全的国家。二战后威胁美国的力量主要来自于苏联，所以美国必然全力支持反苏的国家，如果美国的战争不能为这个目标服务，美国的国家安全也就无从得到保障，美国的国家利益也就不能实现②。

毫无疑问，国家安全是国家生存与发展的前提，战争行为首当其冲为此而发生，然而，以此作为分析美国战争行为的驱动因素时，必须具体问题具体分析。国家安全通常有两种理解：一种是狭义的国家安全，是指国家能免于受到另一主权国家对其领土的侵犯与威胁，即国家生存安全，这种狭义的理解只有在国家领土和主权真正受到现实威胁时才具有实际意义。美国历史上从未有过外敌入侵的记录，自南北战争以后，从未在大陆本土上发生过战争（夏威夷的珍珠港事件也只限于夏威夷岛，而夏威夷真正归于美国还是

① ［美］约翰·柯林斯《大战略》，中国人民解放军军事科学院1978年版，第22页。

② 秦亚青：《霸权体系与国际冲突》，上海人民出版社1999年版，第50页。

20世纪50年代的事)，也就是说，美国自1865年南北战争结束之后的近140多年时间里，在本土上就没有发生过任何战争①，即便在世界战争历史上这也是绝无仅有的。美国东临大西洋，西邻太平洋，南邻墨西哥，北邻加拿大，地理位置的独特优势，地缘政治的天然屏障，使美国从未遭遇过真正意义上的国家安全威胁。遍及各洲的军事联盟更是为美国安全贴上固若金汤的标签：在欧洲具有北大西洋公约组织，在亚洲具有日本、韩国那样的盟国，和东南亚国家不同程度的安全合作，在大洋洲有与澳大利亚的军事结盟。军事联盟的威慑力量使美国不像其他国家那样为遭到外敌入侵而整日担惊受怕。即使是世界上的区域强国，其军事力量也不可能对美国的国土安全形成直接威胁，只能对美国在各地区的经济利益构成暂时性的挑战。

冷战结束后，因为共产主义威胁已经消失，美国因其实力傲视全球而无对手，更使大多数美国人产生了从未有过的安全感，“9·11”事件也未从根本上改变这种趋势，尽管恐怖主义袭击对美国的国家安全构成了重大威胁，但其很难成为美国生存安全的挑战者，能够对美国生存构成威胁的只能是另一个主权国家或者主权国家联盟，美国担心恐怖主义袭击不是主权是否完整、国土是否有生存之危，而是对经济的附带影响，因为袭击本身不仅对美国经济提供产品和服务的总能力产生影响，而且对消费者的需求和投资者投资产生巨大心理影响，而这最终将有害于美国经济的成长，“9·11”事件造成的经济损失约为600亿美元②，袭击对美国的航空业、证券业、通讯业等产业造成了严重打击。正如美国全国经济研究局的声明中所指出的：“在袭击发生前，经济增长下降的程度可能过于轻微，而袭击加剧了经济收缩，也许正是使情况恶化为衰退的重要因素。”③ 所以，“9·11”事件带给美国的安全问题更多的是指经济威胁而不是生存安全，战略决策者采取咄咄逼人的现实主义态度在全球范围内反对恐怖主义，在追求绝对军事优势和绝对国家安全的基础上，护持美国的既得经济利益正是关注经济安全的典型表现。所以，从狭义国家安全的角度来分析美国战争行为时，必须考察真正引发美国战争的内在原因，在很多情况下美国往往在国家生存安全没有受到任何实质性威胁的情况下，仍然不断地在世界范围内发动战争和实施武装干涉。如果

① 刘鹏辉：《为什么偏偏是美国》，世界知识出版社1995年版，第9页。
② 中国社会科学院美国研究所：《美国年鉴》，中国社会科学出版社2002年版，第235页。
③ 中国社会科学院美国研究所：《美国年鉴》，中国社会科学出版社2002年版，第236页。

从广义的国家安全（政治安全、经济安全、社会安全、文化安全、环境安全等）来考察美国的战争行为，也应从多重角度理性分析。因为这个定义超出了国家的范畴，而广义的国家安全只有在全球范围内才有典型意义。随着经济安全地位的上升，美国的国家安全外延愈来愈宽泛，在20世纪70年代扩展到经济领域，在80~90年代则已经包括能源、环境和人口问题了，正如美国学者斯坦利·霍夫曼所指出的那样，国家的任何国际行为均可以由此得到解释："一般的次要目标，诸如国家声誉、某一局部区域的权力增长、保护在国外的公民人身安全等等，都会与国家存亡的问题联系起来……"① 所以，如果从广义的国家安全角度来探寻美国战争的发生几率，将其与美国的生死存亡联系起来，很容易使国家安全缺乏稳定的标准，这种不稳定性导致了随之而来的一个结果：国家利益不仅没有边际，而且包罗万象，倘若如此，美国的战争行为似乎缺乏规律性特征，而这将使研究战争指导规律的军事战略学作为一门科学失去存在的意义。所以，国家安全固然是驱动美国对外进行战争的主要因素之一，但与其他国家不同的是，面临安全威胁不是美国进行战争的根本因子，必须结合美国的具体情况才能探寻出引发美国战争的真正原因。

3. 经济利益。扫描美国的战争历程，战争政治面纱的背后通常有显性或隐性的经济利益考量，美式价值观的推广、国家安全维护等因素在特定历史时期是引发战争的重要驱动力量，但事实证明最终只不过是掩盖获取实际经济利益的幌子而已。19世纪末期的美西战争和20世纪末期的海湾战争便是最好的佐证。古巴与西班牙的矛盾对美国的生存安全没有任何威胁，但美国却以保卫安全为由向西班牙宣战。战争结束后，美国控制了菲律宾，为向中国扩张、打开中国市场大门铺平了一级级踏脚石。如果说21世纪初的第二次海湾战争爆发，美国还能找出反对恐怖主义借口的话，20世纪末美国一意孤行发动的海湾战争，实质上就是一场石油资源分配权和经济命脉的争夺战。所以，获取经济利益是美国战争行为的经济本源，一旦其他手段没有奏效致使经济目的无法实现，美国就会使用军事手段进行干预，并认为实施由经济利益驱动的战争即使有代价也是值得的，因为这样做可以确保向美国供应重要原料的世界区域稳定有序，没有这些原料，美国经济就成为无源之

① Stanley Hoffmann, Contemporary Theory in International Relations 6th ed, Englewood Cliff, NJ: Prentice - hall, 1960, p.33.

水，无本之木，霸权的梦想就会落空。哈利·马格多夫尤其强调美国战后的战争主要是为了经济利益，如保护原料基地、保护海外市场和国际投资、保证主要商业性海洋和空中通道畅通无阻、保护美国商业界具有贸易和投资关系的美国势力范围、开创新的国外市场、投资机会和维持世界市场体系等等，所有这些活动的真正目的就是经济扩张[①]。美国之所以为经济利益而战，"从本质上讲，是要重建并维护包括经济秩序在内的全球机制，以使美国的企业能够在世界各地不受歧视地进行贸易、经营和盈利"[②]，最终奠定霸权的经济根基，因此，促进美国经济繁荣并以此为基础建立以经济霸权为核心的全球霸权，引导着美国军事战略的走向，并成为驱动美国对外战争的主要因素。

经济利益是美国真正具有实质性意义的国家利益。马克思曾精辟指出："追求利益是人类一切社会活动的动因。"[③] 它的主要内容包括：国家安全利益、国家经济利益、国家政治利益以及国家文化利益和意识形态的利益。安全利益是其他利益的前提和保障，国家经济利益是国家生存和发展的基础，而国家政治利益则是国家独立自主地管理政治和外交的权益，基于利益观的内容范畴，国家利益不仅表现在经济、政治、文化和安全等客观对象上，还表现在按照主流价值观对国家利益的主观认定上，2000 年 7 月，美国国家利益委员会对美国的国家利益进行了明确的界定和阐述。从中可看到经济利益的永恒性。按照国家利益的重要程度和紧迫性，美国将其划分为四个等级：第一为生死攸关的利益，第二为极其重要的利益，第三为重要利益，最后是次要利益。详细划分见表 1 – 22。

从表 1 – 22 可见，美国的国家利益具有如下鲜明的特点：

一是全球性。美国的国家利益涉及全球各个区域的经济和军事体系。

二是层次性。美国国家利益按重要程度被划分为四个层级，处于利益结构金字塔最顶层的是生死攸关的利益，包括和国家生存息息相关的军事安全和经济安全；和其他国家不同的是，经济安全是美国生死攸关的利益。

---

① Harry Magdoff: "The American Empire and the U. S. Hegemony", in Imperialism and Underdevelopment, ed. Robert I. Rhodes, New York: Monthly Review Press, 1970, pp. 28 ~ 29.

② Joyce and Gabriel Kolko, "The Limits of Power", the world and United States Foreign policy, 1945 ~ 1954, N. Y. 1972, p.2.

③ 《马克思恩格斯全集》第 1 卷，人民出版社 1963 年版，第 92 页。

表 1-22　　美国的国家利益分类

2000 年 7 月美国国家利益委员会界定的国家利益			
生死攸关的利益	极其重要的利益	重要利益	次要利益
1. 预防和降低美国及其海外驻军遭受核及生化武器攻击的威胁，保证美国盟友的生存，并确保其与美国的积极合作； 2. 塑造符合美国利益的国际体系，防止美国周边出现敌视美国的强权的国家； 3. 保证全球主要体系（贸易、金融市场、能源供应和环境）的活力和稳定，与可能成为美国战略对手的国家（中、俄）建立符合美国利益的富有成效的关系。	1. 预防和降低来自核及生化武器的威胁，防止大规模杀伤性武器及运载系统扩散； 2. 防止重要地区特别是波斯湾出现地区霸权；促进美国盟友和朋友的福祉，保护其免遭入侵；促进西半球的民主、繁荣与稳定；在重要地区防止、控制和结束冲突； 3. 在和军事与经济有关或其他战略性关键技术领域特别是信息系统方面保持领先，镇压恐怖主义（特别是国家支持的恐怖主义）。	1. 阻止外国大规模侵犯人权行为的发生； 2. 在战略上的次要地区防止与结束冲突，保护被恐怖组织作为攻击目标或人质的美国公民的生命财产安全； 3. 防止美国海外资产被当地政府收归国有，提高关键性战略行业的国内生产能力，保持国际信息传播领域中的优势，保证美国价值观对外国文化的持续影响，使之与长期的生态发展要求相适应，通过国际贸易与投资促进美国国民生产总值的增长。	1. 平衡双边贸易赤字，促进世界民主发展，保护世界各国领土完整及特定的政治体制，促进美国特种经济部门的出口。

三是经济利益的永恒性。在划分的四个利益等级中，无一例外都涉及对经济利益的维护。经济利益之所以成为美国国家利益的核心，因为美国在区域范围内奠定霸权地位需要相当的经济实力作为后盾，而经济利益本身就是经济实力的重要组成部分，如果“没有可靠的美国的实力，我们就根本不能保护我们的利益，也无法促成更多的人道目的”①。因此，经济利益是美国最需要争夺并维护的国家利益内核。纵观美国战争行动，人们不难发现，美国战争的背后多有经济利益的色彩，冷战后美国的战争行动如两次海湾战争和科索沃战争更是美国根据国家利益重要程度而做出的战争对象及区域判定的结果。因为伊拉克对科威特的入侵直接威胁了美国的石油利益，而石油是能源重要性凸显的时代背景下的美国国家利益的折射。科索沃战争被普遍认

① 黄硕风：《论国家盛衰》，湖南人民出版社 1996 年版，第 225 页。

为是为了维护美国的“美元霸权地位”而做出的必然选择，由此可见，争夺和维护以经济利益为核心的国家利益是美国战争判定的永恒标准。

三、国家利益的地位及其相互辩证关系

意识形态、国家安全和经济利益是不同历史时期引发美国战争行为的交互性驱动因素。美国战争历史和现实表明，在不同的历史时期和经济大背景下，由于美国侧重于不同的利益需求，以致意识形态、国家安全和经济利益对美国战争行为的驱动和影响程度不尽相同，早期的美国需要拓展疆域，因为领土是经济成长的摇篮，而今天的美国，则要获取稀缺战略资源的控制权。无论利益需求的重心如何变更，对经济利益的现实和潜在渴望在美国任何历史时期都具有相对稳定性，美国对疆域、市场、资源及其控制权的渴望从未停止过，为经济利益而战，既关乎美国国家生存，又是美国“天定命运”价值观的具体体现，它介于国家安全与意识形态之间，是美国理想追求与现实需要的有机融合，经济利益作为驱动美国战争的主要因素，是对马克思主义战争经济本源论的有力论证。

在美国战争史上，美国战略决策者常常在国家安全、意识形态和经济利益这些具体的国家利益之间面临艰难的抉择，但最终仍主要以经济利益为取向。“在古巴导弹危机期间，约翰·肯尼迪为了不让苏联插足加勒比地区，不惜冒国家存亡的风险。朝鲜战争期间，我们没有那样果断，因为不值得这样做。”① 在此可追溯美国对朝鲜战争的利益评估，可清晰地管窥到美国战略决策的最终经济利益取向。在朝鲜战争爆发以前的年代里，“凡是东西方有接触的地方都可以做出苏联会在那里发动进攻的判断”②。强烈的意识形态导致美国决策者认为朝鲜战争是苏联发动的，所以一开始就下决心进行全面的干预，确定武力统一朝鲜的战争目标，但在根据美国战略资源委员会提供的“朝鲜在对美国利益具有重要意义的国家中，名列最后一位”的报告评估后，认为朝鲜对于美国来说是“远在天边的防线”，防守朝鲜半岛“既不必要也不可能”③。可见，朝鲜停战固然有军事或者政治上的原因，也有经济利益的考量，对利益的权衡或许是打开停战谈判大门的原因之一。意识形态

① ［美］约翰·柯林斯：《大战略》，中国人民解放军军事科学院1978年版，第22页。

② ［美］杜鲁门著，李石译：《杜鲁门回忆录》，三联书店1974年版，第392~393页。

③ 《美国研究》1991年第2期，第62页。

虽然影响着美国的战争及其军事战略，起决定性作用的仍是美国的经济利益。美国是商业社会，战略的选择同样离不开对利益的权衡，一旦战争不能给美国带来既得利益甚至是危害经济利益时，美国就会立即停止战争，而不会一味坚持意识形态及其美式价值观的推广，一旦美国式的激动和冒险精神过去之后，像和平、民主理想、自尊心等这些无形的利益在美国公众心目中将变得越来越没有市场，他们认为不值得付出美国人生命这样昂贵的代价。因为，美国的国家利益既不是空洞无物、也非存在于真空之中，它是在与有形的经济利益联系在一起后才具有鲜活的生命力，也正是基于此，经济利益成为具体国家利益中的核心元素。至于美国在战争中惯用的军事打击与经济援助双管齐下的伎俩，则是实现经济欲望的辅助手段，因为，仅有世界市场的“门户开放”是不够的，还必须具备这样一个前提条件：购买美国产品的国家拥有足够的偿付能力，事实上很多国家不具备这种能力，因此，美国的物质援助便具有特殊的意义，援助其他国家既促进美国的经济繁荣又促进美国的国家安全，用“繁荣的邻居是最好的邻居”来解释美国经常在战争中或者战争后援助其他国家的行为再恰当不过了。

经济利益之所以成为美国国家利益的核心变量，因为它是美国实现全球霸权的经济基础。相对其他国家而言，生存安全之忧不是美国面临的主要问题，美国因生存安全之虞而进行的战争屈指可数，为推广美式价值观而进行的战争虽然不胜枚举，但最终仍在对经济利益的权衡中而收场。经济利益在美国整个历史长河中都是国家利益的核心变量，并可符合逻辑地解释美国的战争行为，在推广美式价值观和保卫国家安全的借口背后，总是隐藏着深层的、长远的经济利益图谋，这是美国欲望成为世界霸权国的根本需求。

经济利益是驱动美国战争的主要因素，并因此成为美国国家利益的核心变量，这点并非一直显性。由于国家安全、意识形态和经济利益在美国的不同历史时期有着不同的重心地位，因此而使三者在美国战争的不同时期呈现出不同的历史地位，对美国战争的驱动影响程度也不尽相同。在独立战争时期，国家安全地位凸显；在冷战期间，强调输出美式价值观；而在现代战争中，经济利益成为战争行为的显性动因。不同的重心使美国在战争行为中表现出不同的选择态度：当国家安全受到威胁时，战争行为趋向于淡化经济利益和意识形态的作用，而一旦美国遭受外部的威胁，国家安全的地位就会迅速上升，并迅速淡化意识形态的作用。最典型的表现就是美国参加第二次世界大战加入反法西斯阵营前，由于意识形态和经济利益的考虑，美国并没有站到它的“民主伙伴”的阵线上来，特别是对苏联的敌视态度没有改变，在苏德交战后，一直指望让这两个国家互相残杀下去，从中坐收渔利。一直到日本偷袭珍珠港后，美国感到生存安全受到现实威胁，才加入到反法西斯阵线中来并与苏联并肩作战。所以，当国家安全尚未遭到威胁时，因经济利益渴求引发战争行为的几率相对要大，当经济利益与意识形态相冲突时，如果在冷战时期，战略决策者在战争初期往往牺牲前者维护后者，冷战后则正好相反。当前，利益法则已经张扬地浸润在美国战争行为的全程中，“经济利益作为国家利益的核心、进而成为美国战争及军事战略的逻辑基点”这一特征在美国近期的高技术战争中得到了前所未有的强化与印证。尽管在不同时期的军事战略中总有明显倾向性的利益重心，但贯穿其中的是永远不变的经济利益渴求。

虽然经济利益是驱动美国战争的核心要素，但它和国家安全、意识形态休戚与共、密不可分。意识形态是美国的立国之本，仿佛血液一样渗透在美国的国家利益之中，甚至成为战略决策者判定国家利益的指导思想和理论依据，没有它，美国就不成其美国，它已经与国家安全和经济利益鱼水相依地联系在一起了；经济利益是美国的强国之本，美国出于经济利益渴求而卷入战争，就是为了奠定雄厚的经济基础以在全球享有霸主之誉；至于国家安全，则是使经济利益渴望和美式价值观推广得以实现并强化的前提。正因为三者相辅相成，所以，彼此成为美国战争行为中不可分割的交互性驱动因子。

第四节　美国战争及其军事战略的逻辑基点与逻辑归宿

以经济利益为核心的国家利益是美国战争行为的根本动因。国家利益依照国家身份而定，它是在国际系统的互动实践中产生并在国际进程的不断发展中重塑的，决定国家身份的是综合国力，综合国力最根本的构成要素是经济实力，而对经济利益的渴望、获取与维护是加强经济实力最直接的手段，是美国实现霸权梦想的经济基础，因而是美国军事战略的逻辑基点。对霸权地位的护持是维护以经济利益为核心的国家利益的强有力保证，因而，维护以经济霸权为核心的全球霸权是美国军事战略的逻辑归宿。

一、美国的生存安全

从一般意义上讲，任何国家都会把涉及生死存亡的国家安全作为军事战略的逻辑基点，问题就在于，对于生存不受直接威胁、领土不受外来侵犯的美国来说，国家生存安全不是它面临的主要之虞，因为传统意义上的狭义国家安全即指军事安全，是指国家幸免于受到另一主权国家或者军事集团对其领土的侵犯，这个狭义的概念只有在主权国家的领土受到威胁时才具有实际意义。

美国历史上从未遭遇过真正意义上的安全威胁，即便是在冷战最白热化阶段里，连苏联这样的欧洲大国也根本没有可能越洋入侵美国领土对其构成直接威胁，恐怖袭击虽然使美国人在心理上留下本土不再安全的阴影，但美国也并未因此有生死存亡之虞。从广义国家安全概念所涵盖的军事、政治、经济和文化等多方面领域来看，迄今为止，除了面临区域强国的经济挑战外，还没有哪个国家能对美国的政治、经济、文化和军事构成实质意义上的安全威胁。在20世纪之末，克林顿曾向世界宣告："我们眼下没有威胁。"① 美国人自己也很自大："二战结束时，我们是世界上唯一的超级大国，我们所拥有的优势使得我们在军事上没有对手。当前，我们是唯一一个能够赢得这个星球上任何一个地方的一场战争的国家。"② 从军事领域来看，作为唯一的超级大国，美国拥有无可比拟的军事优势，它是目前世界上军事实力最强的国家：海军能够控制世界各大洋和海峡咽喉要道，空军能够随时执行全球攻击任务，是世界上唯一能够运用陆海空三军在全球联合作战的国家。毫无疑问，单纯从军事上看，没有任何一个国家具备与美国进行全面抗衡的军事实力，并有充裕的军事财力作坚实的经济支撑，即使像伊拉克、伊朗和朝鲜等等最有可能与美国交战的国家，其拥有的中短程导弹对于处在东西方为辽阔海洋、南北为加拿大、墨西哥友好国家的美国来说，也是鞭长莫及，对美国的安全构不成直接威胁。从联盟的影响力来看，美国几乎与所有发达国家都结成了盟国，其影响力也超过所有其他的国家，在欧洲有北大西洋公约组织的军事同盟，在亚洲有日本、韩国等盟国，和东南亚国家有不同程度的安全合作，在大洋洲有与澳大利亚的军事结盟。如果从狭义的国家安全来看

---

① 张文生：《全球出击》，中共中央党校出版社，第506页。

② 查理斯·克鲁拉克：《美国的战略重点》，《外军资料》1997年9月12日第66期。

的话，它更是具有其他国家所没有的安全感，美国之所以能在世界近代历史开始前后成为世界上生机勃勃的国家，部分得益于它那特殊的地理环境：东临大西洋，西邻太平洋，南邻墨西哥，北邻加拿大，由于地理位置的这种独特优势，美国历史上极少有外敌入侵的记录，自独立战争后，除 1812～1814 年的第二次独立战争、1861～1865 的南北战争和 1941 年日本偷袭珍珠港外，美国本土很少遭受外敌的入侵和袭击，这种情况在各大国中是罕见的。没有地缘政治上的直接威胁，即使是两次规模空前的世界大战，美国国内也没有遭到战争破坏，反而乘机大发战争横财。因此，美国的战争很少和国家生存威胁相关，“冷战结束前美国公开使用军队的次数超过了 240 次，这还不包括没有现役部队参加的秘密行动和较大的军援行动，实际使用军事力量的次数可能大大超过 300 次。然而，可以公正地说，这些冲突绝大部分并不触及美国的任何关键战略利益，多是因为经济利益受到威胁导致美国出兵，一多半仅仅与冷战有微妙的直接联系”①。回首 20 世纪 90 年代以来美国发动的海湾战争、科索沃战争、阿富汗战争以及最近的伊拉克战争，美国对外出兵显而易见也不是应对传统意义上的军事安全威胁，事实上，从全球综合实力对比的角度看，始自罗马帝国以来，还没有哪一个国家拥有像美国这样远远超过于其他国家的综合力量；即使从广义的国家安全角度来看，也没有哪一个国家有足够的综合实力在政治、军事、经济等各个领域像前苏联一样曾经对美国形成真正严峻的现实挑战，所以说美国的国家安全与传统意义上的国家安全不可同日而语，倒与经济利益的获取与维护密切相关。“我们的中心目标是通过国内外的努力促进美国的繁荣……保持一支天下无敌的军事力量的能力以及我们的价值观在国外的吸引力。”② 在布什连任、国土安全部长托马斯·里奇向布什总统提交辞呈时说：“今天的美国比以往更强大、更安全。”③ 综上所述，与其他大多数国家不同，美国的安全威胁不是来自军事上的进攻，国家的生存安全不是美国的主要问题。

二、美国面临的经济威胁

两极对峙格局的解体使地缘经济竞争日趋激烈，美国过去以争夺地缘政

---

① 《科索沃战争》，军事科学出版社 2000 年版，第 40～41 页。

② 《美国国家安全战略报告汇编》，第 270 页。

③ 引自《北京晚报》2004 年 12 月 1 日第 38 版世界新闻。

治优势为核心目标的全球战略顿失依托，在庆祝冷战胜利之际，美国人惊觉其军事优势赖以依靠的经济优势已经受到日本、德国等盟国强有力的挑战，“经济挑战是美国面临的最大威胁”①。随着时代的变迁，传统意义上的国家安全越来越游离于理论上的逻辑基点，经济安全在国家安全中的地位与日俱增，早在艾森豪威尔政府时期，美国政府相信“美国第一线的防御是健全的充满活力的美国经济”②。而现在这道防线正遭到前所未有的挑战和威胁。

表 1-23　　美国 1870～1995 年经济成长率③　　单位：%

年　份	美国	英国	德国	日本
1870～1913	4.3	2.1	2.8	3.3
1913～1929	3.1	4.8	0.4	3.9
1929～1950	2.9	1.6	1.9	0.6
1951～1960	3.3	2.8	7.3	8.0
1961～1970	3.9	2.8	4.4	10.6
1971～1980	2.8	1.9	2.8	4.9
1981～1987	2.7	2.5	1.5	3.8
1988～1990	2.8	3.1	3.1	4.7
1991～1995	2.26	1.2	1.64	1.44

从表 1-23 可见，始自 1951 年，日本和德国的经济成长率就开始超过美国，与其他国家比较，美国在 50～60 年代的经济成长率相对地下降。因为美国自杜鲁门政府开始，各类经济援助和军事援助加大了美国的霸权护持成本，美国的对外责任伸张甚广，负担日趋沉重。始自 1988 年，美国已变成世界上最大的债务国家，而日本和德国因为对外没有霸权护持的负担，逐渐成为世界上的重要债权国家，并成为美国经济的挑战国。因此，美国面临的主要威胁不是来自军事上的进攻，而是来自日本、统一后的德国、欧洲、还有亚洲新兴工业化国家的经济挑战，这种威胁的表现形式主要是经济上的

① 张敏谦：《美国对外经济战略》，世界知识出版社 2001 年版，第 297～298 页。

② 蔡祖铭：《美国军事战略研究》，国防大学研究生院 2001 年 9 月，第 86 页。

③ 1. U.S.Department Of Commerce，Bureau Of the Census，（1）Historical Statistics of the United States：Colonial times to 1970（Washington D.C，1976）；（2）Statisticsal Abstract of the United States（1990）. 第二次世界大战后至 1988 年德国指西德。2. 世界银行《世界统计表》1980 年，国际货币基金组织《国际金融统计年鉴》各期。

竞争。“与西欧及东亚边缘地带相比，美国已不再享有占压倒优势的经济地位。”① 随着海湾战争胜利带来的激情渐渐消退，人们对经济前景的担忧越来越普遍，这是一种对美国正在迅速失去经济支配地位和日本正在取而代之的担忧，他们希望“他们的政府少些保护其他国家的肯定性承诺，而多些保护美国利益特别是其经济利益的承诺与行动”②。1992 年的美国总统大选折射出人们对经济担忧的强烈反映，老布什虽然是二战时期的著名英雄，长达 40 多年的冷战在他在位时结束，而且领导美国和盟国打赢了海湾战争，获得连任应是情理之中，但人们却选择了提出具有地缘经济特色战略构想的克林顿，因为他们对美国正在失去的经济支配地位而忧虑。

美国面对的经济威胁越来越成为美国战争及战略的指向，尤其是石油威胁。石油危机是美国经济面临的主要难题之一，对国外进口石油的过分依赖，增加了美国经济的脆弱性。美国前总统卡特曾说：过分地依赖进口石油是对美国安全的一种威胁，尤其是经济安全的威胁③。冷战结束后，在经济上以稳定的价格取得战略性自然资源不受阻碍，自由市场不断扩大是美国已确认的国家利益，保卫经济安全已经成为美国战争的主要目的之一。1990 年布什坦陈美军出兵海湾原因时表明：能源即国家安全，伊拉克侵略科威特使美国国家安全受到威胁，不能允许伊拉克搞经济讹诈④。而真正从地缘战略角度出发将经济安全纳入国家安全范畴，进而将经济安全提升到某种超越军事安全的高度始自克林顿政府，1993 年上任伊始，克氏赋予经济以深远的战略内涵，1993 年发表的国防部《全面检讨报告》首次将对美国经济繁荣造成的经济威胁称之为 economic dangers（经济危险），此后，克林顿政府在很多体现美国战略的官方文件中，例如 1994 年 7 月的《参与和扩展战略》，1997 年 5 月的《面向新世纪的国家安全战略》等等，都将经济繁荣列为国家安全的三大战略支柱之一。显然，由于美国所谓的威胁更多地来自于经济上的挑战，保护经济安全在美国的军事战略中已经被置于前所未有的中心地位。

---

① 《美国国家安全战略》第 6 页，1987 年里根致国会报告。

② David Gergen："America's Missed Opportunities", Foreign Affairs, America and the World 1991/92, Vol. 71, No. 1, pp. 15～17.

③ 参见卡特 1979 年 10 月 10 日在白宫谈美国能源问题时的讲话。

④ 崔金久：《20 世纪重大军事危机评述》，军事科学出版社 1995 年版，第 314 页。

三、美国战争及其军事战略的利益导向

经济利益对美国战争及军事战略的导向作用主要通过三种状态来体现：一是对经济利益的渴望。因对潜在和现实利益的渴望而影响战略指向和战略目标，从而诱发或制约战争的力量。二是对经济利益的获取。因要获取利益而影响战略手段的选择和战争规模大小的控制。三是对经济利益的护持。它决定了军事力量的运用程度和建设规模，这种状态运行的特点是以经济实力为物质基础，通过经济力量对军事战略诸要素的影响，调节以运筹战争为职能的军事战略的总体变化幅度。

纵览美国的领土扩张、市场占有、资源掠夺及其控制权争夺的战争史，可清晰地看到美国的战争已经陷入获取利益—加强实力—再攫取利益的循环怪圈，利益渴望、利益攫取和利益护持导向着美国的战争及其战略。有时具体的美国国家安全利益并未受到威胁，但美国仍然悍然出兵，19 世纪的美西战争和 20 世纪的海湾战争便是美国战略经济利益渴望在不同世纪的反映，过去的美国为向海外扩张、夺取海外殖民地而发动美西战争；今天的伊拉克入侵科威特并未对美国的国家安全构成实质性威胁，但美国为了控制海湾石油分配权而打着联合国的旗号出兵伊拉克。美国之所以不惜财力劳师远征，维护以经济利益为核心的国家利益是内在的推动力。整个冷战期间是两种意识形态较量最激烈的时期，其间，“遏制战略”贯穿在历届军事战略中，基于意识形态的不同而诞生了各种遏制手段，但无论有多么深厚的价值观差异，始终不能掩盖美国战略的经济利益渴求。

美国历史上虽然从未遭遇过真正意义上的安全威胁，但美国实施干涉和战争的步伐因为利益的广泛性而遍及全球。从经济利益的角度而言，美国全球出击战略有经济利益的导向：长期以来，美国军事战略的重点在欧洲，因为美国必须进入欧亚大陆阻止苏联在该地区占有优势，与此同时，欧洲、特别是西欧也是美国主要的海外市场，美国经济的繁荣需要开放的、可自由得到原材料的市场。近年来，美国的战略重点逐渐转向亚洲，亚洲、特别是东亚和东南亚逐渐成为美国原料的主要供应地，在亚太地区，美国必须确保对该地区经贸市场的准入权，因为亚太地区逐渐成为美国海外经济的核心地区，美国与该地区的贸易总量已经远远超过和跨大西洋贸易的总量，出现任何排他性的贸易集团以阻碍或剥夺美国在该地区的主要贸易伙伴，特别是对日本、中国、韩国、中国台湾的经贸准入权，或任何旨在威胁美国在该地区

主要贸易伙伴的经济行为，都将认作是对美国利益的威胁[①]。如果欧亚经济崩溃或政权落入共产党之手，改变了这里的资本主义制度，美国的经济就会陷入孤立，而这是对“美国安全利益最严重的威胁”[②]。而在中东地区，美国的长期利益是不受阻碍地以稳定的价格取得战略性的自然资源，确保自由市场不断地扩大，所以，美国两次出兵海湾争夺对战略资源的分配权。

综上所述，美国全球干涉、四处出兵，总有显性的经济利益和隐性的全球霸权的渴望在导向着战争和军事战略的步伐。

四、美国战争及其军事战略的逻辑基点

所谓逻辑起点，应当是一个完整的理论体系赖以建构的立论基点，它所表述的是客观事物中最简单、最基本、最普遍的事物形式。以经济利益为核心的国家利益是美国军事战略的逻辑基点，这是美国军事战略体系赖以建构的基石，全部的军事战略理论体系也因此而架构。在冷战时期，这一结论从表象看似乎显性不足，因为推广美式价值理念左右着战略的全部，遏制“宿敌”苏联是战略的出发点，争夺地缘政治优势是战略的核心目标，经济因素在追逐这一目标的过程中固然扮演着重要的角色，但就整体而言，难以摆脱冷战对峙这一时代背景的约束。随着两极对峙格局的解体，军事安全的重要性相对下降，代之而起的地缘经济竞争日趋激烈，使美国以争夺地缘政治优势为核心目标的全球战略顿失依托，在冷战已经进入历史、军事因素的重要性下降之际，由地缘政治重心向地缘经济为重心的转移对美国而言是时代的要求，争夺地缘经济优势因此成为美国战争与战略决策的中心主题，“将把经济安全作为对外政策目标，而军事则在其中扮演的是基础角色”[③]。克林顿政府强调经济安全的重要性是美国战略重心从军事向经济倾斜的显性标志。

综观冷战后美国的官方文件，美国政府将国家利益多界定为三个方面的内容，即安全、经济和民主。其民主价值观构成了国家利益的内核，经济繁荣是国家利益的中心，而国家安全则是国家利益的基础。尽管美国会根据战略形势的现状不断修正这三大利益的位序，但追求以经济利益为核心的国家

① 周建明：《美国安全解读》，新华出版社 2002 年版，第 114 页。
② 梅尔文·莱菲莉：《冷战的起源》，斯坦福大学出版社 1992 年版，第 132 页。
③ 威尔·马歇尔、马丁·施拉姆：《克林顿变革方略》，新华出版社 1993 年版，第 444～445 页。

利益实现则是美国军事战略的第一要义和存在的价值所在。20世纪末期至本世纪初，获取经济利益成为驱动美国战争的显性因素，军事战略对经济利益为核心的国家利益护持作用得以彰显，将以经济利益为核心的国家利益作为军事战略的逻辑基点这一结论开始走向显性化。事实上，在美国战争历史的长河中，虽然军事战略的称谓林林总总，具体形式也千姿百态，但无论采取怎样的战略，隐藏其中的必定有潜在和现实的经济利益图谋，因此，“逻辑基点说”除了前文所述的经济利益是美国国家利益的核心变量这一主要原因外，还源自于下面几个原因：

1. 源自于战争本身。战争是对一个国家综合国力的考验，无论战争规模多大，战争本身都会对经济产生巨大的经济需求：军事人力的动员、军队物资和武器装备的消耗，军事财力的投入，从内生变量来看战争的这种需求，是对战争资源的极大消耗，从外生变量来看，又是对美国经济的拉动，而恰恰是战争与经济的这种对流循环无可怀疑地强化了战争的经济本性；

2. 源自于美国制定军事战略的惯性思维，即首先确定其国家利益——对美国这样信奉实用主义哲学并建立在市场经济基础上的国家，看得见摸得着的经济利益才是国家利益的根本标志——而后在国际战略环境中找出对其国家利益构成挑战或冲击的种种威胁，即进行威胁判断——最终确定其战略目标、实现战略目标的手段和方法，显而易见，美国以经济利益为核心的国家利益之所在是确定军事战略目的的风向标和定位仪；

3. 源自于美国战争经济本源的历史延续性。保护既得利益和获取潜在利益，是美国基于现实主义基础形成的战争观。纵观战后美国战略的演变，会发现美国军事战略具有一种“惊人的历史延续性”。即使在形势发生巨大变化的今天，这一点也没有改变，这正是为什么布什在国际形势发生了重大变化后仍然强调，美国的基本利益和目标“即使在一个新时代里也持久不变”的基本原因①。美国国家利益的相对稳定是限制美国战略在短期内发生变化的基本内在因素，如果说有变化的话，就是经济利益在国家利益中的地位愈来愈重要，军事力量越来越成为获取经济利益的主要使者。伊拉克入侵科威特当天，美国就表现出了异常强烈的反应，布什总统发表讲话宣称，伊拉克的行动是“赤裸裸的侵略”，是“不能容忍的”，并明确宣布美国决心

① Bush, National Security Strategy, p.4.

“采取一切必要行动，保卫我们在海湾的长期而重要的利益”[①]。显然，美国不是出自无私的动机来维持正义，也不仅仅为了保持美国的声誉，根据国家利益是国家行为的驱动因素这一基本定理推断，美国对伊战争就是出自以经济利益为核心的国家利益的考虑；

4. 源自于美国的国家性质。以经济利益为核心的国家利益是美国军事战略的逻辑基点，从本质上揭示了美国的国家性质。美国是垄断资本主义国家，垄断资本追求的是获得超额垄断利润，这是美国经济繁荣的基石，军事战略是国家利益在军事上的具体体现，战略决策者们首先必须保证统治阶级的经济利益，因此，美国军事战略的经济属性折射了美国的国家性质，在战略目标上赋予利益渴望，在战略手段选择上力图经济，在军事力量建设与运用上注重效益追求。军事战略构成要素的经济色彩也因此而聚焦：在战略目标上，有以夺取疆域领土、商品市场、战略资源和财富流向支配权为战略目标的美墨战争、美西战争、两次海湾战争为典型；在战略手段上，有以经济战为前奏、联盟战略为支撑的两次世界大战、科索沃战争、两次海湾战争为佐证；在战略力量建设上，军事财力建设方面有以 PPBS 预决算制度为主轴的科学决策系统，军事人力建设上有基于分工协作而形成的联合作战小规模编成部队，军事物力上有依据国家利益排序而部署的前沿基地。总而言之，美国军事战略构成要素所显现的浓郁经济学色彩是美国国家性质的集中体现。

五、美国战争及其军事战略的逻辑归宿

在美国短暂的历史进程中，应对军事安全威胁不是美国战争根本原因，通过美国军人步伐的引领，美国的经济利益遍布世界每一个角落，美国的战争及其军事战略折射了美国国家利益的指向，求利成为美国战争的经济原因，它在选择战争时惯常性地表现为遏制大国、威慑区域强国、交战弱小国家。美国战争及战略的规律性经济选择通过一系列特征表现得淋漓尽致：

1. 美国选择的战争区域虽遍及全球，欣欣向荣的亚洲、古老发达的欧洲、贫穷多难的非洲和比邻而居的拉丁美洲无一幸免，但战争区域并非呈均匀分布态势，和战争对象经济的强相关度是美国判定战争对象及区域的常量标准，在亚洲尤其西部亚洲，美国介入战争的次数最多，其次是美洲，再其

① 朱崇坤：《霸权的历程》，新华出版社 2000 年版，第 269 页。

次是非洲，对欧洲介入的次数最少，因为亚洲和拉美这两个地区分别是美国经济的稳定后院和广阔的前沿市场。

2. 美国认定的战争对象大都不是区域强国，相反，多是一些欠发达但却与美国经济利益关联度很高的国家，大部分国家的综合实力本身及其增长更是与美国有着天壤之别，但是，美国却与之干戈相向，有的还是一而再、再而三地与之激烈交锋。规避和强国交战、倾向通过支持战争对象的敌人来达到遏制和威慑目的是美国常规性的选择手段，对区域强国经济上依赖、军事上遏制是美国惯常性的做法。强强交战，必定两败俱伤，况且强盛的区域大国很可能成为美国资本的投资流向和美国商品的市场，打击对方等于毁掉美国有利的市场区位，因为美国对发达的区域强国的依赖使美国经济的繁荣在很大程度上与其他国家的经济唇齿相依，从美国战争对象弱小化的角度看，美国通常将经济利益置于其他利益之。

3. 美国认定和打击战争对象的惯常性选择时机是经济衰退和高军费机会成本之时，从总体态势上看，美国国力和战争频数呈正相关关系，但是在每次具体战争爆发前，美国经济却大多数处在低迷、危机或者衰退状态，缓解衰退的政府选择之一就是大幅度增加军费，而增加军费的直接后果就是军费机会成本偏高，美国希冀借助战争来刺激民用经济的发展，因此，经济衰退和军费机会成本的偏高就成为美国认定和打击战争对象时机的晴雨表。

4. 美国的战争不完全是出于国家军事安全需要，美国认谁为敌、在何处开战都带着浓郁的经济利益渴望和全球争霸的色彩。只有那些和美国经济强相关、或者威胁美国霸权又没有强盛到足够与美国单独抗衡的国家，美国才最有可能劳师远征，最终与其兵戎相见。

客观地说，上述个别规律性的经济取向还需要时间作更进一步的检验和佐证，但它们的落脚点无疑都是争夺和护持以经济霸权为核心的全球霸权，是美国战争对象及战争区域判定的逻辑归宿。也许在特定的历史时期内，诸如意识形态、国家安全、传播民主等其他因素会占有重要的突出地位，但归根结蒂，经济利益是美国最现实而且是最迫切的国家利益，其他一切理由不过是掩盖经济利益实质的幌子和面纱而已。从理论上来说，任何一个国家走向全方位大国的依次序列应是经济大国——军事大国——政治大国，唯有规范地完成这一序列，才能奠定通向世界霸权的厚重基石，最终触摸到霸权顶峰的标杆，正因如此，美国战争具有天然的规律求利性。由于获取利益的过程表现为直接的征服或者间接的掠夺，所以对霸权的争夺和维护始终贯穿在美国的战争及其军事战略中，又由于经济实力是霸权的基础，所以，利益的渴望是美国战争及其战略的本源，争夺和护持以经济霸权为核心的全球霸权是美国战争及其军事战略的逻辑归宿。美国战争与战略和经济的不可分割、唇齿相依的关系从下面的描述可一览全貌。

1. 经济实力是美国综合国力的奠基之石。美国之所以能对世界区域内的其他国家影响、主导乃至控制，主要因为拥有占绝对优势的综合实力，而这种综合实力从根本上有赖于雄厚的经济基础，即经济力量是美国综合国力的核心组成部分，经济利益构成美国国家利益的逻辑内核。军事和经济唇齿相依，相伴相长。历史上任何一个霸权的兴衰，最终起决定作用的都是经济实力，经济实力是综合国力的决定性组成部分，工业革命后的英国达到了霸权的巅峰，因为充满活力的英国自由主义经济支撑着日不落帝国强大的舰队；二战后的美国就是在成为世界上经济力量最强大的国家后，才开始担当起世界区域系统内的霸权国角色，在它主导下建立了战后的国际霸权体系，以及维持这一体系运行的各种军事安全规制和经济游戏规则。在冷战期间的美苏争霸中，苏联失败的根本原因就是经济实力逊于美国，今天美国士兵的身影活跃在世界区域范围内，仍主要得力于美国经济为其作为军事强国奠定了坚实的物质基础。总之，“没有可靠的美国的实力，我们就根本不能保护我们的利益，也无法促成更多的人道目的”①。经济利益的获取是美国提高综合国力的有效方式。

在全球经济一体化的时代背景下，经济实力的重要性达到了前所未有的顶峰阶段，美国的战争决策者们深知这一点，“在美国人看来，衡量综合国力最有意义的尺度是经济力量而不是军事力量”②。全球性霸权固然涉及政治、军事、经济、文化、社会等各个领域，但是最主要的领域则是在经济领域，以军事力量为工具，以经济实力为后盾，任何一个霸权国家赖以依托的是支撑军事力量的经济基础，以及建立在经济基础之上的经济霸权。

争做权力的霸主与攫取包括战略资源在内的经济利益息息相关。因为权力与资源具有内在的逻辑联系，且霸权本身就能降低交易成本。一般而言，

---

① 黄硕风：《论国家盛衰》，湖南人民出版社 1996 年版，第 225 页。

② ［美］约翰·瑞利：《美国人和世界　世纪末的展望》，《美国外交政策》1999 年春季号第 97 页。

"国家利益是满足该国需要、有与国家需要相一致的对应性"①。国家需要有多大，国家利益就应有多大，但最终能满足国家利益追求的是权力，行为者的权力有多大，利益实现的几率也就有多大，因为权力越大，权力拥有者凭借其权力优势控制的资源就越多，获得的利益就越大，经济优势就越明显。资源拥有者在获得较丰富的资源后，往往并不满足既得利益，总是要凭借其资源优势获得更多，如果以资源换取其他资源，这只是一种物物交换，这种利益的获取只是一种等价交换，由于资源是无限的，而对资源的需求又是无限的，因此，如何用尽可能少的既得利益换取更多的利益，必须寻求一个能将"既得利益"与更多利益联系在一起的纽带，这个纽带就是权力，因为权力是所有资源中最能够带来资源的资源，获得资源的最经济的手段就是拥有权力。正如基欧汉断言的那样：权力对获得和保持财富是基本的有价值的手段。据此推理，经济与霸权有着内在的正相关关系，当经济实力占优势时，霸权才有底蕴，当权力占明显优势时，经济系统中的秩序才能处于良好状态，而在霸权建立和霸权上升时期，霸权国最具比较利益的优势，是最具成本效益的生产国，因而也就成为经济体制中自由贸易的最大受惠国。毫无疑问，美国不遗余力争夺霸权，从某种程度上讲是想谋取更多的以经济利益为核心的利益，对霸权地位的护持实质上是为了获得更多的霸权收益。

经济实力的迅速增长是军事力量膨胀并成为霸权国的必要条件，这两种力量的增长是相辅相成的，美国既需要最强大的军事实力，更需要最坚实的经济实力，仅在经济领域而言，对美国这样一个对外部经济依赖性强的国家而言，失去了对世界经济系统的领导权，就等于失去了经济发展的机会，而霸权能给予美国极大的好处，只要美国能够维持它的霸权地位，就可以在最大程度上利用军事力量满足它对利益的渴求，它的国家安全、意识形态、价值观念等等才有了最基本的保障和依托。依此类推，美国只有通过维持霸权，才可以在其他领域里保护自己的各种利益，只要霸权系统现状得以维持，美国所拥有的权力地位才可以继续存在并通过霸权持续受益，正是基于此，美国才对霸权予以坚决的护持。对经济利益的渴求和维护是美国维持霸权现状的动机和动力，因为经济利益是构成经济实力的核心，而只有经济实力才能作为霸权的支撑，作为当前世界唯一超级大国，美国推行称霸全球的

① ［美］罗伯特·基欧汉著，苏长和译：《霸权之后：世界政治经济中的合作与纷争》，上海人民出版社 2001 年版，第 26 页。

战略，即以居于世界领先地位的高科技和雄厚的经济实力为基础、以美国式民主和人权为旗帜、以强大的军事优势为工具、以建立世界新秩序为途径达到谋求独霸世界的目标，而这一切的最终目的就是为了以霸权求得经济利益，并以经济利益为内容构成的综合国力来支撑霸权。

2. 经济霸权是美国全球霸权的坚实支撑。所谓霸权（hegemony），是指比任何其他国家更能控制国际进程活动的支配权。霸权国能凌驾于其他国家之上、根据自己的意愿维持着有利于本国的世界运行系统，并能在占据绝对主导地位的基础上对国际活动进程施加影响。只有具有超强的权力，才有可能强行建立维持国际秩序和促进国际合作的运行系统，由于霸权能够给美国带来极大的好处，它当然希望争夺并保持霸权系统，使其不发生任何结构变化，只要能够维持霸权地位，就可以最大程度满足美国的经济利益，进而在政治、军事、文化等各领域受益匪浅。只要保持霸权地位，以经济利益为核心的国家利益诸如国家安全、意识形态、社会价值观念等等才有根本的保障，所以，以经济霸权为核心的全球霸权护持代表了美国的整体国家利益渴望。作为强国之中的后起之秀，美国在第二次世界大战的硝烟之中就开始着手奠定它战后的世界霸主地位，并在二战尚未奏响结束钟声之时，首先在经济领域内争夺世界霸权地位，其标志就是布雷顿森林体系的建立①。随后迫不及待地建立以美国为中心涵盖政治、经济、军事各个领域的全方位霸权体系，自此以后，国际货币基金组织（IMF）、世界银行（WB）、关税和贸易总协定（GATT）所确立的国际经济机制成为美国赖以控制和管理世界经济的得力工具。自20世纪70年代初布雷顿森林体系瓦解之后，美元虽然已经丧失了与黄金相等的世界货币地位，但它仍然是国际上的主要流通手段和贮藏手段，美元汇率的升降对各国经济的损益均会发生直接或间接的影响，加上由于西方国家在经济上的相互联系日益密切，美国国内财政金融政策的任何细微变化都可能改变国际资本的流向、干扰西方各国经济的运行，正是因为拥有这种经济上的霸权地位才使美国在包括军事在内的各领域拥有鼓与呼的前提条件，美国争夺霸权的历史表明，它首先要维持的是美国以经济实力为中心的权力地位②。

---

① Robert Crawford: Regime Theory in the Post – Cold War World, Rethinking Neoliberal Approaches to International Relations, p.57.

② ［美］莫顿·卡普兰：《国际政治的系统与过程》，纽约，威利出版公司1962年版，第151页。

强有力的经济霸权是全球霸权的底蕴，也代表着在世界范围内对各类经济资源的掌握实力。如美国对中东的石油、南美的金属矿、重要的海上通道等战略资源的争夺，对美元地位的维护等等都是典型经济霸权争夺及护持的表现形式，经济霸权是美国经济繁荣的基石。所以，美国的战争行为大多是被以经济利益为核心的国家利益所驱动的，争夺和维护经济霸权因此而成为美国国家利益的重心，以经济霸权为核心的全球霸权争夺及其护持也理所当然成为美国战争的终极归宿。与此同时，必须承认的是，由于世界区域内的国家力量总是呈动态变化曲线，区域范围内的部分军事强国不断使用军事力量向美国霸权地位发起现实和潜在的挑战，希冀以此在区域范围中谋取与其实力地位相适应的既得利益，而美国也可能孤注一掷地企图在霸权挑战国的实力增长无法控制之前，利用战争手段遏制现实和潜在挑战国，这也就是为什么美国有时对外出兵并不完全具有显性经济利益渴望的原因。

3. 霸权高成本是美国霸权护持的矛盾困境。对霸权地位的护持使美国不可避免的陷入高成本的矛盾困境：即霸权在为美国带来不计其数好处的同时，也带来了极高的维护成本，因为霸权的利弊和美国霸权周期有着息息相关的联系。

霸权是有周期的，这是历史上反复出现的现象，强大的霸权国在霸权战争中产生，建立起以霸权国为中心的国际霸权系统，1815 年的英国和 1945 年的美国都是如此，但在霸权国达到权力峰巅之后，霸权衰退随之也开始了，霸权国和挑战国之间的竞争因此应运而生。20 世纪 70 年代初期，美国的衰退迹象已经初露小小的荷角，布雷顿森林体系的崩溃则使衰败之荷下的烂泥愈加明显，科索沃战争是美国维持经济霸权的博弈之一。虽然当今的美国仍然是世界第一大国，但它相对实力的下降却几乎是一个被普遍承认的事实了，正是霸权国这种似乎是历史必然的兴衰命运，使美国不得不面对周期性的权力关系变化，以各种方式力图减缓自己衰退的过程，由于霸权国的国家利益和国际环境的现状及变化是联系在一起的，只有国际环境保持适度稳定，只要系统结构的现状得以持续维持，霸权国所拥有的权力资格和威望地位才可以继续存在，霸权国也就可能继续影响和左右其他国家的互动进程，并从中得益，所以霸权国的自身利益使霸权国产生了维持国际大环境现状的动机和动力，只要出现挑战霸权的国家，美国就会不惜任何代价劳师远征征服挑战国。然而，维护霸权总是以经济实力为支撑，它的护持行为总是需要巨大成本为依托，美国既然是国际系统的最大受益国，它为了维持这种使它受益的国际系统，就必须提供政治、军事、经济各个领域中的公共物资，事实上，它在战后通过公共物资建立并维持了相对稳固的反苏同盟，顺利实现了它的“灭苏”战略意图，如 1948 年 4 月杜鲁门签署美国领导的欧洲复兴计划（即马歇尔计划），4 年内美国向欧洲国家提供 120 亿美元的援助以与苏联抗衡。但是，为了维持系统秩序，维持同盟国家之间的合作关系，美国因此也不得不允许它的同盟国采取免费搭便车（free riding）的行为。久而久之，维持国际系统的成本大大超出了美国自身的能力，维持国际霸权系统的需求和它自身的资源之间出现越来越大的距离。成本收益递减规律表明，随着美国利益的拓展并具有全球性特征，其霸权护持代价越来越大，向整个国际系统无限期提供公共物资，即使是对一个极其富有的国家来说也是一种难以承受的高成本，这种成本便是霸权国家为维持自己的霸权地位所必须付出的“霸权代价”，被视为美国霸权复兴标志的海湾战争也是上世纪以来美国自感无力独自承担的一次军事行动，在海湾战争中的捉襟见肘已经使美国实力运用于全球的有限性暴露无遗。所以，过多的国际承诺导致了过高的霸权系统维持成本，最终加剧了美国的衰退，从而使美国霸权护持陷入矛盾的困境：一方面要维护霸权；另一方面，无力承受霸权护持的高成本代价。

增强经济实力是美国摆脱两难困境的理性预期。

历史创造了美国的霸权，历史也必将终结美国的霸权，任何霸权国最终将会面临衰退的结果，但是没有任何一个霸权国会自愿放弃权力和威望，事实上，每个霸权国都会竭尽全力维持霸权地位，以获取霸权带来的好处，历史上的霸权维护无一不是以战争的方式进行的，这一事实本身就表明了霸权国维护霸权地位和体系的决心，同样如此，美国也会想殚精竭虑护持霸权系统的现状，保持相对于其他国家之上的权力地位，但降低维持国际系统的成本和减少国际承诺势必影响到美国的权力和威望地位，因此，最好的维护方法就是：要么千方百计增加美国自身的实力，从而使美国相对于其他国家的权力更加强大；要么不择手段削弱其他国家尤其是现实挑战国和潜在挑战国的实力，从而使自己的相对实力增加。两种方式的目的殊途同归，即力图增加用于维持其在国际系统中的承诺和地位的资源数量，美国选择的方法是：不断借助战争争夺和维护经济利益，这是美国增强综合实力的极端和最高方式，也是美国维护霸权的最后手段，更是美国战争对象及区域判定规律性求利经济取向的终极原因，进而使争夺和护持以经济霸权为核心的全球霸权成为美国战争对象及战争区域判定的逻辑归宿。

综上所述，获取和维护经济利益是美国战争行为的经济本源，争夺和维护经济霸权为核心的全球霸权是美国战争的逻辑。如果不这样做，美国经济将成为无源之水，无本之木，美国霸权就缺乏强劲的支撑，美国全球霸权需要坚实的经济基础，美国追求的恰恰是有经济底蕴的全球霸权，而只有雄厚的经济实力才是美国霸权的坚强基础，没有经济底蕴为铺垫，美国的全球霸权无异于空中楼阁、南柯一梦。正是基于这一点，美国战争和美国经济有着千丝万缕的联系，争夺及其护持以经济霸权为核心的全球霸权因此而成为美国战争和战略的逻辑归宿。

这是对美国对外战争和军事战略的最符合逻辑的解释。

在世界历史上不乏因经济利益而争霸并以此为战争契机的先例，例如，古希腊强大的斯巴达城对其他弱小城邦的战争，但由于受地域条件和技术能力的限制，这种霸权往往带有局域性特点，而美国的霸权则具有全球性特征。美国以军事力量为工具，以经济实力为后盾，积极塑造符合美国价值观和国家利益的国际秩序，因而将以经济霸权为核心的全球霸权争夺、霸权护持视为军事战略的逻辑归宿。

第二章　美国战争及其军事战略的经济特性

第一节　战争决策者的“经济人”角色特征

西方古典经济学鼻祖亚当·斯密提出的“经济人”是当今主流经济学的核心概念之一，用来描述为使预期收益达到最大而在追求私利过程中增进社会经济的“人”。在经济学领域内，它即是最基本的假定，又是一个具有重要涵义的经济学概念。经济人的行为特征就是依据成本—收益和趋利避害原则、对所面临的机会及实现目标的手段进行优化选择以达到自身利益最大化的目的。经济人的基本内涵是：第一，人是自利的。人们在从事经济活动的过程中具有追求个人利益的本性。人们每天所需的食料和饮料，不是出自屠户、酿酒家或烙面师的恩惠和赐予，而是出于他们自利的打算①。第二，人是有理性的。人们在经济活动中要对所拥有的财富进行理性分析和计算，力求以最小的代价满足最大需求，换言之，人的经济行为是在既定的约束条件下做出最优选择的结果。第三，对个人利益的最大化追逐，客观上在一定程度上促进了他人和社会利益的实现，即经济人除了自利的一面外，还有利他的一面。斯密的经济人思想对西方经济学产生了广泛而深刻的影响，自亚当·斯密以后的西方经济学家又把经济人理论从生产领域扩展到了消费领域，

---

① 亚当·斯密：《国民财富的性质和原因的研究》上卷，商务印书馆 1972 年版，14 页。

先后在此基础上创立了“边际效用理论”[①]、“一般均衡理论”[②] 和“利润最大化原则”[③]，等等，这些学说充实和完善了亚当·斯密的经济人思想，使之成为相对完备的理论体系。

战争主体的战略决策过程就是如何选择最佳的方式有效使用稀缺的资源以满足国家既定的欲望，欲望（want）、稀缺（scarcity）、抉择（choice）和效率（efficiency）是战争主体在决策中面临的全部问题。战争主体是国家利益的集中代表，是由单个的人组成的集团，故战争主体也具有经济学所说的“经济人”的一切特征。经济人理论不仅对西方国家的经济活动产生了广泛而深刻的影响，而且渗透到美国的战略思维之中，成为战争决策者筹划战争的理念和准则（见图 2-1）。

1. 战争决策者的自利性。作为美国“自利”的代言人，战略决策者具有鲜明的经济人行为特征，即进行战争的“自利”动机、对战争结果最大的“理性预期”和战争结果客观上带来的“利他效应”。战略决策者的自利性集中表现为美国将战争作为经济成长的投资手段和工具，虽然战争目的可以是有形和物质的，也可以是无形的（如赢得霸权地位等），但在自利这一行为特征上，战略决策者与一般的企业、个人和社会经济组织没有根本差别，只是与企业追求的利益侧重点有所不同，战略决策者侧重于强调以政治、军事为主的综合战争效益，而企业则强调经济利益。如果从大博弈的角度来看，两者的差异又非常模糊，因为政治是经济的集中表现，政治利益最终还是国家经济利益的集中体现，从这个角度来说，国家与企业一样，都是强烈自我逐利的经济人。

2. 战争决策者的有限理性。由于战略决策者面临的是风险不确定、信息不完备的战场环境，“他”必须趋利避害，在既定战略资源的约束下，通过成本—收益评估，借助最经济的手段追求效用最大以满足国家利益需求。追求利益最大化是美国战争不变的渴望，这点在美国战争历史的任何时期都是如此。现代美国战略决策者的“战争预期”越来越理性，尤其推崇“不战

① 德国经济学家高斯（Gossen）认为：每一次的消费数量因为消费次数的增加而递减，当人的消费达到边际满足时才能获得效用的最大化。

② 意大利经济学家维尔弗里多·帕累多（Vilfredo Pareto）认为：人的偏好程度是度量效用最大化的尺度，决策者能够按照其偏好程度有序地排列和比较各种可供选择的行动方案，并选择能够为他带来最大利益的方案。

③ 英国经济学家阿尔弗里德·马歇尔（Alfred Marshall）认为：对利润最大化追求会改变生产者对各种可变要素投入比例，以实现成本最小化要素组合。

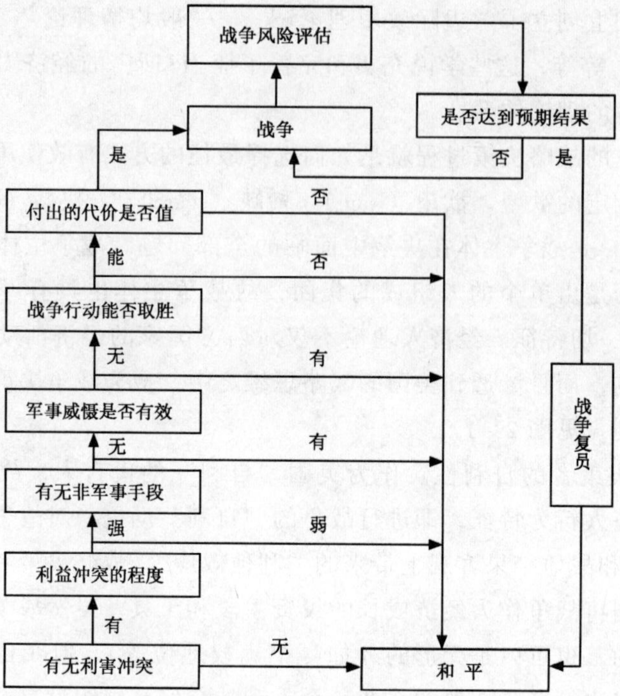

图 2-1 战略决策者的"经济人"角色特征

而屈人之兵"的战争理念，甚至利用非接触作战降低人员伤亡以提高战争综合效果。战争的目的不再只是赢得战斗胜利的桂冠，而是获得实际的收获。基于此点，美国通常希冀借助非战争军事行动扼制战争萌芽、控制战争规模升级；采用联盟战略分摊战争成本；利用战时打击交战对方经济目标、削弱其支持战争的经济能力等战时经济战的手段缩短战争进程。总之，在既定资源约束条件下达到预期利益最大。

即：$\max \Pi \geqslant \max f(K, L, M)\ K + L + M \leqslant k_0$（其中，$\Pi$：利益，$K$：军事物力，$M$：军事财力，$L$：军事人力）

由于美国战略目的的无限性与战略资源有限性的巨大差距，从而使利益渴望、效益渴求的理念与现实出现不可回避的鸿沟。作为理性经济人角色，美国战略决策者的理性是有限的，这种有限理性源自于在追求国家利益最大化时所受到的不确定因素的影响，如在开战前的决策过程中，决策者要对战争行为进行判断和评估：比较战争预期利益、降低联盟战略交易成本、均衡集团决策与个人偏好等等，从决策形式上看这些显然是理性的，但在实际决策中往往有许多不确定的因素，类似于市场中的风险决策，由于战争形势的不确定、获取信息的不完全、战略决策者认知能力的有限性、甚至决策者个人偏好等各种因素的制约，导致战略决策者只能在有限理性的状态下决策。“所谓完全理性的人是不存在的，人们只能达到有限理性。”① 而战略决策者在这种有限理性状态下的预期将直接决定着战争成本的多寡，进而决定着战争效益的高低，美国第二次海湾战争中未能达到预期目标在一定程度上就折射了战略决策者的有限理性。

3. 战争的利他性。根据斯密的经济人理论，利己和利他是有机统一的，经济人在对利益的追逐中，客观上推进了他人和社会利益的实现程度，而国民财富增长的原动力就存在于对自身利益的不懈追求中。美国战争及其军事战略客观上也有利己又利他的双重结果，战争一方面满足了战争狂人的政治经济欲望，另一方面又因为战争的经济需求客观上推动了科学技术进步，历史上有许多重要的科技成果就是战争需求的产物，美国也正是凭借高技术之机和军事需求促进了美国经济的畸形繁荣，从某种角度讲，正是战争的这种客观经济效应为美国战略决策者任意发动战争机器提供了佐证。

第二节　战争资源的稀缺性状态

战争是一种暴力行为，而暴力的使用是以消耗战略资源为代价的。美国战争资源的稀缺性是相对而言的，即战争资源的既定规模总量相对庞大的战略目标而言呈现稀缺状态，野心过大与资源不足的矛盾是美国战略的根本约束，美国以残酷征服的方式进行野蛮的原始积累，通过战争大大地扩展了自己的版图和势力范围，依靠从欧洲工业革命中产生的先进科学技术创造出大量的社会财富，一跃而成为称霸世界的超级大国，这种急功近利的发迹史使美国人在心理上产生了一种极大的优越感和自信心，战略目标伴随经济的增长日趋庞大，而既定的人力物力财力等资源又远远不能满足其庞大的军事需求，于是不可避免地加剧了战略资源的稀缺性状态。

“我们永远不会有足够的钱来购买我们可以有效地用于防务的一切东西。即使把我们的经费预算再增加一倍，能做出的选择仍然是困难而痛苦的。”②

---

① 西蒙：《现代决策理论的基石》，北京经济学院出版社 1991 年版，第 46 页。

② 江正发：《军事经济效益考察指标体系》，解放军出版社 1992 年版，第 179 页。

这是对美国供需不足现状的真实描绘。美国在1996财年的《国防报告》中也承认：冷战时期军事力量被无限制地要求参与遏制威胁，但美国却并没有取之不尽的资源。因而对战略决策层而言，"决策者所处的世界是'一个资源有限的世界'。一方面技术可提供多种选择，另一方面资源又不足。这样，只好在被经济束缚了手脚的情况下进行选择"①。在美国的战争历史中，一个被广为接受的事实是美国对以土地为标志的疆域渴望、以战略资源为核心的财富渴求和以经济霸权为内容的全球霸权欲望永无饱和之日，而用来满足这些无限欲望的人力、物力和财力资源却是相对有限的，因为在既定时间内美国生产资源的供给量是相对有限的。从资源配置的角度来看，既定资源在军用与民用之间具有此消彼长的特性，如果用于军事上的资源从 M_0 增加到 M_1，分配用于民用经济的资源则相应从 C_1 减少到 C_0，相反，如果用于军事的资源从 M_1 减少到 M_0，则用于民用方面的资源就从 C_0 增加到 C_1，总之，大炮（军用）与黄油（民用）之间是一种相互替代关系（见图2-2）。

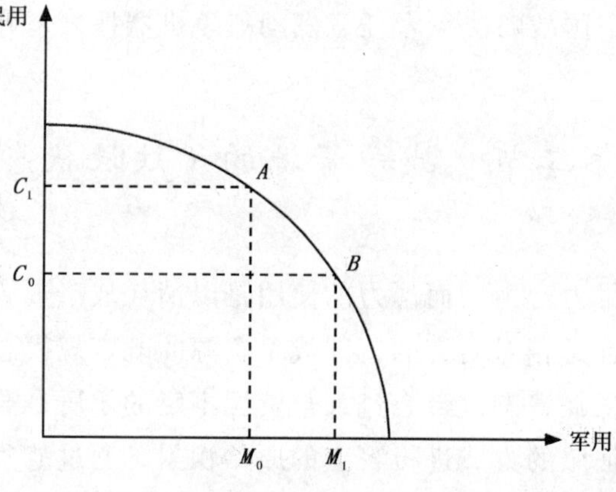

图2-2　军用资源与民用资源的替代关系

由于美国极端的军事需求偏好使资源投入长期接近最大临界点，从理论层面来看，既定资源过多的投入军用需求，就不得不减少在民用经济上的投入，如图2-3中的 B 点所示，如果要追求经济增长，就不得不牺牲对军事的投入，如图2-3中的 A 点所示。如果用生产可能性曲线 PPF 描述军用与民用之间的转换，在和平时期，效用无差异曲线靠近左上方，如图2-3中的 I_1，在战争和军备竞赛时期，效用无差异曲线靠近右下方，如图2-3中

① ［美］约翰·柯林斯：《大战略》，中国人民解放军军事科学院1978年版，第363页。

的 I_2，假定 I_1 与 *PPF* 的切点 *A* 所对应的资源投入是和平时期保持最低军事需求必需的规模，*A* 点就是最低资源投入的临界点。假定 I_2 与 *PPF* 的切点 *B* 所对应的资源投入规模是战争时期最大可能的规模，*B* 点就是最大资源投入的临界点，在和平时期，可选择靠近 *A* 点的组合，在战争时期，通常选择近 *B* 点的组合，在相持阶段一般选择 *AB* 间的任意一点组合。但是美国的资源投入长期靠近右下方的 *B* 点，倘若在战争和军备竞赛期间，则更是接近 *B* 点。因此，与一般国家相比，美国的民用需求与军事需求的转换线 *PPF* 外移，与效用无差异曲线 I_1'、I_2' 相切于 *A′*、*B′*。正因为如此极端的军事需求偏好，才使得美国的资源投入（尤其是财力资源）长期接近最大临界点，战争资源的稀缺性状态因此也更为严重（见表 2－1）。

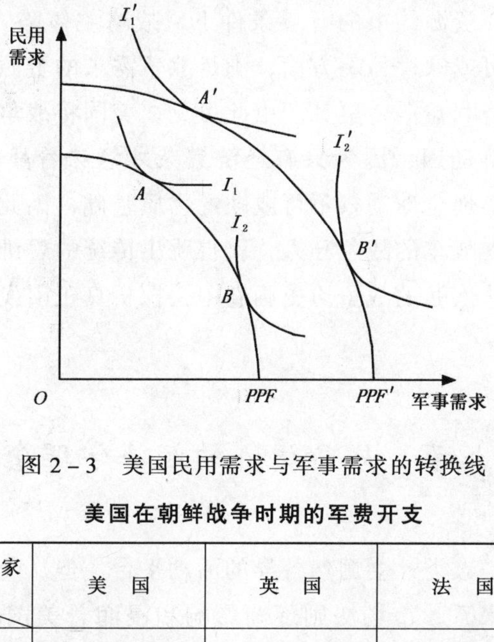

图 2－3　美国民用需求与军事需求的转换线

表 2－1　　美国在朝鲜战争时期的军费开支　　单位：十亿美元

国家 / 年份	美国	英国	法国	意大利
1950	14.5	2.3	1.4	0.5
1951	33.3	3.2	2.1	0.7
1952	47.8	4.3	3.0	0.8
1953	49.6	4.5	3.4	0.7
1954	42.7	4.4	3.6	0.8

表 2－1 中的数据表明，美国的军费始终保持着数十倍于盟国军费开支

的总和。1950～1953年朝鲜战争时期，军费占联邦支出比重高达70%①。战争是维护美国垄断资本全球利益以及世界霸主地位的重要支柱，就刺激社会总需求和带动科技进步方面来说，它对美国经济有不可否认的积极作用，但过度庞大的军事需求膨胀又是加剧财政赤字的一个重要原因，里根政府时期的扩充军备的结果是大量增加军费支出，在1988年，美国联邦政府的军费支出比1980年增加1倍多，占财政总支出近28%，而同期西欧各国国防支出平均只占财政总支出约10%，因财政收入上涨率远不如军费支出的增加率，从而导致财政赤字不断加剧。因此，如何使用有限甚至稀缺的资源来满足如此庞大的军事需要就成为战略主体面临的现实问题。军事开支庞大与财政赤字居高不下的并存是美国经济的独特现象，也是美国战略中不可逆转和回避的经济约束，在资源约束的背景条件下，战略主体陷入了矛盾的怪圈：一方面战争手段不可或缺；另一方面，满足战争需求的资源又极其有限，于是战争与战略的经济利益渴望更甚。由此可见，美国将战争视为经济成长的工具具有深厚的经济动因，因为只有经济繁荣才意味着战略资源的日益丰富，而这又是美国实现全球霸权不可或缺的物质基础，因此，当我们面对美国这样如此频频开动战车的战争狂人，就得跳出传统的思维方式，将目光放得更加悠远一些，从恢弘的战争历史画卷中去探析真正引发美国战争的决定性力量。

第三节　战争运筹的经济学理念

战场与市场本是人类社会迥然各异的活动平台，但从美国战争越来越呈现出的强烈寻利性来看，市场法则逐渐影响和浸润着美国战略运筹的全过程，跨国公司是市场经济中主要的竞争主体，是美国经济的典型代表，“美国经营的跨国公司占全世界总数的将近四分之三”②。跨国公司将势力伸向世界的每一个角落，被称为“看不见的帝国”，遍布全球的跨国公司不仅使美国对世界的影响空前强大，而且在垄断资本的对外经济扩张中扮演着重要的角色，更为重要的是，其经营法则与美国战争运筹理念在很多方面有异曲

① 《美国政治统计手册》，时事出版社1992年版，第274～275页。

② ［美］约翰·柯林斯：《大战略》，中国人民解放军军事科学院1978年版，第129页。

同工之处，而两者的共通之处就在于不择手段的逐利共性。

一、规模经济与联盟战略

规模经济（economy of scale）是指随着生产规模的扩大而引致单位产出成本减少的一种经营方式。规模经济带来的成本下降和收益递增，意味着集中在一起的企业比孤立的企业更有效率。跨国公司给人印象最深的莫过于其巨大的经济规模，尤其是那些通过联合进一步发展壮大起来的联盟型公司，它伸向世界各地盘根错节的分支机构俨然一座世界王国。面临激烈的国际竞争，尤其是高技术产品开发所带来的巨额成本和风险，即使是大型的跨国公司，单靠其自身的力量已难以应付，而联合可以扩大经营规模，加大市场占有份额，大大提高全球竞争能力。最引人注目的强强联合莫过于美国福特和日本马自达、美国国际商用机器公司和英特尔公司、微软公司的“联姻”式结盟。这些昔日曾互为对手的公司在保持自己原有优势的同时，通过联盟分散了经营风险并赚取规模经济效益，有力地维护了跨国公司的垄断优势地位。正是潜在规模效益的客观存在为战略决策者和跨国公司选择联盟战略提供了强劲的刺激和驱动力，赋予了它们在激烈竞争的市场上和战场上所必需的超强竞争力，使其获得超额利润和战争效益。

联盟战略是美国在争霸、称霸过程中采用的最基本的战略，是美国军事战略的重要组成部分，美国的战争从这种基于共同利益而结盟的战略中获利多多，一是从盟国获得海外军事基地和港口以支持前沿军事存在，以便在危机发生时具有快速的反应能力；二是借用盟国的财力分担巨额战争费用、减少战争支出；三是利用盟国军事力量弥补自身军事人力的不足；四是协手盟国彰显战争决心和实力，美国惯于与盟国联合举行各类军事演习，通过彰显实力震慑对手。与跨国公司的规模经济相对照，联盟战略的经济实质与其可谓一脉相承。

二、择点生产与战争对象认定

所谓“择点生产”是指跨国公司选择在最便宜的地方生产的一种策略。科技革命加速了技术转移，缩短了产品升级换代的周期，导致美国跨国公司在海外扩张时面临越来越多的挑战，只有利用各国的比较优势组织生产，在对相关国家和地区的经济技术状况、市场容量、工资水平等生产投资环境作详细的调查与分析论证后，再从中确定成本最低、规模效益最大的地方进行生产，这与独立进行新产品研发、生产和销售相比，既省时又在短期内实现了规模经济效益。“择点生产”的理念在美国对战争对象的认定中可找到相似的版本。以伊拉克为例，在世界经济体系中，美国最缺乏影响力与控制力的就是战略资源——石油，并由此构成国家安全的“短板”，伊拉克是中东地区的军事强国，铲除萨达姆政府，就等于拔掉了美国在中东地区的眼中钉，并在阿拉伯世界产生一定的示威效应，尤其重要的是，美国可通过在伊拉克的亲美政权，掌握世界最重要的石油资源产地，通过操纵石油控制世界经济，并运用石油武器掌握更大的主动权，使主宰世界的全球军事战略目标更容易实现，这种以一击十的做法比美军一个一个地去征服对手要省事得多，比起拿破仑的“横扫欧洲”战略，美军的这种战略显得更经济更快捷，也更容易获得战争的综合效益。

三、销售策略与战略手段选择

跨国公司一般根据产品用途及其使用方式的不同，灵活确定相应的销售策略，总的销售原则是“在最有利的地方销售，实现利润最大化”，销售策略与择点生产联合构成了当代跨国公司全球战略的灵魂。美国在利用军事力量达成战略目的时采取的具有经济学涵义的手段也是林林总总，如非战争行动、战时经济战和联盟战略等，都是旨在以最少投入、在最短时间内达成战略目的经济选择。以非战争行动为例，第一次海湾战争中的美伊核较量，第二次美伊战争前期的军备周旋，科索沃战争中的军事外交，每一次战争前期必有的军事威慑，凡此种种都表明：在战争、军事冲突甚至反恐行动中，无论怎样的烈度和规模，美国都伴随使用形式不同的非战争行动样式，试图借此消除战争萌芽，控制战略规模。手段上的相机性选择，是美国希冀用最经济的手段达成战略目的体现。

四、产品周期和战争规模级差

跨国公司的产品在国际市场上的扩张就像人的生命周期一样，具有生成期、发展期、成熟期、衰老期。在生成期时，以国内小规模生产经营为主；在发展期时，开始在国外有选择地扩大投资；在成熟期即标准化时期，则在国外集中投资，大批量生产；而在衰老期时，不仅不投资生产，而且逐渐收回原来的投资，再把“衰老技术”转移到发展中国家，使其“返老还童”。美国在对战争规模的掌控上同样渗透着产品周期的策略理念，即在战争规模和强度上力图逐步升级，使战争规模沿袭从小至大的轨迹。在战争的初级阶段力图规模最小：采用外交斡旋或打击军事经济目标件之，或军事震慑和打击交织。当战略企图未达成时再逐步升级规模，直至最终战争中的兵刃相见。从美国对伊拉克战争的“劝降萨达姆——斩首行动——震慑与畏惧”的全过程可看到这种战略行动上的逐级递进规律。然而，在战争现实中，美国的威慑效应往往不仅收效甚微，反而陷入一发不可收拾的境地。

五、生产体制与军事前沿存在

跨国公司的生产体制主要分为两种类型：一种是水平型，又称资源开发型，即由美国提供资金和资源拥有国共同开发；另一种是工序分工型，即美国与其他国家分别承担不同工序，合作完成整个生产过程。目前，美国跨国公司的生产体制越来越趋向后一种类型，即与其他国家利用各自在某些零部件生产上的专业技术优势，分别生产一项产品的不同部件，共同完成该项产品的生产。如国际商用机器公司（IBM）生产的计算机里，70%的零部件是在日本和新加坡生产的。美国联合技术公司开发的电梯新产品也是充分利用各国的专业优势，在法国制造电梯门，在德国制造电子元件，在日本制造电机驱动装置，最后在美国组装完成。这种全球化的生产体制最大限度地利用了各个生产国的优势，促进了产品及其部件的国际标准化，提高了美国产品标准全球化的程度。

军事前沿存在一直是美国维持霸权的重要手段之一，与跨国公司生产体制的共同点就在于充分利用他国的基地优势，美国长期保持军事前沿存在，旨在对危机迅速做出灵活反应，一旦威慑失败，前沿存在的军事力量便可迅速转入实战，将危机迅速消灭在萌芽状态，从而及时高效地维护美国的海外利益。自从第二次大战后，美国一直使用海外驻军护持霸权，从对阿富汗与伊拉克的战略来看，美国仍推崇使用前沿存在的驻军方式，但考虑到占领和驻军方式的高额成本，2004 年布什宣布了全球军事部署的调整计划，从欧洲和亚洲撤出 7 万多名士兵，只在一些敏感地区仍开辟新的军事基地，将美国在全球的军事基地和军事人力进行了重新组合，主要分为三类：第一类是具有战略意义的支撑点，在这些基地部署一线作战部队，以便能对重大的事件做出快速反应；第二类是战术基地，由部署在各国小型基地组成，在这些基地主要配置作战物资和武器的零部件，战时提供后勤和技术保障；第三类是作战行动点，选择的地点与国家利益密切相关，平时在行动点上储备一般的军需物资，如遇到突发事件，立即进驻军队[①]。总之，无论前沿存在的方式如何调整变化，它与跨国公司充分利用其他国家资源优势的生产体制有共通之处。

六、产品研究开发高投入和军事科研巨额投资

在科学技术研究上巨额投入是战略运筹和市场经营中如出一辙的做法。为占领市场份额，跨国公司一般的科研开发经费约占其总投资的70%，如具有100多年历史的美国伊斯曼·柯达公司为了保持技术上的垄断优势地位，每天投入新产品科研的资金高达3 000万元人民币[②]。如此巨大的科研投入力度使其他国家难以望其项背。战略决策者为了夺取战场主动权，同样以巨额开支为底蕴进行高科技研究开发。20世纪40年代的曼哈顿原子弹计划耗资23亿美元；50年代的“北极星”导弹潜艇计划消耗无计；60年代的“阿波罗”登月计划耗资250亿美元；70年代的航天飞机计划耗资90亿美元；“星球大战”计划在1984~1989年仅在方案论证上就花去美国247亿美元，总投资近万亿美元。而2004年美国国防部正在建设的旨在为美军提供交战对方战争场景、名为“战争网络”的全球信息网，预计整个计划耗资将超过2 000亿美元。近期5年内建设传输网络至少需要240亿美元，仅此一项就接近“阿波罗”登月计划的开支。如此天价打造的互联网可以使美军在军车内、遥远的陆地或者暴风雨环境下打开便携式电脑，从侦察卫星上获取影像并在数秒内下载[③]。军事科研的巨额投资将为美军赢得战场优势奠定技术基础，当前美国旨在抢占军事制高点的高技术研发计划依然异彩纷呈，这种高投入所带来的技术优势是取得战争综合效益的根本保证。

七、权力结构特征和战争决策系统架构

战争决策是战争行动的指南，战争决策系统是一个规模庞大、结构复杂、功能齐全的综合体系，从理论层面来说，它应该包括健全的决策机构、科学的决策制度及决策机制、灵敏有效的决策信息反馈系统。显而易见，战争的决策层具有决策战争的权力。

① 《透析美军全球军力大调整》，《解放军报》2004年9月1日第12版。

② 丁敬平：《美国工业技术发展和技术出口控制》，经济管理出版社1997年版，第102页。

③ 《北京晚报》2004年11月14日世界新闻版。

制度经济学表明：权力的分布越是不平衡，进行资源配置的经济博弈的效率就越是受到权力结构的扭曲，一般说来，成熟的权力结构具有下列三个相互依赖的特征：(1) 权力结构的复杂性，从外部观察，会有“叠床架屋”之感，可是从内部观察，这些复杂结构几乎完全基于“权力相互监督与制衡”原理。参与权力游戏的人们达成共识，即绝对的权力绝对地趋向腐败，所以才有公共决策引进权力制衡的结构。(2) 权力结构的开放性，所谓开放性，是指在环境发生变化时（战争、自然灾害、社会变迁），公共决策有能力随时取消或增设权力机构。这是权力之间斗争的结果，因为如果没有对权力的制衡权力的话，那么权力的开放性是不可能的，唯一可能的，是垄断权力所导致的体制僵化及最终有希望摧毁这一体制的革命。(3) 权力结构的透明性。一般意义上的透明性无须解释，有实质意义的是实现权力透明的制度。

在军事战略决策上，美国战争主体理性上希冀借助信息的完全占有达到具有成熟的权力机构条件，如图 2－4 所示：

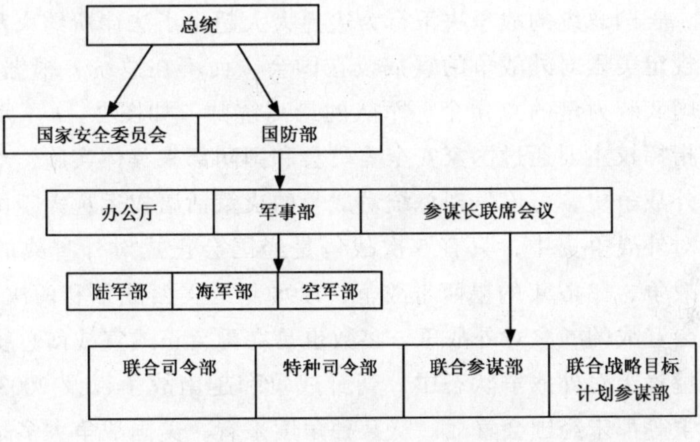

图 2－4　美国战争决策机构图

从图 2－4 可以看到，美国战争决策机构具有制度经济学背景下成熟权力结构的三个特征，即权力结构具有复杂性、开放性和透明性的显性特点，它的运行机理是：总统任军事力量总司令，他通过国家安全委员会和国防部统率全军，在紧急状态下可越级指挥第一线部队，而且，战略核袭击兵器的使用权集中控制在总统的手中。国家安全委员会是最高战争决策机构，其成员包括总统、副总统、国务卿、国防部长、参谋长联席会议主席、中央情报局长及其他总统认为必要的资深官员。国防部是全军最高军事机关，它由三大系统组成：本部（国防部办公厅）、军事部系统（陆军部、海军部的空军部）和作战指挥系统（由参谋长联席会议统一负责，下辖联合参谋部、联合战略目标计划参谋部、联合司令部和特种司令部）。其中，拟制战略计划和统一各军种的战略行动由联合参谋部全权负责，而对战略目标的选定、打击目标次序的认定、确定攻击目标的核力量等系列职责则由联合战略目标计划参谋部统管。从纵向而言，美国战争决策机构实行的是二级管理，即总统和国防部、国家安全委员会，如果将整个决策活动用 Ω 表示，A 代表总统直接控制的决策范围，B 代表国防部和国家安全委员会的决策活动范围，总统的直接控制主要通过所属两大系统的业务部门来实现，则有：

$$\Omega = A \bigcap B$$

A 本身是一个包含着集合中所有元素的并集，即：

$$A = \sum_{i=1}^{n} A_i$$

其中，n 为各职能部门的数量，A_i 为第 i 个部门的决策范围，对各职能部门的范围谓之决策行为边界。在美国现实的战争决策层中，和其他部门相比较而言，美国总统的战争决策行为边界大大超出了法律所约束范围。虽然美国宪法规定美国对外战争的宣战权在国会，而不在总统，根据美国宪法，总统是全国武装力量的总司令、军队的最高统帅。如图 2－4 所示，总统的战争决策指挥权主要通过国家安全委员会和国防部来具体实施，然而，扫描美国的对外战争史，可以发现总统对战争的决策话语权远远大于国会，因为在美国的对外战争史中，只有 5 次战争是经国会正式对外宣战的，即 1812 年的美英战争、1846 年的墨西哥战争、1898 年的美西战争和两次世界大战。即使是国会宣战的 5 次对外战争，多数也是在国会正式宣战前总统已经将美国武装力量置于对外战争状态中。朝鲜战争和越南战争以及 2003 年爆发的伊拉克战争等都未经国会宣战。从某种角度来看，美国战争大多是总统的战争，典型如朝鲜战争、越南战争，人们通常称之为总统的战争。1945 年至今，美国先后产生了 11 位总统，而他们或多或少都与战争有关。美国总统能使国家卷入战争，显然在战争决策系统中具有极高的话语权。到底谁最有决定战争的权力，是总统还是国会？美国国会在战争权的问题上尽管不如总统的影响大，但它毕竟拥有宪法授予的拨款权。在非常极端的情况下，它仍可通过法定程序拒绝宣战和拨款，或弹劾总统，或通过立法程序制定新的法律限制总统。从越南战争结束后，国会就一直在就限制总统战争权而制定形形色色的议案。美国总统与国会之间的战争决策权之争还在继续，所以，总统不宣而战的做法仍然是美国战争决策机构中的关键影响因素。

另外，决策行为边界的规范是由信息效率和信息成本来决策的，借助下列坐标对决策行为的边界作一个描述，看其对决策行为的约束。战争决策主体获得信息需要成本，而且获得信息的边际费用是递增的，但获得信息的边际收益最终是递减的。即随着信息费用逐步增加，增加同样信息费用所带来的收益趋于逐步减少。若战争决策主体的个体成本和收益与社会成本和收益是一致的，那么，当信息的边界费用与边际收益相等时，获得的信息量是可得到的最佳信息量，与最佳信息量相对应的行为边界即是决策行为最佳边界，如图 2 - 5 所示：

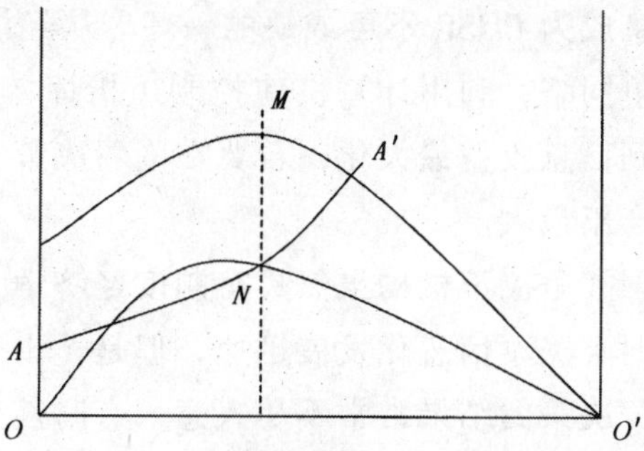

图 2 - 5　决策行为最佳边界图

如果 OO' 为军事财力总量，AA' 代表决策信息边际费用，ONO' 代表决策信息边际收益，MO' 为国家安全产出水平，在 N 点，信息边际费用与边际收益相等时，如果其他条件恒定，此时国家安全达到最大值 M，与最佳信息量相对应的决策行为即是决策行为的最佳边界。显然，信息费用的多少是战略决策的主要约束要素，虽然现代侦察技术的发展为战略决策提供了更充分的信息源，但因为战争决策主体有使国家利益最大化的冲动，从而导致决策行为边界总是趋于扩张，具有特别意义的是，由于它是由一些具有浓郁主观色彩的人组成，因而带有强烈的个人认知倾向。而且即使是科学合理的决策，也并不是一次性选择的随机结果，而是一个不断挑选、不断完美的利益择优过程，在多种可供选择的方案中，选择出目标函数投入最小而产出最大的最佳方案。从理想状态来说，战争决策的结局就是追求美国国家利益的格局均衡，从经济学的角度来看就是一个寻求帕雷托最优（Pareto - efficient）的过程。但是，在现实的美国战争决策中，这个决策既是客观评估和主观判定相交织的综合过程，也是个人偏好强烈彰显的过程，其主观认知深刻地影

响着 决策特别是战争对象及区域的最后判定，尤其当总统借国家利益之名实现个人利益之时，决策机构会越来越多，美国战争决策职能机构越来越多就是决策行为边界扩张在机制上的反映。事实上，在现实的战争决策中，美军决策机构经常是越精简越多，由于完全信息的占有是使战略资源得到有效配置的硬约束，它可以削弱决策主体主观偏好的弱点，但决策中的信息是不完全或者是稀缺的，加之战略决策通常又是在不确定条件下进行的，因此，决策机构为了减少不确定性，在决策时就必须在“事前”付出对利益受损程度的衡量成本，在“事后”付出对执行者行为的监督成本，这是战争主体在决策中为了获得信息必须付出的代价。由此，我们不难明白为什么在美军战争决策系统中，信息成为 C^4ISR 不可或缺的一环。从经济学的角度来看，美国不惜血本发展战争网络，利用计算机使控制、指挥、通信系统化自动化，其目的就是为了达到信息收益最大化，希冀在削弱决策主体主观偏好弱点的基础上使战争决策产出最大。

综上所述，美国战争决策机构虽然具有制度经济学背景下成熟权力结构的三个主要特征，而且美军信息化发展迅速，但是，由于美国战争决策权力分布的不平衡，战争决策的结果常常不尽人意，有时甚至产生事与愿违的非理性预期后果。

第四节　战争对象认定和战争区域选择的利益取向

美国战争对象的认定在很大程度上反映了美国经济利益的指向，其对战争区域的选择在一定程度上折射了美国以经济利益为核心的国家利益分布走向。因此，经济利益的价值取向在美国战争对象与战争区域的选择中起着至关重要且无与伦比的作用。始于 20 世纪的第二次世界大战直至本世纪的第二次海湾战争，美国动辄出兵海外，除了战争固有的政治色彩外，更重要的是对经济利益的疯狂追逐，这一特质可以从美国认定的战争对象和选择的战争区域中得到全面彰显。

本书所指的战争区域是对那些曾经和美国发生军事危机、武装冲突和战争行动而对国际战略格局产生影响的地区的统称。战争对象，则是对那些曾经和美国发生军事危机、武装冲突和战争行动的国家的总称。“在人类的整个历史上，肯定没有一个国家像当今美国那样，通过坦克和产品牢牢地控制着世界。”① 尤其是20世纪90年代初以来，美国借助海湾战争、科索沃战争、阿富汗战争和伊拉克战争，已在中东、中亚和巴尔干地区建立了稳固的军事基地，它以任何大国都未曾有过的强力控制着全球，从格陵兰冰冻的荒原到阿富汗南部的沙漠都能看见美军的身影。全球大出兵是对美国战争对象及其战争区域广泛性的形象描述，但在全球性的显性特质下，两次海湾战争折射了美国战争对象及区域判定的针对性倾向，因此，美国的战争对象和战争区域判定同时具有世界性的总体共性特征和区域性的个体差异特征。

一、美国战争对象和战争区域统计方法的确定

美国军备控制和裁军署曾经将世界范围内的国家划分成八个区域：即非洲、东亚、欧洲、拉丁美洲、中东、北美、大洋洲和南亚，这种划分主要是根据西方国家的传统方法和思维习惯界定的，其弊端是区域之间的国家数量极不平衡，从而降低了区域之间的可比性，有些区域（如非洲）的国家和地区多达40多个，有些区域（如大洋洲）的国家则寥寥无几，这种区域间划分的不平衡，不便横向比较区域内和区域间的综合实力。

从本书统计和比较分析的要求来看，世界范围内的分区最好是具备下列四个条件：一是地理位置靠近；二是国家数量均衡；三是统计覆盖面广；四是淡化意识形态。所谓地理位置相近，是指所统计区域的国家必须是在地理位置上靠近，这样便于划区统计并找出美国的战争区域重点；国家数量平衡，是指各个区域所包括的国家数量大致均衡，这样可大大增强各个区域之间的可比性；统计覆盖面广，则是指所采用的分区方法最好包括本书研究时间跨度范围内的所有国家，这样可以使区域划分保持相对完整性；而淡化意识形态，更是本书要遵循的基本原则，它是指在划区中最好不考虑所统计国家的意识形态，因为无论一个国家的意识形态如何，它首先是一个世界体系中的成员国，何况意识形态原本不是美国认定战争对象的最终参照系，甚至意识形态的差异有时根本就是美国出兵的幌子，如果不顾地缘的客观事实而强化主观意识，很难洞悉美国认定战争对象、选择战争区域的真实原因，基于上述这些考虑，本书摒弃了西方国家常用的美国军备控制和裁军署的八区

① ［英］《不敢说出名称的帝国》，《星期日泰晤士报》2003年4月13日。

划分法，在参考并修改沙利文[①]分区方法的基础上，统计美国在世界范围内的战争对象和战争区域。

迈克尔·沙利文的大区划分法主要是遵循地缘相近原则，将世界范畴内的国家按地缘划分区域，首先，他把世界上162个国家和地区分成欧洲、伊斯兰、非洲、亚洲和拉丁美洲五个大区共15个区域（见表2-2），每个大区内的国家和地区数目大致相等，最少28个，最多34个，每个大区又分别包括三个小区域，每个区域的国家和地区数量差距不大，最少8个，最多13个（见表2-3~表2-7），最后他还将世界区域内的国家按实力排出了各大区的强国（见表2-8）。这种划区方法是一种相对平衡的方法，它包括了世界系统中所有主要国家与地区，更重要的是，这些国家和地区大体上根据地缘相近的原则被划入相应的区域，不仅便于区域之间可比，而且还增加了区域比较的客观性，而这正是传统西方划区方法所不具备的特点。另外，由于沙氏分区方法主要基于地缘依据，淡化了意识形态，具有全面、平衡和客观的特点，例如，他将联邦德国和苏联划在同一区域，就是重点考虑地缘相近而非意识形态因素，而本书就是着重从经济的视角研究美国战争，遵循的一个重要原则就是淡化意识形态因素，所以本书采用并略加改造沙利文的划区方法，以此作为统计美国战争区域和战争对象的分区框架。

表2-2　　沙利文五个大区划分法

欧洲	非洲	亚洲	拉丁美洲	伊斯兰
北大西洋	西部非洲	南部亚洲	南部拉美	西部亚洲
中部欧洲	中东部非洲	东部亚洲	中部拉美	北部非洲
南部欧洲	南部非洲	近海亚洲	加勒比	阿拉伯半岛

表2-3　　欧洲区域（五个大区之一）

北大西洋	中部欧洲	南部欧洲
美国	奥地利	葡萄牙
加拿大	瑞士	西班牙
冰岛	瑞典	马尔他

① Michael J. Sullivan: Measuring Global Values: The Ranking of 162 Countries (New York: GreenWood, 1991), p.4.

续表

北大西洋	中部欧洲	南部欧洲
爱尔兰	前联邦德国	意大利
英国	芬兰	希腊
挪威	前苏联	阿尔巴尼亚
荷兰	波兰	前南斯拉夫
比利时	前民主德国	罗马尼亚
卢森堡	前捷克斯洛伐克	保加利亚
法国	匈牙利	
	丹麦	

表 2-4　　**伊斯兰区域**（五个大区之一）

西部亚洲	阿拉伯半岛	北部非洲
以色列	约旦	埃及
黎巴嫩	沙特阿拉伯	利比亚
叙利亚	科威特	突尼斯
塞浦路斯	巴林	阿尔及利亚
土耳其	阿联酋	摩洛哥
伊朗	卡塔尔	毛里塔尼亚
伊拉克	阿曼	乍得
阿富汗	也门民主人民共和国	苏丹
巴基斯坦	阿拉伯也门共和国	吉布提
		索马里

表 2-5　　**非洲区域**（五个大区之一）

西部非洲	中东部非洲	南部非洲
佛得角	埃塞俄比亚	南非
几内亚比绍	肯尼亚	莱索托
塞内加尔	坦桑尼亚	莫桑比克
冈比亚	乌干达	津巴布韦
马里	卢旺达	赞比亚

续表

西部非洲	中东部非洲	南部非洲
尼日利亚	扎伊尔	博茨瓦纳
尼日尔	刚果	纳米比亚
贝宁	中非共和国	安哥拉
多哥	加蓬	斯威士兰
加纳	布隆迪	
利比利亚	赤道几内亚	
几内亚	圣多美和普林西比	
塞拉利昂		

表 2－6　　　　亚洲区域（五个大区之一）

南部亚洲	东部亚洲	近海亚洲和大洋洲
印度	中国	日本
尼泊尔	蒙古人民共和国	菲律宾
不丹	朝鲜	文莱
孟加拉国	韩国	马来西亚
斯里兰卡	中国台湾	新加坡
马尔代夫	越南	印度尼西亚
毛里求斯	柬埔寨	巴布亚新几内亚
马达加斯加	老挝	所罗门
科摩罗	泰国	瓦努阿图
	缅甸	斐济
		新西兰
		澳大利亚

表 2－7　　　　拉丁美洲区域（五个大区之一）

南部拉美	中部拉美	加勒比
巴拉圭	巴拿马	牙买加
巴西	哥斯达黎加	古巴
乌拉圭	尼加拉瓜	巴哈马
阿根廷	洪都拉斯	海地

续表

南部拉美	中部拉美	加勒比
智利	萨尔瓦多	多米尼加
玻利维亚	危地马拉	圣卢西亚
秘鲁	墨西哥	格林纳达
厄瓜多尔	伯利兹	圣文森特和格林纳丁斯
哥伦比亚		巴巴多斯
委内瑞拉		
圭亚那		
苏里南		

表 2-8　沙利文区域强国划分（二战后至冷战结束时期的区域强国）①

区　域	区域强国及主导时间
南部欧洲	意大利（1946~1988 年）
北部非洲	埃及（1946~1988 年）
西部非洲	尼日利亚（1960~1988 年）
中东部非洲	扎伊尔（1966~1975 年）
南部非洲	南非（1947~1988 年）
南部亚洲	印度（1947~1988 年）
东部亚洲	中国（1946~1988 年）
近海亚洲	日本（1946~1988 年）
西部亚洲	伊朗（1966~1988 年）
南部拉丁美洲	巴西（1946~1988 年）
中部拉丁美洲	墨西哥（1946~1988 年）
加勒比	古巴（1946~1988 年）

本书在区域的划分上承袭地缘相近的原则，在参考沙利文分区法的基础上对其略作修改，即将伊斯兰地区的阿拉伯半岛、西部亚洲、北部非洲的全部国家按地理位置重新划分，分别划归入亚洲和非洲国家，共分为四个大区十五个区域。另外，台湾是中国领土不可分割的一部分，理所当然地将其划

① U.S. Agency of Arms Control and Disarmament, World Military and Arm Transfers (Washington, D.C: U.S. Government Printing Office, annual).

入中国，不再在东部亚洲再另作单独的划分。最后，将世界区域范围内的全部国家根据亚洲、非洲、欧洲和拉丁美洲四大洲的归属来统计美国的战争区域和战争对象（见表2-9）。从中将更容易管窥、进而归纳美国的战争区域的聚集重点和战争对象的分布中心。

表2-9 美国战争对象、战争区域划分方法（四个大区十五个区域）

亚洲	非洲	欧洲	拉丁美洲
南部亚洲	西部非洲	中部欧洲	南部拉美
东部亚洲	中东部非洲	南部欧洲	中部拉美
近海亚洲	南部非洲	北大西洋	加勒比
西部亚洲	北部非洲		
阿拉伯半岛			

二、美国的战争区域统计及其规律性经济取向

根据数据统计，第二次世界大战后的美国战争区域和战争对象几乎波及四个大区、十五个区域（见表2-10），但这些战争对象大多不是区域强国，美国对不同区域的战争介入次数也不尽完全相同，从一定角度折射了美国战争区域和战争对象的聚焦重心和利益集中地。

表2-10 二战后至2007年美国战争区域、介入的战争次数概略统计①

大区（4）	战争总次数（118）	美国介入次数（45）	战争区域（15）
欧洲	7	4	北大西洋
			中部欧洲
			南部欧洲（以科索沃战争为典型）

① 1. 二战后至1971年的战争统计根据军事科学院世界军事研究部《第二次世界大战结束后主要战争和武装冲突统计》提供的数据整理。冷战结束后战争统计根据姚有志等主编的《百年战争评说》提供的数据匡算；

2. Michael J. Sullivan, Measuring Global Values: The Ranking of The 162 Countries (New York: Greenwood, 1991) p.4.

续表

大区（4）	战争总次数（118）	美国介入次数（45）	战争区域（15）
非洲	32	6	西部非洲
			中东部非洲
			南部非洲
			北部非洲（以空袭利比亚为典型）
亚洲	53	19	南部亚洲（以越南战争为典型）
			东部亚洲（以朝鲜战争为典型）
			近海亚洲和大洋洲
			阿拉伯半岛
			西部亚洲（以两次海湾战争为典型）
拉丁美洲	26	16	南部拉美
			中部拉美（以入侵格林纳达为典型）
			加勒比

表 2-11　　　　二战后至 2007 年美国战争介入率　　　　单位：次

	亚洲	非洲	美洲	欧洲	合计
战争总次数（W）	53	32	26	7	118
美军介入次数（A）	19	6	16	4	45
美军介入率（C）	0.3585	0.1875	0.6154	0.5714	0.3814

从表 2-10 和表 2-11 的统计数据来看，战后的世界不是和平乐土，世界也远非一个和平圣地，几乎每时每刻地球上的居民都在目睹战火和死亡。虽然没有发生世界性大战，但区域战争和局部战连绵不断。亚洲、非洲、拉丁美洲、欧洲无一幸免，表 2-10 的战争统计数据表明，美国的战争区域并非呈均匀分布态势，虽然全球霸权的渴望使美国以战争的方式介入了全球各个地区许多不同规模和烈度的冲突，而且多是不惜劳师远征，但美国对亚洲

区域的介入频数显然大于其他地区，美国在亚洲出兵的次数达 19 次之多，其次是美洲（16 次），再其次是非洲（6 次），对欧洲介入的次数最少（4 次），足可见美国对亚洲和拉美这两个地区的重视程度，只是由于亚洲发生的战争总次数多于其他各洲，因而导致美国在亚洲的战争介入率要低于对拉美和欧洲的战争介入率。

亚洲像一颗璀璨的明珠深深地吸引着美国。

美国在亚洲地区拥有 1 000 多亿美元的投资，36%的贸易量，是美国同欧洲贸易的 1.5 倍，跨太平洋的贸易额超过跨大西洋贸易额的近 1/3，加之美国出口量的 30%是到亚太国家和地区，正是这些出口为美国创造了无数的就业机会，带去了大量的财富、繁荣了美国的经济①。美国的昌盛和亚太已经牢牢相连，毫无疑问，经济上具有活力和潜力的亚太地区在美国全球战略中的地位举足轻重，亚洲的吸引力使美国对这一片蔚蓝的海域和广袤的土地寄托了无限的希望。

拉丁美洲是美国战争介入次数仅次于亚洲的地区，但却是美国战争介入率最高的地区，原因主要在于美国和拉丁美洲同处一个半球，后者常被称为“美国的后院”，在美国的全球战略中，拉丁美洲占有极其重要的地位，这是其他区域国家无与伦比的。美国一直把拉丁美洲视为自己传统的势力范围，后者也的确是它称霸世界的战略大后方，当美国扩张的触角最开始伸向疆域之外时，拉丁美洲是首当其冲的对象。二战后，欧洲列强势力在拉美地区已经消失殆尽，美国势力却扶摇直上，并取得了绝对优势，而美国要向世界各地扩张，需要有一个稳定的战略大后方，因此，将拉美变成一统天下的地盘和可靠的军事基地，是战后初期美国对拉美政策的基本目标。为实现这一目标，美国从经济到军事，在拉美地区进行了一系列的扩张活动。

拉丁美洲是美国南面的屏障，中美洲和加勒比地区，特别是巴拿马运河，是美国西海岸与欧洲之间，东海岸与日本、亚洲之间的重要通道，此地与美国的经济有着千丝万缕的联系，早在 19 世纪后期，美国在拉丁美洲和太平洋地区扩张的重要因素就是为了寻求海外市场。当时美国商界和美国政府都把扩大海外市场看作解决美国国内以生产过剩为特征的经济停滞不前的根本方法。因之出现了美国对拉丁美洲事务的积极干预的极大兴趣。“加勒比地区对美国来说，是极端重要的战略和商业干线。美国近一半的贸易，

① Flournoy, 2001 QDR: Strategy - Driven Choices for America's Security, p.251.

2/3 的进口石油，一半以上的进口战略矿物是经过巴拿马运河或墨西哥湾进来的。”① 另外，在拉丁美洲，美国有许多重要的经济利益需要保护，拉丁美洲和加勒比海地区国家工业化程度较高，可为美国提供不断扩大的市场和投资场所，这些国家的政府普遍从美国银行和国际金融机构贷款，从而把美国的金融体系与之紧密联系在一起，拉丁美洲和加勒比现至今仍然是美国许多进口原材料的主要产地，其中包括石油，美国所消费原油的 40% 来自加勒比盆地。另外，美国还占领了拉丁美洲 40% 的市场，这是美国在世界范围内实现贸易顺差为数不多的几个地区之一。而且至 20 世纪 50 年代，美国在拉美的私人投资直线上升，1940 年为 21.71 亿美元，1946 年为 30 亿美元，1950 年为 47.35 亿美元，1958 年已经增加到了 87.3 亿美元②。今天的拉美更是美国不可小视的地区，委内瑞拉是美国的第四大石油供应国，随时有能力断绝向美国供应石油；厄瓜多尔亦是石油出产国。在地理位置上，伊朗堪称得天独厚，控制了被称为石油运输大动脉的霍尔木兹海峡，大量中东地区石油需经该海峡运到外国，占全球石油运输量的 40%，伊朗已威胁随时会封锁该海峡，尤其针对美国及其在中东地区的盟友。若该情况真的发生，伊朗等于捏着美国的能源咽喉，足以影响美国经济的正常运作。虽然伊朗跟拉美的“反美联盟”是穷国俱乐部，但却有能力扼住美国能源咽喉扰乱美国的后院。综上所述，维护拉丁美洲和加勒比地区的稳定对美国经济具有不可估量的战略意义。

综上所述，美国的战争区域虽然遍及世界各大区，但并非均衡分布，从总体上来看，主要集中在亚洲和拉美两个大区，其中，在亚洲地区战争介入次数最高，其次是拉丁美洲，美国将亚洲和拉美视为主要的战争区域，表明维护亚洲和拉丁美洲地区的稳定对美国经济具有不可估量的战略意义。由此可见，美国的战争区域实际上反映了美国国家利益的核心—经济利益的具体指向。因为只有这样做，才能保护向美国供应重要原料区域的安全和稳定，进而推动美国经济的繁荣。

三、美国战争对象统计及其规律性经济取向

和美国选择的战争区域一样，美国认定的战争对象大多不是美国军事安

① 徐洐：《经济制度批判》，中国社会科学出版社 2000 年版，第 172～173 页。

② ［苏］A.C. 阿尼金等：《外交史》，三联书店 1983 年版，第 705 页。

全的威胁源，这些战争对象既不都是区域大国，也不是每个都能够列入区域强国之列，大部分国家的综合实力本身及其增长更是与美国有着天壤之别。但是，美国却与之干戈相向，有的还是一而再、再而三地与之激烈交锋（见表 2－12）。

表 2－12　　二战结束后美国主要战争及其战争对象一览表

战争名称	战争对象	战争持续时间	战争经济目的
朝鲜战争	朝鲜、中国等	1950.6.25～1953.7.27（3 年）	遏制苏联在亚洲红利
越南战争	越南	1961.5～1973.1.27（12 年）	
出兵多米尼加	多米尼加	1965.4～2008（4 月）	维护加勒比地区利益
闪击格林纳达	格林纳达	1983.10.25～1983.11.2（8 天）	维护加勒比地区利益
两次空袭利比亚	利比亚	1986.3.23～1986.4.15（22 天）	维护在利国石油利益
入侵巴拿马	巴拿马	1989.12.20～1990.1.12（23 天）	维护巴拿马运河利益
海湾战争	伊拉克	1991.1.17～1991.2.24（38 天）	争夺海湾石油资源
科索沃战争	前南斯拉夫联盟共和国	1999.3.24～1999.6.10（78 天）	维护美元的霸权地位
阿富汗战争	阿富汗	2001.10.7～2001.12.7（60 天）	进入中亚抢占石油资源出海口
伊拉克战争	伊拉克	2003.3.20～2003.5.1（41 天）	巩固海湾石油分配权

表 2－13　　美国主要战争对象的综合国力排序①

国　别	综合国力排序	经济实力排序	军事实力排序
中国	3	8	
越南	29	47	28
伊拉克	51	59	35
前南斯拉夫	54	71	23
阿富汗	72	133	56
利比亚	61	54	41
格林纳达	184	174	181
巴拿马	102	83	142

① 根据海平《各国综合国力排行榜》（中国经济出版社 1998 年版）提供的数据整理。

表 2－14　　各洲区域性强国排名统计表①

洲/国别	综合国力	经济实力	军事实力
中国（亚洲）	1	2	1
俄罗斯（欧洲）	1	3	1
南非（非洲）	1	1	4
巴西（拉丁美洲）	1	1	1

表 2－15　　美国和主要战争对象交战时期综合实力统计　　单位：亿美元

国　别	交战时间	经济实力	军事实力	同时期的美国相应值	
中国	1950	101.4	6.7	3 810	120
越南	1970	—	—	10 225	783
伊拉克	1990	190	14*	82 106	2 743
前南斯拉夫	1998	122.7*	5.4	82 106	2 743
阿富汗	2001	16.5*		101 714	3 250
利比亚	1986	273*	9*	42 320	2 809
格林纳达	1983	—	—	34 060	2 180
巴拿马	1989	91*	1*	52 440	3 041
伊拉克	2003	74	—	108 572	4 174

注：以 GDP 代表经济实力，以 ME 表示军事实力。

表 2－16　　美国和战争对象交战时期综合实力比较　　单位：倍

国　别	时　间	同时期的美国与其战争对象实力的比值	
		GDP	ME
中国	1950	38	18
越南	1970	—	—
伊拉克	1990	432	196
前南斯拉夫	1998	669	508
阿富汗	2001	6 164	
利比亚	1986	155	312
格林纳达	1983	—	—
巴拿马	1989	576	3 041
伊拉克	2003	1 467	—

注：比值的计算方式为：美国 GDP（军费）/中国 GDP（军费），以中国为例，美国与中国 GDP 的比值为 3 810/101.4 = 38 倍。军费之比为 120/6.7 = 18 倍。其他国家计算方法同上。

① 依据海平《各国综合国力排行榜》（中国经济出版社 1998 年版）提供的数据整理。

表 2-17 **美国和主要战争对象综合实力统计** 单位：亿美元

国别	1989		1991		1998		2001		2003	
	GDP	ME	GDP	ME	GDP	ME	GDP	ME	GDP	ME
中国	3 371	55.4	4 000	71	9 618	113	11 590	170	14 000	224
越南	150*	4*	145	13.4	270	7*	330*	18	390	23
利比亚	222	33	321	27	260	13	138.5	12	176	7.4
美国	52 440	3 041	56 718	2 729.5	82 106	2 743	101 714	3 250	108 572	4 174

注：标 * 号的数据为估算数据。采用 GDP×（1+GDP 增长率）计算。

从表 2-12～表 2-18 统计数据可看到，美国的战争对象大多不是区域强国。在各洲区域排名第 1 位的强国中（见表 2-13），除了中国曾与之在朝鲜战争中交过战外，其他各洲区域强国均未成为美国现实战争中的战争对象。即使根据沙利文早期的区域强国排名（见表 2-8），除了东部亚洲的中国和西部亚洲的伊朗外，再无其他任何一个区域强国是美国曾经认定的战争对象。从美国曾经交战的大部分对象的综合国力来看（见表 2-12 到表 2-18），大多数国家和美国的综合实力不能相提并论，除了中国的经济增长率略高外，美国和大部分战争对象之间的经济增长幅度也相差甚远，即使是中国，在经济和军事上的增加值也不能与美国同日而语。毫无疑问，美国的战争对象显然都不是美国的全球性竞争对手，美国的国家安全也并未受到这些国家的实质性军事威胁。而且，从战争实际状况来看，无论是冷战时期还是后期，美国认定的战争对象都没有实质性威胁到美国的国家安全，美国认定战争对象的规律性判定标准更多的是基于现实利益及其利益背后的霸权心态。

从表 2-12～表 2-18 对美国战争对象群的统计数据来考察，美国认定的战争对象大多不是美国军事安全的威胁源，这些战争对象既不都是区域大国，更不是区域强国（如前南斯拉夫、利比亚和格林纳达等国家），相反，多是一些欠发达但却与美国经济利益关联度很高的国家。美国战争更多的是在交战国家获取以经济利益为核心的国家利益，保卫既得利益或者要攫取潜在的利益，特别是要攫取以稀缺战略资源及其分配权为核心的经济利益，是对经济霸权为核心的美国全球霸权的护持。那些与美国国家安全无关的国家往往因为与美国经济利益密切相连而招致战火。

位于印支半岛东部的越南，东南濒海，长山山脉纵贯南北，越南境内石油、天然气和矿产资源极其丰富，尤其是琳琅满目的矿产资源，其境内矿种

表 2-18 美国与主要战争对象综合实力增长率比较

国别	1989～1991 年				1991～1998 年				1998～2001 年				2001～2003 年			
	GDP		ME		GDP		ME		GDP		ME		GDP		ME	
	增加值	增长率	增加值	增长率	增加值	增长率	增加值	增长率	增加值	增长率	增加值	增长率	增加值	增长率	增加值	增长率
中国	629	18.7	15.6	28.2	5 618	140.5	42	59.2	1972	20.5	57	50.4	2 410	20.8	54	31.8
越南	-5	-3.3	9.4	235	125	86.2	-6.4	-47.8	60	22.2	11	157.1	60	18.2	5	27.8
利比亚	99	44.6	-6	-18.2	-61	-19	-14	-51.9	-121.5	-46.7	-1	-7.7	37.5	27.1	-4.6	-38.3
美国	4 278	8.2	-311.5	-10.2	25 388	44.8	13.5	0.5	19 608	23.9	507	18.5	6 858	6.7	924	28.4

注：增长值单位为亿美元；增长率单位为百分比。

超过120种，其中探明储量的矿种有77种，主要有煤、铁、铝、钛、锰、铬、锡、磷、铜、铅、锌、稀土、宝石等，其中煤、铁、磷、铝储量最大。除了战略资源丰富外，越南地处东南亚与东亚国家之间的战略要冲，境内的金兰湾扼守着沟通太平洋与印度洋的战略要道，它也是美国扼守太平洋和印度洋的战略要道，美国在越南战争期间曾耗费巨资建设金兰湾基地，该海湾基地位于越南东南部海岸向前突出的岬角处，港湾深入内陆，是由南北两个半岛合抱而成的葫芦形港湾，可停靠包括航母在内的巨型船只，具有经济意义的是，金兰湾扼守着沟通太平洋与印度洋的战略要道，距离两洋航线均不到1小时航程，是美国重要的战略运输渠道，若在金兰湾屯聚雄兵，不啻在两大洋之间布下了一道关卡。正是由于金兰湾的重要战略地位，美国和列强竞相逐鹿，并希冀借越南战争扼守太平洋和印度洋的这条战略要道，这是美国不吝成本打一场得不偿失越南战争的经济诱因。客观地说，较之于其他战争，美国进行越南战争的经济图谋似乎更多地表现为对权力资源的掌控，从美国1961年发动特种战争算起，到1973年美越停战协定的签订，总共持续了12年之久，为美国历史上时间最长的战争，从当时的美国视野来考察，这场战争对美国的意义表现为：它既可以“遏制”中国向东南亚的“扩张”，又可以向苏联为首的“共产党国家”表明美国在世界上任何地方、反对任何“挑衅”的决心和力量。当时的美国总统林登·约翰逊认为：一旦美国表现出软弱，“莫斯科和北京就将火速前来利用我们的软弱……他们不可能拒绝利用这个机会来扩展他们的控制，填补我们撤离所留下的权力真空”①。因此，较之于美国和其他战争对象浓郁的经济关联性，美国发动越南战争更多的是冷战时期对区域强国的遏制和对美国霸权地位的护持。然而，谁又能说权力不是一种更具效益的经济资源呢？

位于中亚、西亚与南亚交汇处的阿富汗，是印度洋通向中亚的交通要冲，战略地位不言而喻。作为一个内陆山国，在人们的印象中，阿富汗一直是一个战火四起的贫穷落后之国，然而就是这样一个弱小国家却成为美国的战争对象。美国不惜一切代价深入欧亚大陆腹地打一场阿富汗战争具有不可估量的经济意义，从地理位置上看，它是印度洋通向中亚的交通要冲，是中亚产油国油气资源出海的重要通道，从美国的视界来看，控制了阿富汗，也就控制了中亚油气资源的出海口。因此，阿富汗战争是美国蓄谋已久的一场

---

① 洪永宏：《中美军事冲突前前后后》，中国社会出版社1996年版，第136页。

战争，借助这场战争，美国可以顺利地进入中亚地区，以打击恐怖主义为借口在欧亚腹心地带实现长期军事准入，进而为美国接近里海和开发里海石油提供机会，这不但使得美国有了进一步推行其扩张计划的理由，而且使得美国的能源战略向前跨了一大步。所以，在石油替代能源普及之前，阿富汗成为美国认定的战争对象就不足为奇了。早在阿富汗战争爆发的初期，阿富汗驻巴基斯坦首席代表扎伊夫曾断言："阿富汗战争不是一场针对本·拉登的战争，而是一场对该地区的油气资源的争夺。"① 现在看来，扎伊夫的说法千真万确，美国在打击恐怖主义的旗帜下轻而易举地获得对中亚其他国家的军事准入，进而为美国接近里海和中亚石油提供了良机。

海湾地区的石油宝藏为伊拉克招致了战火，此地可采寿命预计比其他地区油田平均多出 44 年，仅伊拉克石油储量就有 1 150 亿桶，占全球石油总储量的 12%，居世界第 2 位。而美国被喻为是一个"装在车轮子上的国家"，又是世界上最大的石油消费国，国内石油储量仅位列全球第 11 位，国内现存资源和既定产量远不能满足经济需求，进口石油占其使用量的一半以上，供需的巨大缺口依赖进口石油来弥补，美国每年进口石油的大部分来自中东地区，并从 20 世纪 70 年代前后就开始采取了封存油田、建立应急储备、廉价使用外国能源的方针，所以，掌控进口石油价格成为美国经济发展至关重要的一环，如果控制了包括伊拉克在内的重要的中东产油国，不让伊拉克、伊朗等海湾地区敌对国家得到该地区的石油资源，美国就能控制和影响国际石油市场和国际能源格局。虽然伊拉克战争使美国耗费了庞大的财力，并造成美国经济发展的剧烈波动，但从能源战略的高度看，获得控制石油资源的收益要远高于战争耗费的损失。据美国战略分析家测算：美对伊战争的成本约 1 770 亿美元，而伊拉克石油储量的价值量为 34 000 亿美元，它拥有继沙特阿拉伯之后世界上最大的未开采的石油蕴藏量②，这对美国而言具有难以抗拒的诱惑力。因此，海湾战争对美国而言最终是一场收益大于成本的战争行动。

科索沃位于巴尔干半岛的中部，而后者扼黑海、亚得里亚海及地中海海口，南瞰非洲大陆，是美国欧亚大棋盘上一枚不可或缺的棋子。冷战时期，

---

① 胡凤华：《中亚能源和阿富汗战争》，《东欧中亚市场研究》2002 年第 9 期。

② Linda Bilmes: The economic cost of the IRAQ war, Paper prepared for presentation at the ASSA meetings, Boston, January 2006.

这里曾是东西方两大军事集团对峙的前沿阵地，冷战结束后，这里仍是欧亚大陆重要的战略关节。1999年3月24日~6月9日，以美国为首的北约集团悍然对主权国家南联盟发动代号为“联盟力量”的大规模战略空袭，美国和北约在战争中使用了除核武器以外的所有现代化武器，包括国际上禁用的集束炸弹、贫铀弹和石墨炸弹等，战争的残酷性可想而知。为什么美国要对南联盟这样一个经济并不发达、资源并不丰富、内部冲突不断、国力十分疲弱的国家悍然出兵呢？关键之处就在于科索沃的地理位置，它处在最接近欧洲心脏的地方，这场战争实质是美元对欧元的较量。第二次世界大战结束之时，美国就已经奠定了美元的霸权地位，美元开始履行征服经济世界的使命。美国是当今世界上最大的资金流入国，要吸引国际游资就必须保住美元的地位，而在世界区域范围内能够挑战美元的只有欧元，如果美元霸主地位被削弱，美国经济将面临重大冲击：美元汇率下降，进口减少，物价上涨，进而引发通货膨胀。为防止汇率下降，只能提高利率，但其结果是将对投资和消费产生巨大的负面影响，从而对股市形成巨大冲击波。所以，打击欧元，维护美元强势地位是美国经济的最大需求，而挑战美元霸权地位的主要是欧盟，科索沃战事一起，国际投资者出于对战争的恐惧，就不会投资于欧洲经济和大量购买欧元，从而达到遏制欧洲经济和摧毁欧元的目的。用战争手段调整经济周期、化解美元风险、转嫁经济危机、促进本国经济的持续发展是美国发动科索沃战争的真正经济动机。由此可见，美国打击欧元的经济图谋是科索沃战争爆发的真实原因，美元势力的扩张表明了美国对经济霸权的维护。

北非小国利比亚位于地中海，而非洲一直是世界上公认的、最贫穷的大陆，因为控制着地中海海上航线的要道和潜在的石油宝藏吸引了美国的目光。美国之所以长途跋涉对利比亚大动干戈，因为美国在利比亚有巨大的经济利益，这个非洲小国不仅控制着地中海海上航线的要道，还与欧洲隔海相望，使得抵达南欧和美国的交通更加便利，可使美国避免运输船通过霍尔木兹海峡的风险。另外，石油是继象牙和奴隶之后被认为是黑色大陆出产的丰饶的黄金，一度号称北非石油富国的利比亚就是重要的产油国之一，有“石油巨人”之称的美誉，和尼日利亚、阿尔及利亚、利比亚、埃及和安哥拉5国的产量占非洲总产量的85%。利比亚已经探明的石油储量达450亿桶，居非洲之首，名列世界第八位，早在1969年，欧洲石油需求的四分之一就来自利比亚，其中美国是利比亚石油的主要消费国，可见美国借口反恐实则为石油而大出兵的先例可以追溯到20世纪80年代，90年代的海湾战争和今天的伊拉克战争只是一个又一个为石油而战的翻版。这个蕴藏着丰富石油的国家因为与苏联缔结友好合作协议而损害了美国的经济利益，使得美国利用扶植新政权为自己非洲战略服务的愿望落空，由此埋下了美军空袭利比亚的种子。1986年3月和4月，美国先后实施了代号“草原烈火”和“黄金峡谷”两次空袭利比亚的军事行动。

格林纳达，这个加勒比海的岛国是世界上最小的国家之一，但这个弹丸小国却扼守着加勒比海出入大西洋的门户，对一个须臾离不开世界市场的国家而言，这里自然有美国的利益所在。这个加勒比海的美丽岛国，陆地面积344平方公里，人口仅11万人，可谓弹丸小国，但由于它位于加勒比海东部小安的列斯群岛最南端，东临大西洋，西濒加勒比海，扼加勒比海出入大西洋的东部门户，其战略地位十分重要。正因如此，美国决不允许视为后院的加勒比地区有任何的不稳定，因为这会威胁到美国海上石油运输线的畅通和国家的安全，20世纪80年代初期，美国认为格林纳达成为苏联的殖民地，是恐怖活动的基地。基于此种霸权心态，1983年10月25日凌晨，美国为维护其在加勒比地区的霸权地位，对加勒比海岛国格林纳达发动了一场代号为“暴怒”的海、空联合入侵行动，这是自越南战争以来美国在海外发动的最大一次军事行动。

同理，对于连接中美洲和南美洲大陆、有“世界桥梁”之称的巴拿马共和国自然也是美国士兵曾经涉足的地方，1989年12月20日凌晨，美国政府以“保护美国侨民生命财产安全”为借口，出动由陆海空三军组成的2.6万名精锐部队，趁着夜色对巴拿马实施代号为“正义事业”行动的突然袭击，此次战争行动仅持续23天，一如其他小规模远程突袭一样，利用战争获取经济利益、维护安全稳定是美国经济的不变需求。巴拿马位于中美洲地峡南端最狭窄处，北濒加勒比海，南临太平洋，东接哥伦比亚，西连哥斯达黎加。面积约7.55万平方公里，巴拿马虽为中美洲小国，但因扼南、北美洲之咽喉，又有巴拿马运河沟通两洋，故其地理位置十分重要。巴拿马运河位于巴拿马共和国的中部，地处中美洲地峡最狭窄区，南起巴尔博亚港，北至克里斯托巴尔港，长81.3千米（包括两端连接太平洋和大西洋的深水部分），宽152～304米，深14.3米，是三大著名国际通航运河之一。它沟通了大西洋和太平洋，使两洋沿岸的航程缩短了10 000多千米，极大地方便了世界各地的海上运输业。但运河的最大受益者是美国，运河使美国的东、西海岸的航程缩短了

12 600多千米,有利于两洋海军的调动,这在军事上大大加强了美国的战略地位。但在经济上,运河给美国带来的利益更大,美国对外贸易额的40%都是通过运河运输的,而全世界只有大约5%的货运业务通过此运河,每年美国驶经运河的货物占运河通行量的1/3。半个世纪以来,巴拿马运河每年通行船只1.3万~1.5万艘,载货大约1.8亿~1.9亿多吨,但运河通行船只中的70%发自美国或以美国为目的地,美国是运河的最大用户,正是基于此,在历史上曾把巴拿马运河称为美国的"地峡生命线"。

而世界上最不发达的袖珍小国—海地成为美国肆虐的战争对象则更不难理解了,因为海地是美国名副其实的原料供应地。总之,拉美和加勒比地区的国家并非因为小或者弱而免于战火,只因为它们与美国经济的繁荣息息相关,美国必须殚精竭虑维护在西半球的地位,因为"稳定"有利于美国的经济扩张,"秩序"可以使美国享有的利益得到保障。由于美国资本主义国家性质决定其必然不断向外扩张,寻求海外市场、原料供给地和投资场所,因而具有丰富石油潜力的非洲也逐渐成为美国战争区域和战争对象的选择地,在美国最近一次出兵伊拉克的"正义"面纱下亘古不变的是美国对经济利益的图谋,从美国战争对象全球化、弱小化的角度看,美国通常将经济利益置于其他利益之上。

从美国认定的第一个战争对象来考量,绝大部分既定的战争对象均与美国有着千丝万缕的经济联系,尤其是21世纪以来的美国和战争对象更是具有不可分割的内在联系,这些战争对象无一不是蕴藏着丰富的战略资源、或占据重要战略枢纽地位、或者危害美国经济霸权地位的国家和地区,只有遏制或者打击战争对象,美国才能确保战略资源的可靠来源,保护美国运输通道的安全和稳定,维护美国经济霸权地位,进而促进美国经济的繁荣,美国和既定战争对象的内在经济联系进一步佐证了美国判定战争对象的规律性求利取向。美国认定的战争对象大多不是应对军事安全威胁的反应,而是借助战争获取和维护美国以经济利益为核心的国家利益,争夺和护持以经济霸权为核心的全球霸权。

从理论层面上看,区域性强国综合国力越强大,对美国国家利益形成潜在的威胁应该越大,因此美国的战争对象理应是各洲的区域性强国,但在战争对象的现实选择中,美国通常规避和强国交战,在美国霸权建立和维持期内,最可能的威胁是来自苏联的核打击,因为苏联是在国力与权力地位上仅次于美国的第二大强国,只有苏联能够从欧洲到亚洲、从中东到非洲的全球范围内与美国对抗，是美国霸权地位的现实挑战国，因此，美国认定的战争对象应该是苏联，然而，美国和苏联从未直接发生过大规模的战争，两者的交锋虽然曾经因古巴危机而一度白热化，但最终也没有干戈相见。

两强相争，必是两败俱伤。美国在规避和强国交战的同时，极力遏制较有可能向美国的霸权体系挑战的区域强国，换言之，区域强国的国力越强，越可能引起美国的重视和遏制，但遏制并不等于出兵相向。如在冷战期间，美国的首要战略目标就是遏制世界区域内第二位强国苏联，防止苏联取其位而代之，虽然遏制不断，并且几度出现白热化胶着状态，但美国从未实施实质性的战争行动。从时间概念来说，在冷战期间两个超级大国激烈竞争的44年中，两国从未直接交战。美国的战略决策者认为中国最有可能在20～30年内成为美国霸权地位的挑战者，就目前来看，美国确有遏制中国的战略意图和行动，但遏制并非一定将中国视为现实的战争对象。从美国已有的遏制先例来看，区域强国通常只是美国的遏制对象而并非一定是战争对象。换言之，虽然区域性强国是最有可能挑战美国霸权国地位的国家，但美国倾向于尽量避免和潜在挑战国直接交战，因为直接交战会大大削弱美国作为霸权国自身的权力，使其失去霸权地位而被第三国取而代之，对于美国来说，这是成本最高、最不经济的霸权护持行为。强强交战，必定得不偿失，况且，强盛的区域大国很可能成为美国资本的投资流向和美国商品的市场，打击对方等于毁掉美国有利的市场区位，因为美国与发达的区域强国之间的相互依赖日益加强，它的经济繁荣在很大程度上与其他国家经济的发展唇齿相依。另外，从今天的眼界来看，美国和历史上的英国、荷兰等等霸权国截然不同，它是在核时代滋生的世界霸权国，而核武器的巨大摧毁作用及其自杀性特质决定了美国和现实挑战国之间的战争是极端危险的，而这种危险战争的代价是美国不能够接受的，从这个角度来看，美国会极力避免与苏联直接交战。因此，美国会更加慎重对区域强国战争对象身份的认定。

在冷战后的新格局下，经济竞争成为时代发展的主旋律，国家间的经济依存度大大提高，强强交战，无疑等于摧毁本国的市场，美国与区域强国在世界市场中既是对手，又是伙伴，利害交错，得失相依，区域强国的经济增长虽然对美国的经济地位发出了挑战，但同时又是美国经济繁荣与发展的条件，美国从日本和西欧国家的经济增长中，从技术、商品与资本的双向流动中获得了不少利益，以此推动了美国劳动生产率的提高，丰富了美国的商品市场，增加了美国资本的来源，与此同时，日本和西欧国家的经济强盛又削弱了美国在国际体系中的领导地位，从这个意义上说，区域强国经济的发展，对美国而言利弊兼而有之。正是基于此，综合国力越强的国家越是美国遏制的对象，但不一定是战争对象，只有以经济利益为核心的国家利益受到威胁而对方实力又不足以与美国抗衡之时，美国才会选择战争。因此，对区域强国经济上依赖、军事上遏制是美国惯常性的做法，当美国遏制区域性强国时，通常利用区域其他力量，竭力维持区域势力均衡，力求以最小的代价达成战略目的。

综上所述，战争对象及战争区域的选择显而易见地表明了美国认定战争对象和选择战争区域的规律性经济取向，即认定和选择的标准不完全是出于应对美国军事安全威胁的需要，美国指谁为敌、在何处开战都带着浓郁的经济利益渴望和全球争霸的显性色彩。

第五节　美国战争对象及其战争区域判定的走势

世界远非一个和平圣地，地球上的居民几乎每时每刻都在目睹战火和死亡，美国实施对外战争的频率越来越高，更为重要的是，有选择、有针对地实施对外战争已经成为美国全球军事战略的一个不可或缺的组成部分，而且这些战争行动早已成为美国经济成长相伴相随、唇齿相依的独特工具。始自冷战直到今天，美国几乎直接和间接参与了所有重大全球性战争和地区性冲突。根据对美国战争区域和战争对象统计，美国在世界范围内曾经涉足的战争区域有欧洲、非洲、亚洲和拉美地区。在欧洲，美国以世界盟主的面目参与筹划北约的改组和扩大，介入波黑冲突的军事调停。在科索沃，美国以人道主义干预为借口，无视联合国的存在，率领北约擅自对其实施军事打击；在亚洲，美国出兵频数居其他各洲之首；在中东，美国一直没有中断对阿富汗、伊拉克、伊朗等国实施军事威慑和军事打击；在美洲，美国悍然入侵弹丸小国格林纳达、多米尼加和巴拿马，还以民主和法制为借口，对海地政局进行干涉；在非洲，美国两次空袭利比亚，并以联合国维和部队的名义干预索马里内战。由此可见，美国的战争对象及战争区域波及全球。

伴随着以经济利益为核心的国家利益触角的延伸，美国的战争区域具有全球性特征，但是随着战略资源的稀缺，美国的战争对象和区域开始因战略资源渴求而聚焦，从 21 世纪发生的几场战争来考量，这个特征更为显性。

能源是一个国家军事安全和经济发展的基本条件，自从第一次世界大战以来它就一直是与粮食、钢铁齐名的战略物资。在当今世界能源结构中，石油是最重要的能源形式，石油经济是现代文明的基础，石油价格牵动着国家的经济命脉，它不仅是财富的象征，更是权力的展示。“谁占有石油，谁就拥有了世界，因为它可以用柴油统治海洋，用高度精炼的石油统治天空，用汽油和煤油来统治陆地。除此以外，它还能在经济上统治他的同胞，因为从石油中它可以取得意想不到的财富。”[①] 美国学者 L.S. 克莱因曾这样表述石油在能源中的重要性，他根据能源的重要程度分别打出分值，最高得分为 20 分，其中石油定为 10 分，煤炭为 2 分，天然气为 4 分[②]。从 20 世纪 60 年代起，石油在世界消费中的比例已经上升到 40% 以上，成为世界第一大能源，因此，将石油称为“能源中的能源”丝毫也不为过。由于石油是不可再生资源，能源之争的背后是其作为一个国家经济血液重要性的集中表现。

作为一个高度依赖石油的工业发达国家，美国在 150 多年的世界石油工业中一直扮演着可圈可点的角色：世界上第一个工业化开采石油的国家，第一个炼制石油的国家，第一辆汽车诞生地及汽车普及率最高的国家，因此也是世界石油第一消耗大国。始自 20 世纪 70 年代石油危机之时美国就已经采取了多元化战略，其中，战争是从未停止使用的最极端手段，伴随着 21 世纪石油价格的飙升，为防止石油供应中断，战争更是成为掌握石油定价和分配权的主要手段，所以，没有哪一种资源能比石油更有可能引导 21 世纪美国出兵海外的步伐，而对石油资源及其分配权的争夺，在某种程度上预兆了美国对战争对象及其战争区域判定的走向。

一、美国战争对象及战争区域判定的现实走向

1. 拥有稀缺或重要战略资源的地区和国家。由于欧佩克在国际石油市场上的影响相对下降，中亚里海地区、北非等石油生产国地位显著上升，并因此成为各国地缘争夺的焦点，美国的战争对象及区域正从全球集中到中亚、中东和北非等重要战略资源集聚地（见表 2－19）。

中亚地区位于欧亚大陆的腹心地带，它不仅是连接欧亚大陆与中东的要冲，还是大国势力东进西出、南下北上的必经之地。中亚地区的地缘格局使

---

① ［美］H. 奥康诺，郭外合译：《石油帝国》，世界知识出版社 1958 年版，第 256 页。

② Alxexei M.，Mastepanov：Eastern Neighbors and Russia's Energy Policy，http：//www.erina.org.

表2-19　世界主要产油国的石油资源储量、储采比统计[①]

	储量排序	石油储量（亿吨）	石油储量（亿桶）	石油储量比重（%）	储采比
沙特阿拉伯*	1	360	2 635	25.5	87.5
伊拉克*	2	151	1 125	10.9	>100
科威特*	3	133	965	9.3	>100
阿拉伯联合酋长国*	4	126	978	9.4	>100
伊朗*	5	123	897	8.7	69.9
委内瑞拉*	6	105	726	7.0	65.2
俄罗斯	7	67	486	4.7	2.18
墨西哥	8	41	284	2.7	24.5
利比亚*	9	39	295	2.9	57.4
美国	10	35	286	2.8	10

注：带“*”号的国家为石油输出国组织成员国。

其逐渐为美国所注目。美国著名地理学家哈尔福德·麦金德曾经论断：中亚是历史上的地理纽带，过去是而且永远是全球最重要的地区，谁控制了中亚，谁就控制了欧亚大陆，谁控制了欧亚大陆，谁就能控制全世界。中亚吸引美国的另外一个原因就是里海丰富的油气资源和能源优势，中亚里海地区油气资源在世界能源格局中的战略地位源于其所处的独特的地理位置。首先，中亚里海地区处于欧亚大陆腹地，向北可延伸到俄罗斯的西伯利亚和远东地区，向南与中东地区和波斯湾相连，构成一个巨大的油气资源富集区，中亚的里海地区则处于这个世界石油心脏地带的中心位置。其次，中亚里海地区向西与欧洲巨大的消费国相邻，东面是中国等石油需求旺盛的新兴工业化国家，南部面临印度次大陆能源市场。中亚里海地区正处于这个能源消费大市场的中心，其战略意义不言而喻。再次，中亚里海地区在古代丝绸之路鼎盛时期就是重要的亚欧路桥和大陆交通枢纽。苏联解体后随着中亚各国纷纷独立，中亚里海地区再次成为欧亚大陆重要的运输走廊，现在，从中国经中亚到欧洲的铁路已经贯通，而新的铁路和新欧亚大陆桥计划正在实施之中。最后，中亚里海地区局势相对稳定。自海湾战争以来，中东地区局势一

① 资源来源：BP，Amoco Statistical Review of World Energy 2000（BP Amoco）.

直动荡不安，尤其在2003年伊拉克战争后，该地区油气开发与投资风险进一步增大。虽然美国拥有丰富的油气资源，其中石油储量占世界的2.9%，天然气占3.3%，但与国内巨大的消费缺口相比，仍是杯水车薪。为了分散对波斯湾能源的依赖，控制中亚里海地区油气资源对美国这样一个能源消耗大国而言就是一种极具诱惑力的选择。据此可以推断，由于中亚地区的地缘格局和得天独厚的能源优势，该地区极可能成为美国现实和潜在的主要战争区域。

美国由于自身石油资源不足，对中东地区的石油依赖也是有目共睹，从石油储量来看，排名前5位的国家均属于中东地区。这5个国家的石油储量占世界石油储量的63.8%，储采比也位于世界前列，其中有3个国家的储采比大于100年，而美国的石油储量分列世界第10位①。美国决策机构自身也直率地承认：波斯湾石油"一旦发生严重的供应中断，就会损害我们的经济利益和能源安全，并使美国失去在冷战后的环境中充当世界领袖的地位"②。从中可管窥中东地区成为美国首当其冲的战争区域地的原因，以及美国两次出兵伊拉克的真实渴求，基于此也不难理解，在西起波斯湾、北至里海、东达远东海域的这样一个大的"战略三角"能源集中地区，美国为了实现对中东石油的控制企图，在已经成功遏制萨达姆的情况下，仍然一意孤行地向伊拉克发动战争的真实动因，由此不难理解，美国会有为石油而认定战争对象、选择战争区域的规律性经济取向了，美国经济和战争对象及其战争区域判定的因果联系由此可见一斑。

北部非洲拥有丰富的石油资源，主要集中在北非与撒哈拉以南两个地区，自1990年中期以来，探明的石油储量、原油产量和出口量的快速增加，被誉为第二个中东。2005年北非地区拥有探明石油储量约621亿桶，占非洲总量的54.3%，占世界总量的5.2%。北非正在成为全球"黑色黄金"大棋局中的重要一环。而欧美石油消费大国在北非对石油资源及其分配权的争夺，也将使北非成为未来战争的主要区域。

目前世界人口高达60多亿人。众多的人口使地球资源显得匮乏，且这些资源的分配又极不均衡。资源最丰富的地区在亚洲和非洲，而资源消耗最高的地区却是北美和西欧，占世界人口5%的美国人要消耗30%的资源，美

---

① 葛立国：《产油国——美国军事干预的候选国》，《世界知识》2005年第11期。

② 美国能源部：《美国能源安全问题》，《纽约时报》1990年8月13日。

国就必须更多、更强有力地占有世界各地的能源，事实上，在美国在历次的国家安全战略报告中都明确提到要利用各种手段保证美国的能源安全。所以，为争夺石油而战将是未来美国战争对象及区域判定的一个现实走向。有理由推断，那些拥有稀缺战略资源的国家虽然没有对美国构成任何安全威胁挑战，但却因此成为美国战争对象和战争区域的候选国。美国可能对那些弱小但又拥有战略资源（天然气或控制着重要石油运输线路或管道）的国家随时进行军事打击。如果说近百年来世界经济的快速发展在一定程度得益于石油的发现及其大规模地应用，那么未来世界石油供需平衡的维持，则主要系于世界主要产油国能否稳定向世界其他地区供应石油了，因而，美国对世界主要石油输出国的掌控就带有不同凡响的针对性意味了。

总之，由于经济实力是美国成为霸权国的必要条件，因此，维护美国构成综合实力要素的战略资源就成为美国出兵的重要理由，据此推断，美国有可能在它拥有最大投资机会、关键海外市场、最重要原料基地的区域采取战争行动，也最有可能视那些威胁美国保护和开发市场、减少世界投资机会和原料基地的国家和区域性力量为战争对象。

2. 居于得天独厚交通要道、具有战略枢纽地位的地区和国家。交通要道和战略枢纽对美国战略资源的资源运输至关重要，在既往战争中，美国就多次为争夺运输要道和战略枢纽而对所在地区的国家出兵或是实施军事遏制。如扼守海湾门户——霍尔木兹海峡的伊朗，素有“世界桥梁”之称的巴拿马，中亚国家油气资源出海的重要通道——阿富汗，美国与伊拉克的交战，表明美国除了想控制中东的石油资源外，还有一个重要的原因就是要控制中东的海上运输通道。因为早在 1986 年美国就宣布要控制世界上六大海上咽喉要道①，其中有三个位于中东地区，分别是苏伊士运河、曼德海峡和霍尔木兹海峡。据此可推断，控制中东的运输通道进而控制全球石油供应是美国发动伊拉克战争更为长远的一个重要经济目的。目前国际上有 16 条战略性的海峡和水道，美国几乎扼守着所有的海上重要咽喉要道，而且彼此能够相互支援。“岛链”通常是美军在重要海域作战的重要依托，美军控制了这些海洋通道，就等于控制了全球战略资源，并具有剥夺敌国获得战略资源的能力，美国在与任何交战国进行的持久战中，都能够充分利用全球战略资

① 曼德海峡、霍尔木兹海峡、博斯普鲁斯海峡、巴拿马运河、苏伊士运河和马六甲海峡。

源支撑美国战争，任何国家同美国交战，等于是在同全世界交战，焉能取胜[①]？

3. 现实挑战和潜在威胁美国霸权地位的国家和地区。渴求财富和追逐权力永远是唇齿相依的，美国战争对象认定和区域选择求利的同时，始终贯穿着对霸权的维护，因为美国的霸权需要经济底蕴，因而，美国整体的国家利益是为护持美国在区域系统中以经济霸权为核心的霸权地位，美国在战争对象及区域判定规律性求利的同时，还会竭力遏制那些现实和潜在威胁美国霸权地位的国家和地区，但是霸权的护持需要高额的成本支出，根据美国规避“强强交战”的规律性取向，美国对区域性强国可能通过支持对方的敌人来达到战略目的，只有那些欠发达甚至弱小但又与美国经济利益息息相关的国家才有可能成为美国现实的战争对象。

美国战争区域和战争对象的现实判定走向，即折射了美国经济的现实需求，也是与历史上美国战争对象及区域的判定取向一脉相承的。19 世纪后期美国在拉丁美洲和太平洋地区扩张的重要因素是寻求海外市场，当时美国把扩大海外市场看作是解决经济停滞不前的根本方法，自此以后，美国在战争对象及战争区域的选择上呈现出了一种完全类似于 19 世纪美国战争的遗风，美国战争介入率最高的区域，大部分是美国经济利益最集中之所在，或是对美国霸权地位护持的必然反应，在海湾地区争夺石油资源分配权折射了 21 世纪的美国对战略资源的渴求和对霸权地位的护持。

然而，美国认定的战争对象并非一定是要直接交战的国家，历史上的美国把曾经将苏联视为战争对象，但最终并没有直接交战，因为强强交战必是两败俱伤，美国的衰退和苏联的解体已经被美国战争决策者视为历史的教训，和主要挑战国之间长期的、激烈的竞争只会得不偿失，所以，美国认定的战争对象也有可能只是极力要遏制的对象，只有那些既威胁美国霸权又没有强盛到足够与美国单独抗衡的国家，美国才有可能义无反顾地与其直接交战以绝后患。

二、美国战争对象及区域判定的长远走势

迄今为止，美国战争对象及区域判定的求利性得到了前所未有的彰显，攫取稀缺战略资源成为战争的主要目的，现实战争对象也从冷战时期的单一

---

① 薛理泰：《美国军事优势究竟何在?》，《领导文萃》2007 年第 8 期。

转向多元化，但从其对战争对象和区域认定的延续性来看，在战争对象及区域的现实走向下也隐藏着潜在的、更为长远的走向。《美国2000财年国防报告》曾经宣称："我们必须有选择地使用美国军队。"① 从理论上说，这种选择主要着眼于两方面的考虑：第一，是否涉及美国国家利益，以及这些利益的重要程度；第二，实施战争行为的代价和可能存在的风险，以确保战争行动的风险与所获利益的相称性。从利益和风险的权衡中可以管窥到美国战争对象和战争区域判定的长远走向：

求利心态固然使美国关注和美国经济强相关的国家和地区，但因为美国的全球霸主地位直接依赖于它在欧亚大陆优势的维持时限和程度，因而对美国全球霸权护持的需求使美国同时密切关注区域性大国。从军事部署来看，美国似乎越来越关注欧亚大陆的区域性强国，对认为可能出现的潜在挑战国进行刻意防范和极力遏制，其重点是强化美国的绝对优势，追求绝对安全。

在2001年美国国防部公布的被视为军事战略的纲领性文件《四年防务评估报告》中，美国提出了将"从中东到东北亚的广阔的弧形地带"作为其战略重心，而对这种重心地带的界定浸透着强烈的地缘政治和经济观念。美国在欧亚大陆西有北约东扩，东有美日军事同盟的西进，这种东西夹击在地缘上对整个欧亚大陆形成向中心包抄和挤压之势，加之美国在海湾——高加索——里海——中亚地带的渗透和控制，可以说，美国没有放弃努力实践其控制欧亚大陆的战略意图，这种企图仍与美国经济成长的需求相关联。

欧亚大陆是世界上处于轴心地位的超级大陆，全球75%的人口和60%的财富都集中在这一地区，美国在海外的经济、政治和军事利益也大多集中于此。从目前看来，欧亚大陆依然是世界地缘战略的核心，它拥有全世界居民的75%、陆地面积的约40%、国民生产总值的60%、已知能源的3/4以及八大文明中心中的六个和冷战时代除美国之外的所有大国。冷战结束后，美国成为唯一的超级大国，基辛格、亨廷顿、布热津斯基等都视欧亚大陆为美国实现领导21世纪雄心的"最主要的竞技场"，他们都主张美国在欧亚大陆大规模动用军事力量以控制主要枢纽，并使欧亚大陆各主要力量由"许多中等、较稳定、相当强大的国家"相互牵制，使这些国家无论是单个的还是

① ［美］理查德·N. 哈斯，殷雄等译：《新干涉主义》，新华出版社2000年版。

整体的实力均不能超过美国[①]，从而实现美国控制欧亚大陆，进而控制世界的目标。

事实上，现实中的美国在亚洲有着重要的政治和经济利益。在全球化的大环境中，一荣俱荣、一损俱损的依存关系使得美国在应对亚洲战争时更加谨慎。克林顿曾就美国经济对亚洲经济的依赖性有过这样的直白：我们1/3的出口和100多万美国人的就业依靠我们同亚洲的贸易，在今后10年，亚洲显著的增长将给那些有能力竞争的人提供不断扩大的市场，如果亚洲的前途未卜，那么我们的前途也不会有保障[②]。

亚洲被公认为是最具有发展潜力的大陆，“9·11”事件后，美国在反恐战争上努力争取和亚洲的重要国家合作。从长远来看，美国在亚洲的战略目标应该是防止出现可能的潜在战争对象。这一整体目标有三个分目标的支撑。一是防止亚洲地区霸权国家的崛起。在亚洲这样重要的地区，美国要防止任何一个国家强大得可与美国抗衡。美国不会容忍有这么一个国家的存在，因为这会剥夺美国在亚洲的经济主导权。二是保持亚洲的稳定。亚洲的稳定有利于美国在亚洲的利益。美国希望通过“塑造”行动继续维持在亚洲的军事存在，这些“塑造”行动必须设法使该地区的国家相信，美国在亚洲发挥积极的军事作用有助于该地区的安全。三是控制亚洲的变化。美国希望通过与盟国的合作，使亚洲事态朝有利于美国国家利益的方向发展，这就需要和中国这样的在亚洲有重要影响的国家进行合作。对美国来说，要想保持其经济在世界上的强国地位，首要的问题应该是保障美国不断增长的能源资源的需求，减少美国及其盟国对潜在的不可靠的能源资源供应者的依赖。为了使美国在能源问题上不受牵制，既能保证美国有充足的能源来源，又能保证美国不会因为个别的能源供应大国在能源价格方面对美国的钳制而受到损害，美国将对中东和中亚地区的区域强国倾注更多的关注。

只有其他任何国家都不具有能承受起与之进行重大战争的资本，美国才能继续霸权，因此，在世界区域范围内，美国要防止出现新的超级大国；在地区层次，美国要进一步遏制区域性强国的崛起，确保美国对区域内的主导性优势。美国对区域强国的政策是以遏制其崛起为其基本出发点，从目前来

---

① Zbignie. W. Brzezinski, The Grand Chess board: American Primacy and Its Geostrategic Imperatives, Harper Collins Publishers Inc, p.136.

② 李剑鸣：《美利坚合众国总统就职演说全集》，天津人民出版社1996年版，第183页。

看，主要有两种基本战略：一是接触（engagement）；二是遏制（containing）。接触是为了减少相互对抗的因素；而遏制则力图通过施加强大压力来迫使大国完全屈从美国的意志，通常情况下，两者之间并无明显区别，往往是接触中有遏制，遏制中有接触。

总之，追求经济利益的终极目标就是争夺和维护美国以经济霸权为核心的全球霸权地位，美国战争对象认定及战争区域选择的现实和潜在走向折射了美国典型的霸权主义心态，为了最大程度实现其霸权利益，美国在战争对象认定和区域选择时将更精细地评估，更深广地求利，不可否认的是，这种谨慎选择也与美国国力的下降以及国际反霸力量的有力掣肘密不可分。

三、美国打击战争对象的惯常性选择

美国在打击战争对象时惯常性地表现为遏制大国、威慑区域强国、交战弱小国家。冷战期间，美国始终以遏制苏联为主，冷战后威慑区域强国的同时，与弱小国家交战绵绵，如海湾出击、索马里行动、海地出兵、空袭利比亚、入侵格林纳达、突袭科索沃、阿富汗战争及伊拉克战争等，交战对象大多是弱小的国家，这些带有主动性质的对外战争行为都是美国预期战争红利后的选择，凸显了美国打击战争对象时有规律的经济选择：

1. 在衡量战争对象实力时倾向于恃强凌弱，选择的战争对象都是综合实力远逊于美国但却与美国经济关联度极高的国家。伊拉克拥有令美国垂涎的丰富的石油资源，虽然美国出兵伊拉克并进行战后重建代价高昂，但这些最终可以通过开采和出口伊拉克石油的办法由伊拉克人买单。同样，黑海之滨的高山小国格鲁吉亚也得到了美国的青睐，美国以"反恐"为由远征格鲁吉亚，因为格鲁吉亚位于外高加索地区，具有极为重要的地缘战略地位，更为重要的是，里海石油天然气的西运通道从这里经过，美、俄两国在这里的争夺绝不仅仅是为了掌握反恐怖斗争的主导权。美国发动海湾战争、对南联盟大规模空袭，所打击的战争对象无一不是弱小但却与美国经济强相关的国家。

2. 对战争对象的打击烈度不尽相同。在前南地区和中东地区，美国投入了大量的兵力，甚至不惜抛弃联合国多次采取单边行动，而在中亚地区，美国只是小烈度地展开威慑性打击。美国通常在对战争对象实施小烈度的军事威慑性打击还是进行中等规模的直接打击上反复权衡，这种选择以国家利益的重要程度为标准，即所能获取的经济利益越重要，美国采取高强度军事打击的可能性也就越大。

3. 对战争对象打击时间的确定具有先发性。2002 年 6 月 1 日，美国总统布什在西点军校毕业典礼上，引人注目地提出了“先发制人”战略：“我们的安全将需要一支一接到通知就能对世界任何黑暗的角落发动打击的军队。同时，我们的安全将需要所有的美国人有远见并且有决心，做好必要时采取先发制人的行动捍卫我们自由和保护我们生命的准备。”① 先发制人战略意味着美国将按照自己选择的时间和方式对所认定的战争对象和威胁源发动事先毫无警告的打击，根据这一战略，美国打击战争对象的时间更将具主观随意性。

4. 对打击战争对象的形式追求合法性。美国越来越多地以“维护民主、保护人权、制止内战、维护和平”等看似合法的理由出兵，而在卢旺达危机，以及塞拉里昂、埃塞俄比亚与厄立特里亚边界爆发的战争使数百万人遭到杀戮或流离失所时，同样是大规模的人道灾难的发生，美国却视而不见。进入 21 世纪以来，美国则高举“反恐”旗帜，对弱小国家进行肆意干涉。尽管美国介入和发动战争在表象上常常打着维护地区稳定的旗号出师远征，并在别国建立亲美独裁政权维护虚假的和平，但实质上建立亲美独裁政权是为了保证美国在占领地享有的经济利益不受到侵犯，同时又能为美国进一步渗透侵入国创造更好的条件。如美国打着解放科威特的旗号第一次出兵海湾，与伊拉克展开持续十年的紧张对峙，结果使美国在石油价格问题上的控制权空前增强。第二次再燃海湾战火，建立了亲美政府，更是旨在为全面控制伊国的石油资源分配权再奠根基。

美国在寻找打击战争对象的理由时，十分注重形式上的合法性，主要表现在借助联合国的授权使战争行动“合法化”，或者将美国利益集团化，为此，美国主要采取两种手段：一是将美国出兵的决策上升为联合国或其他国际、地区组织的集体决策。其具体的程序是先向联合国或其他国际组织提出议案，再施加美国的影响使提出的议案成为国际组织的决议，而后堂而皇之地出兵，使赤裸裸的侵略变得师出有名，海湾、索马里、海地等军事行动都事先得到了联合国安理会的授权，空袭南联盟及打击阿富汗则是北约的集体决策。二是将对外用兵“盟约化”，即将美国的出兵借口扩展成参战国出兵的共同理由，将美国一国的行动转化为联盟作战行动或多国的共同行动。冷

① “President Bush Delivers Graduation Speech at West Point”, http: //www.whitehouse.gov/news/releases/2002/06/20020601 - 3.html.

战后几次大规模的军事行动，没有一次是美国单独行动，都有盟国或其他国家与美国共同实施，这种出兵形式上的合法性在某种程度上掩盖了美国真实的利益渴求。

5. 对战争对象的打击手段亘古不变。战时经济战是在战时状态下，利用军事力量对交战对方的经济实力和潜力实施破坏、削弱乃至摧毁对方支撑战争经济能力的一种战法，其具体形式包括直接打击对方经济目标的军事破坏、阻隔交战对方贸易渠道的经济封锁、占有对方经济资源的经济掠夺等等。由于战时经济战具有彻底摧毁支持战争经济力量的功效，故能起到加快战争节奏、缩短战争进程的作用，因此，它在美国现代战争史上几乎逢战必用，历数美国战争，战前的经济封锁、战中的经济破坏和直接的经济掠夺往往贯穿于战争全程，战时经济战已经成为美国打击战争对象不可或缺的主要战争手段。

第六节 战争时机的经济选择

根据现代宏观经济学的描述，经济周期是指一个国家整体经济活动即总产出、总收入和总就业等宏观经济总量有规律的波动现象，它是指经济活动沿着经济发展的总体趋势所经历的有规律的扩张和收缩。一般发生在总产出相对于潜在产出上升或下降的时候，经济周期是一个随时间变化的过程，一般经历如下阶段：即衰退、萧条、复苏和繁荣四个周期性时段，通常以经济衰退和经济繁荣为一个轮回。通过管窥美国在经济低迷时期打击战争对象的爆发时机，可以得出经济衰退与美国打击战争对象时机具有内在因果联系的结论。

战争历史表明，美国经济衰退和认定打击战争对象的时机有着千丝万缕的联系，这既是对历史的沿袭，更是现实的无奈。在1913年世界经济大危机的背景下，当时的美国经济四面楚歌中，危机四伏，“面对英国证券的猛抛，美国证券市场的营业额急剧下降，然后不得不关闭。随着所有欧洲市场的崩溃，棉花价格猛跌……西部诸州面临着严重的经济萧条，如果外国市场不迅速恢复稳定，国家其他地区必然遭受经济损失”①。正是经济危机推动

① 余志森等：《崛起和扩张的年代1898~1929》，人民出版社2001年版，第387页。

了1914年的美国战争决策者走出孤立主义的樊笼，决定和欧洲的德国打一场大战，可见参加大战不仅仅是因为德国的潜水艇攻击作为中立国的美国商船，而是因为经济困境与军事战略交织在一起迫使美国参与全面战争。

20世纪30年代的经济大危机进一步推动美国走出孤立主义的樊笼，在第二次世界大战中，美国的中立战略在对珍珠港事件的权衡中消失殆尽，最终决然认定欧洲的德国和亚洲的日本为战争对象，事实证明，"先欧后亚"的军事战略不仅使美国彻底摆脱了当时经济危机，而且奠定了战后世界霸主的地位，自此以后，除"9·11"事件后的阿富汗战争具有一丝丝反恐意味外，20世纪60年代的越南战争、90年代初期的海湾战争和末期的科索沃战争，以及最近的伊拉克战争都是美国经济正处微妙之时发动的。最具佐证意义的是海湾战争和最近的伊拉克战争前的经济衰退现象，典型说明了美国经济衰退和打击战争对象时机选择的内在联系。

表2-20　　1989~1991年美国季度经济增长速度①　　单位：%

年　份	1989-Ⅲ	1989-Ⅳ	1990-Ⅰ	1990-Ⅱ	1990-Ⅲ	1990-Ⅳ	1991-Ⅰ	1991-Ⅱ
国内生产总值	2.9	1	4.7	1	0	-3	-2	2.6
个人消费支出	3.9	1.8	3.3	1.3	1.7	-2.8	-1.7	3.5
政府消费和投资	3.8	2.1	6.3	0.7	0	4.1	1.6	1.4
其中：国防开支	4.9	-3.9	0.9	-1.1	-6.7	7.6	3.5	

从表2-20可见，1989年第四季度的美国国内生产总值滑到了1%的弱势状态，1990年第一季度虽然略有回升，但到1990年第三季度的7月份，国内经济增长出现停滞状态，预示了美国经济衰退的开始，随后美国经济进入负增长持续状态，美国国民经济研究局（NBER）的权威数据统计也佐证了这一事实，即20世纪90年代初的美国经济衰退期发生在1990年7月到1991年3月，具有现实特殊意义的是，也正是在1991年第一季度，美国不顾国际机制的制约，悍然出兵伊拉克，美国经济随之进入复苏阶段，就在1991年第二季度，国内生产总值从负增长一跃上升到2.6%。海湾战争从1991年1月17日爆发到2月28日结束虽然只有42天时间，但如果从战争爆发的直接诱因算起，即1990年8月伊拉克对科威特实施入侵时开始匡算，那么战争的时间跨度应该是从1990年8月到1991年的2月，而这一时间段

① 根据美国国家经济研究局网站提供的数据整理（www.nber.org）。

刚好和当时美国经济衰退的时间跨度完全吻合，海湾战争进行的始末时间与美国经济衰退在时间上如此偶然地重合在一起，不能不说是一个值得关注的现象。海湾战争结束了战后美国历史上第五个严重经济衰退期，开启了战后持续时间最长的经济扩张期。1991 年 3 月以后到 2001 年 3 月 10 年之中，美国经济持续保持了 120 个月的增长期，创造了美国经济发展历史上的奇迹。也正是这场被喻为高技术战争缩影的海湾战争引领着美国走上了长达 10 年之久的经济高涨之路。

如果说海湾战争的爆发时机与美国经济衰退期如此巧合，那么 2003 年伊拉克战争爆发的时机与当时美国经济走势下降的内在关系则再次进一步佐证了两者的必然性。在有石油家族背景的小布什发动伊拉克战争的图谋中，自然有中东丰富的石油资源的诱惑和控制石油资源分配权的长期军事战略需要，但在战争爆发的时机上仍然受 2002 年美国经济弱势的影响。根据美国权威经济机构——经济研究局（NBER）的统计，世纪之初的美国经济衰退发生在 2001 年 3 ~ 11 月，从表 2 - 21 可见，2001 年第三季度国内生产总值已经出现了负增长态势，到 2002 年年初美国经济已进入复苏阶段，但是，宏观经济数据表明当时的美国经济复苏进程并不一帆风顺，因为前三个季度经济增长分别为 2.7%、2.2% 和 2.4%，但在第四季度却陡降到了 0.2%，从支持经济增长的需求动力看，由于导致经济衰退最大的因素—国内私人投资到 2003 年一季度战争爆发时一直呈下降趋势，在 2003 年连政府消费和投资也跟进出现负数，如果国内私人投资的需求因素持续下降，将加剧 2003 年的经济再度进入衰退。所以，伊拉克战争在第一季度的 3 月 20 日爆发并不是似乎绝非偶然现象，战争爆发后，随后美国经济进入复苏阶段。政府消费投资高达 6.1%，经济复苏的引擎加足了马力。

战争对象的认定及打击时机的选择和美国经济的衰退存在着某种内在联系。每次战争爆发之时或之前，美国经济都正处在衰退之中，即经济衰退预示着战争的爆发，事实上，衰退本身也推动了对战争对象的认定和打击速度，当战争爆发后，美国经济迅速进入高涨期，从几场典型战争爆发的经济背景来看，适时认定和打击战争对象是美国减缓经济衰退、刺激经济复苏的重要手段。经济衰退也许不是美国认定和打击战争对象的决定性因素，但作为一种偶发中带有必然性的外在冲击因素，它对美国战争对象的认定和打击却有着至关重要的影响。内生变量是战争的决定因素，外生冲击则是引发战争的推动因素，所谓内生变量，是指引发战争所固有的决定因子，而外生冲击则是促使战争爆发非固有的因素。在由内生因素决定的战争中，经济衰退作为重要的外生变量如此深刻地影响着美国战争对象认定和打击时机，从缓解经济衰退或刺激经济复苏的美国经济需求看，既然战争可作为减缓美国经济衰退的手段，那么，视经济衰退为美国认定和打击战争对象的前奏曲也就不足为奇了。

表 2－21　　2001～2003 年美国季度经济增长速度①　　单位：%

年　份	2001－Ⅲ	2001－Ⅳ	2002－Ⅰ	2002－Ⅱ	2002－Ⅲ	2002－Ⅳ	2003－Ⅰ	2003－Ⅱ
国内生产总值	－1.4	1.6	2.7	2.2	2.4	0.2	1.2	3.5
国内私人投资	－11	－23	13.6	1.9	5.8	－1	－1.3	3.3
政府消费和投资	－1.5	8.5	4.3	4.8	2.3	4.8	－1.4	6.1
其中：国防开支	2.4	12.5	3.7	11.5	4.1	14.8	－4.4	36.3

打击战争对象的时间选择和经济衰退期对应的现实表明，经济衰退推动了美国打击战争对象的速度进程，这是战争决策者非理性预期战争红利的结果。因为每每在出现经济衰退之时，美国首先借助宏观经济政策的调整来缓解衰退，而这种宏观政策的变化首当其冲地反映在政府支出的变动上，美国政府往往在经济衰退时骤然增加军事开支，军费的迅速增加虽然不是市场的自发性行为，它是政府强制行为的结果，但军事开支的增加与政府其他类型开支增加的效果却有异曲同工之妙，而且，衰退之时的政府军费开支无疑为全社会生产创造了一个全新的庞大市场，尤其军事工业生产（包括专用武器装备和通用军事消费品等）短期内扩增，迅速将军费支出的乘数效应引致到消费和投资走向上，从而使得社会总需求大幅度上升，进而在短期内对宏观经济总量产生强烈的刺激作用，最终达到国内当时既定资源得到完全充分利用、释放经济衰退压力的目标。由于军费开支本身对宏观经济的涉及影响和刺激作用非常显著，军费开支的财富效应在一定程度上加大了战争决策者对战争红利的非理性预期，以致将缓解经济衰退寄希望于军费开支的顶峰阶段——战争时期。总之，美国在打击战争对象之时都与当时的国内经济衰退有一定关联。从总体态势上看，美国国力状态和战争频数呈正相关关系，但是在每次具体战争爆发前，美国经济却大多数处在低迷或者衰退状态，这种奇妙的现象在美国战争决策中成为一道独特的风景线。

---

①　资料来源：美国国家经济研究局网站（www.nber.org）。

经济衰退导致军费增加似乎成为美国战争时机选择时的典型经济现象，这可以从经济学原理中得到雅证。一般而言，军队在得到军费之后为满足交易需要所发生的实际支付过程，这一过程会使得军费的存量逐渐地减少。战时状态下的政府通常会实行战时经济统制政策，尤其是物价统制，从而出现物价下降的情形，军费的财富效应此时将更凸现。在宏观经济学中，财富效应是指由于物价水平的普遍下降使得既定预算的实际价值上升的现象，也就是在名义货币余额保持不变的情况下，由于物价水平的下跌使得实际货币余额增加，同时也意味着购买力的增加。预算代表着初始资源，是形成一定购买力的基础。因此，财富效应形成的前提条件是，预算的可获得性一定是在物价水平下跌的时点之前，只有这样才能形成现实的购买力，财富效应才会存在。经济衰退时政府价格统制时军费支出的情形恰恰满足这种条件。军费规模是既定的，实际使用过程中军费的存量在不断减少，同时物价水平的变动幅度也在时刻发生变化，因此实际的货币余额也在不断的发生变化。假设军费预算年度初期军费的存量为 M_0，物价水平为 P_0；预算年度初期为0时刻；在所考察的时间内军费的存量与价格水平始终大于零；并假设在使用过程中军费支出流的流速即单位时间内军费支出的额度占初始军费额度的比重（$\Delta M/M_0$）为：

$$\frac{d(\Delta M/M_0)}{dT}=M(t)>0 \tag{1}$$

所以在0到 t 时刻军费支出的总额占初始军费额度的比重为：

$$\frac{\Delta M}{M_0}=\int_0^t M(x)\,dx<1 \tag{2}$$

假设物价水平变动的速度为：

$$\frac{d(\Delta P/P_0)}{dT}=K(t)>0 \tag{3}$$

同样在0到 t 时刻物价水平的变动幅度与初始水平的比值为：

$$\frac{\Delta P}{P_0}=\int_0^t K(x)\,dx<1 \tag{4}$$

所以从0时刻起到 t 时间后军费的存量和物价水平分别为：

$$M_0\left[1-\int_0^t M(x)\,dx\right] \tag{5}$$

$$P_0\left[1-\int_0^t K(x)\,dx\right] \tag{6}$$

在 t 时刻，军费的实际货币余额为：

$$\frac{M}{P}=\frac{M_0}{P_0}\left[\frac{1-\int_0^t M(x)\,dx}{1-\int_0^t K(x)\,dx}\right] \tag{7}$$

在 t 时刻，军费的名义货币支付流量为：

$$\Delta M=M_0M(t) \tag{8}$$

所以，根据（6）式、（8）式可得 t 时刻军费的实际货币支付流量为：

$$\frac{\Delta M}{P}=\frac{M_0M(t)}{P_0\left[1-\int_0^t K(t)\,dt\right]} \tag{9}$$

因此，根据(9)式，可以得到从0到 t 时刻的军费实际货币支付流量为：

$$\frac{\Delta M}{P}=\frac{M_0}{P_0}\left[\frac{\int_0^t M(x)\,dx}{1-\int_0^t K(x)\,dx}\right] \tag{10}$$

根据（7）式，可以得到在0时刻，军费实际货币余额的变化量为：

$$\Delta\frac{M}{P}=\frac{M_0}{P_0}\left\{\frac{\int_0^t [K(x)-M(x)]\,dx}{1-\int_0^t K(x)\,dx}\right\} \tag{11}$$

根据（4）式有 $\left[1-\int_0^t K(x)\,dx\right]>0$　　(12)

由（11）式、（12）式可以得出，尽管在0到 t 时间内发生了军费实际货币的支出，但军费实际货币余额的变化量也会随物价水平下跌的速度与军费支出的流速之间的变化而发生变化。

因为当 $K(x)>M(x)$时，$\Delta\frac{M}{P}>0$　　(13)

上式说明，当物价水平下跌的速度大于军费支出的流速时，军费的实际货币余额会得到增加。

同样当 $K(x)\leqslant M(x)$ 时，$\Delta\frac{M}{P}\leqslant 0$　　(14)

上式表明当物价水平下跌的速度小于（或等于）军费支出的流速时，军费的实际货币余额会减少（或保持不变）。

对于（11）式，若令 $K(x)=0$，即物价水平不发生变化，则可以得到在0到 t 时刻，不发生物价水平保持不变情况下的军费实际货币余额的变化量为：

$$\Delta \frac{M}{P} = \frac{M_0}{P_0}\int_0^t M(x)\,dx \tag{15}$$

(15) 式之所以为负数，是因为尽管物价水平没有发生变化，当军费由于发生了支付流使得军费的存量减少了。同时 (15) 式也表明了在 0 到 t 时间段，军费实际货币支付流的流量。很明显当军费支出的流速增大（函数 M（t）变大）时，实际货币余额的减少量将更大，这同时也符合实际情况(因为花钱越快则剩余的钱就越少)。

根据(12)式、(13)式、(14)式,可以看出当物价水平下跌的速度大于军费支出的流速时,军费的实际货币余额会随着时间的推移而增加;当物价水平下跌的速度小于(或等于)军费支出的流速时,军费的实际货币余额会随着时间的推移减少或保持不变。如果将(10)式加上(15)式便可以得到在发生物价水平下降,以及在物价水平保持不变的情况下,从 0 到 t 时刻,军费实际货币余额的支付流量的变化,由此可以得到财富效应的近似值:

$$\Delta \frac{M}{P} = \frac{M_0}{P_0}\left[\frac{\int_0^t K(x)\,dx}{1-\int_0^t K(x)\,dx}\right] > 0 \tag{16}$$

因此,通过(16)式可以得到,在物价水平下降的速度增大时,军费支出的财富效应就越大。同时也可以得到一个很重要的结论,那就是财富效应与军费支出的速度无关而与初始军费的总规模和物价水平有关。当初始物价水平和物价下跌速率外生给定时,初始军费规模的扩张会带来更大的财富效应。

从以上分析，我们可知美国为什么会在经济衰退之时加大军费规模的同时辅助实施战时经济统制政策的原因了。经济衰退与认定和打击战争对象的时机具有同步性，与此相对应，一个必然的伴随后果不得不更值得关注，那就是军费的机会成本偏高，军费机会成本走高是美国在经济衰退之际增加军费开支规模的一个必然结果。

第七节　战争高机会成本的折射

所谓机会成本（opportunity cost）是指人们决定把一定的经济资源用于某种特定目的时，不得不同时放弃将该资源用于其他用途所带来的效用和收益，即人们进行特定选择时所承受的机会损失。当一个国家将财政收入的一部分用军费的形式作用于军事用途时，同时也放弃了用于民事需要所带来的一定收益。如果军费的机会成本高，则说明放弃的民用收益大，反之，军费的机会成本低，则说明同时放弃的民用收益小，反证了军费的使用效益高。从美国军费机会成本的变化轨迹，可以发现一个非常有规律的现象：那就是每当军费机会成本提高时，美国通常倾向于快速认定或者打击战争对象。换言之，每当军费的机会成本很高时，美国更倾向于快速转嫁因为军费机会成本高而带来的民用收益损失，希冀借助战争来刺激民用经济的发展。在1986年（两次空袭利比亚）、1990年（海湾战争）、1999年（科索沃战争）、2001年（阿富汗战争）、2003年（伊拉克战争）、2006年（美国伊朗危机）等军费机会成本相对高的年份之时，美国通常更加倾向于借助认定或者打击战争对象来转嫁军费的高机会成本。

从美国军费机会成本的变化轨迹，可以发现一个非常有规律的现象：那就是每当军费机会成本提高时，美国通常倾向于打击战争对象。换言之，每当军费的机会成本很高时，美国更倾向于快速转嫁因为军费机会成本高而带来的民用收益损失，希冀借助战争来刺激民用经济的发展，缓解经济衰退压力，因此，经济衰退是打击战争的前奏曲，而军费机会成本的偏高就成为美国打击战争对象时机的晴雨表。当然，这个推断性的结论有待于更进一步在美国战争现实中加以检验。

为了使推断更具有说服力，本书分别选取1、2和3等不同的科技进步指数来计算美国军费的机会成本，通过比较这几个指标来求证美国打击战争对象或者认定战争对象时机的规律性经济取向。为了计算方便，以1950年为基期，假设美国1950年的技术进步指数分别为1、2和3，每年按平均递增0.1来计算，美国现役军人按140万人来计算。根据柯布－道格拉斯函数来估计军费开支所获得民用收入，设国民经济系统生产函数为：

$$Y = AK^{\alpha}L^{\beta}$$

其中，Y 表示产出；K 表示资金投入；L 表示劳动力投入；A 表示技术进步指数；α 表示资金弹性；β 表示劳动力弹性。根据规模收益不变假设，即 $\alpha + \beta = 1$。

资金弹性 α 通常极为稳定，约为0.67，因而又可以表示为：$Y = AL\ (K/L)^{\alpha} = AL\ (K/A)^{0.67}$。

以表2－22中2000年的美国军费机会成本计算为例：$A = 6$，$L = 140$ 万人，$K = 2\ 889$ 亿美元，则根据公式可得：

$Y = 6 \times 0.014 \times (2\ 889/6)^{0.67} = 5.27$

以表 2－23 中的 2000 年的美国军费机会成本计算为例：$A = 7$，$L = 140$ 万人，$K = 2\ 889$ 亿美元，则根据公式可得：

$Y = 7 \times 0.014 \times (2\ 889/7)^{0.67} = 5.54$

以表 2－24 中的 2000 年的美国军费机会成本计算为例：$A = 8$，$L = 140$ 万人，$K = 2\ 889$ 亿美元，则根据公式可得：

$Y = 8 \times 0.014 \times (2\ 889/8)^{0.67} = 5.79$

其他各年的军费机会成本计算方法同上，详细计算结果见表 2－22、表 2－23 和表 2－24。

表 2－22　根据科技进步指数 1 计算的美国军费机会成本　单位：亿美元

年　份	技术进步指数	军费投入	军费机会成本
1950	1	2 639	2.74
1964	2.4	3 467	4.40
1984	4.4	2 582	4.41
1985	4.5	2 847	4.74
1986	4.6	3 137	5.10
1989	4.9	2 903	4.94
1990	5	2 914	4.99
1991	5.1	2 730	4.81
1992	5.2	2 709	4.81
1993	5.3	2 761	4.91
1994	5.4	2 617	4.76
1996	5.6	2 639	4.85
1997	5.7	2 671	4.91
1998	5.8	2 676	4.95
1999	5.9	2 706	5.01
2000	6	2 889	5.27
2001	6.1	3 250	5.73
2002	6.2	3 480	6.03
2003	6.3	4 562	7.27
2004	6.4	4 621	7.37

续表

年 份	技术进步指数	军费投入	军费机会成本
2005	6.5	4 921	7.73
2006	6.6	5 193	8.05
2007	6.7	4 393	7.23

表 2-23 根据科技进步指数 2 计算的美国军费机会成本 单位：亿美元

年 份	技术进步指数	军费投入	军费机会成本
1950	2	2 639	3.45
1964	3.4	3 467	4.93
1984	5.4	2 582	4.72
1985	5.5	2 847	5.07
1986	5.6	3 137	5.44
1989	5.9	2 903	5.26
1990	6	2 914	5.30
1991	6.1	2 730	5.10
1992	6.2	2 709	5.10
1993	6.3	2 761	5.19
1994	6.4	2 617	5.04
1996	6.6	2 639	5.12
1997	6.7	2 671	5.18
1998	6.8	2 676	5.22
1999	6.9	2 706	5.28
2000	7	2 889	5.54
2001	7.1	3 250	6.03
2002	7.2	3 480	6.34
2003	7.3	4 562	7.63
2004	7.4	4 621	7.73
2005	7.5	4 921	8.10
2006	7.6	5 193	8.44
2007	7.7	4 393	7.57

表 2－24　　根据科技进步指数 3 计算的美国军费机会成本①　　单位：亿美元

年　份	技术进步指数	军费投入	军费机会成本
1950	3	2 639	3.94
1964	4.4	3 467	5.37
1984	6.4	2 582	4.99
1985	6.5	2 847	5.36
1986	6.6	3 137	5.74
1989	6.9	2 903	5.53
1990	7	2 914	5.57
1991	7.1	2 730	5.36
1992	7.2	2 709	5.36
1993	7.3	2 761	5.45
1994	7.4	2 617	5.28
1996	7.6	2 639	5.36
1997	7.7	2 671	5.43
1998	7.8	2 676	5.46
1999	7.9	2 706	5.52
2000	8	2 889	5.79
2001	8.1	3 250	6.29
2002	8.2	3 480	6.62
2003	8.3	4 562	7.96
2004	8.4	4 621	8.06
2005	8.5	4 921	8.44
2006	8.6	5 193	8.79
2007	8.7	4 393	7.89

①　表 2－22、表 2－23、表 2－24 中的军费投入数据均来自《世界军事年鉴》各期。2007 年美国的军费为预算数值。为了计算的方便，也避免数据单一造成结论偏颇，分别假设美国 1950 年的科技技术进步指数为 1、2、3，每年按平均递增 0.1 来计，美国的现役军人约为 140 万人。

第八节　战争的经济底蕴

在19世纪末已经跨入世界强国行列的美国在世界区域体系中的地位夺人耳目，凭借强大的经济力量和军事力量，这个强国之中的后起之秀登上了战后国际系统结构中权力的巅峰，成为全球性的霸权国家，而且这种霸权的辐射力是多维的。但经济底蕴是美国战争随意性和战略进攻性的必要条件，今天的世界秩序不是建立在力量均势的基础之上，而是建立在美国霸权的基础之上，而这种霸权又是以经济实力为主体的综合国力为前提的。美元仍然是全球第一硬通货，美国对世界银行和国际货币基金组织的控制，使美国具有影响他国的强有力经济手段，美国经济举足轻重的地位，是美国战争及其军事战略的经济底蕴。

“美国经济是世界上的奇迹之一。它是我国的国际地位，军事安全以及每一个公民的生活水平的基础。”[①] 列宁也曾中肯地认可美国经济在一定历史时期的无双地位。“无论就19世纪末和20世纪初资本主义的发展速度来说，或者就已经达到的资本主义发展的高度来说，无论就根据十分多样化的自然历史条件而使用最新科学技术的土地面积的广大来说……美国都是举世无匹的。”[②] 在南北战争之后不到30年的时间，美国就一跃而成为世界上最大的工业国，没有封建主义的残余，又有可供利用的广阔土地和丰富的自然资源、有利的气候环境和独特的地理条件，领土扩张的战争也未妨碍劳动人口涌向美国，在工业方面利用欧洲先进国家的资金和技术，在贸易上又采用高额的进口税以抵制外国竞争、保护本国工业等等，美国的经济正是在如此特殊的历史条件下成长起来的。由于美国具有发达的生产力、强大的垄断资本、多功能的国家机器，美元不可替代的作用，加之又是西方最大的商品市场，其经济衰退会迅速紧缩其他国家的出口，放慢这些国家的经济增长速度，其经济的繁荣又能刺激其他国家的出口，成为带动其他国家走向经济高涨的火车头，美国在世界经济中的这种地位是其他发达资本主义国家迄今仍难以取代的。正如罗马不是一天建成的一样，美国战争及其战略所具有的经

① 梅孜：《美国总统国情咨文》，时事出版社1994年版，第180页。

② 《列宁全集》第22卷，人民出版社1958年版，第1页。

济底蕴也不是一蹴而就的，这种优势的蓄积虽然是美国多重因素（如超群不凡的技术创新）作用的产物，但耐人寻味的是，美国战略的经济底蕴部分得益于战争本身。

表 2－25　　美国二战前与战时国民生产总值比较①

年　份	当年价格		1958 年不变价	
	总　计（10 亿美元）	人　均（美元）	总　计（10 亿美元）	人　均（美元）
1929	103	847	204	1 671
1933	56	442	142	1 126
1939	91	691	209	1 598
1940	100	754	227	1 720
1941	125	934	264	1 977
1942	158	1 171	298	2 208
1943	192	1 401	337	2 465
1944	210	1 518	361	2 611
1945	212	1 511	355	2 538

国民生产总值是按市场价格计算的一国商品和劳务的总值，是一国经济实力的综合反映。由表 2－25 中可以看到，按当年价格计算，1939 年的 GNP 仍未恢复到经济危机爆发时即 1929 年的水平，但在战争时期，GNP 平均每年 14%的增长率，至 1945 年已经比 1929 年翻了一番，人均 GNP 增长了 56%。战争对美国经济的催生和带给其他国家的经济创伤形成明显的反差。如果说第一次世界大战时美国还只是受老牌列强制约的世界主要大国之一，经过第二次世界大战的催发，美国经济已经发生了质的变化，工业产量占世界工业总产量的 56.4%，成为战后初期唯一的超级大国。第二次世界大战后，将近 15 年的经济高速增长使得美国有能力奉行全球进攻战略，正是经济实力的膨胀助长了美国称霸世界的野心，以至于约翰·肯尼迪在 1960 年的就职演说中曾自大地宣称：美国“将付出任何代价、承担任何义务以确保自由的存在与胜利”②。迄今为止，美国的综合国力仍超出世界上的任何一个大国，它拥有无与伦比的经济实力，从 2001 年开始，美国的 GDP 明显超过

① Historical Statistics of US, Colonial Times to 1970，2 vols，Series F1－4.

② 代鹏：《经济增长的革命》，经济科学出版社 2002 年版，第 157 页。

其他各洲的总和（见图 2－6）。从目前世界上几个大国的经济实力横向对比和纵向增长幅度计算可以看出，美国的经济实力仍然占据着绝对的主导地位（见表 2－26）。

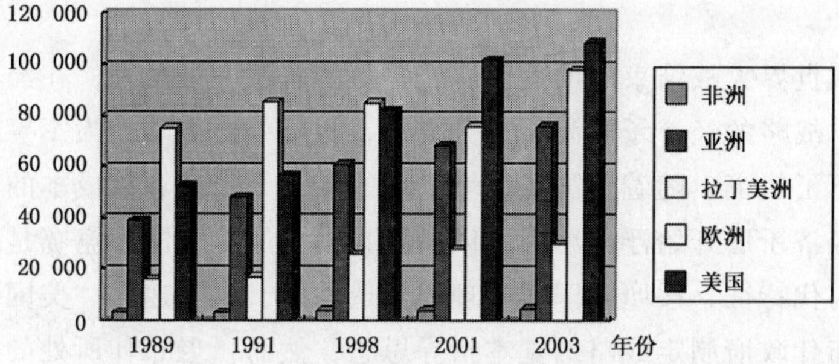

图 2－6　美国和各洲的 GDP 比较（亿美元）

表 2－26　　2004 年世界企业地位的国际比较

2004 年《财富》500 强		2004 年《商业周刊》1 000 强	
国　家	进入前 100 数量	国　家	进入前 100 数量
美国	35	美国	56
德国	15	德国	11
日本	14	日本	6
法国	10	法国	6
英国	8	英国	6
荷兰	5	荷兰	4
瑞士	4	瑞士	3
意大利	3	意大利	3
中国	3	中国	1

资源来源：商业排名网：2004 年财富全球 500 家最大公司排名，［DB/OL］http：//www.b－rank.com/fg500/500fg200409.htm。

由此可见，美国战略的强烈好斗性与美国的经济底蕴息息相关，20 世纪，美国曾希冀利用第二次世界大战期间的战争红利构建美国世纪，今天更是企望借 21 世纪初的战争红利维护和巩固美国霸权。

第九节　战争的经济矛盾

第二次世界大战结束时的美国综合实力膨胀，一枝独秀，在经济实力上独领风骚，战略的经济矛盾尚不十分突出，相反，经济实力为军事战略欲望的膨胀埋下了伏笔。随着美国经济增长率的相对下降和霸权成本的升高，原先隐性的经济矛盾开始浮出冰山，以科技为中心的综合国力竞赛是冷战结束后突出的时代特征，按照美国式的理想塑造世界，进而建立“美国世纪”自然成了老布什政府制定战略的基本指导思想，然而，老布什所处的时代显然不能与罗斯福时代同日而语。布什时期，尽管美国赢得了冷战桂冠，并取得了自越战以来首次的海湾战争胜利，但国内经济衰退的迹象日甚，尤其表现在两个方面：

1. 美国在世界总产值中所占的比重下降。战后初期美国在世界生产总值中的比重曾高达40%～50%，而在1990年只占23.5%。除个别年份外，1970～1992年间，美国GDP在世界中的比重一直都在23%～25%的水平上徘徊[①]。

表2－27　　1970～1992年间美国的GDP占世界GDP比重　　单位：%

年　份	1970	1980	1985	1987	1988	1989	1990	1991	1992
比重	25.5	23.7	23.7	23.5	23.6	23.6	23.5	22.9	23.2

资料来源：U.S：Handbook of International Economic Statistics.p.15.

2. 严重的赤字和债务问题。高额的财政赤字使美国经济背负着沉重的负担（见表2－28），这种经济上的约束使美国军事战略手段与目的脱节、理想与现实分离的尖锐矛盾开始从幕后走向台前：

一是庞大战略计划与有限战争经济能力的矛盾。海湾战争显性地暴露出美国战略野心太大而战争经济能力不足的矛盾。海湾战争费用的88%（540亿美元）由沙特、科威特、日本和德国等国联合“捐助”，美国只负担其中的70亿美元，这是美国在继第二次世界大战后联合最多国家参战的一次军事行动，从战争经费清单来看，美国在买单人中扮演了一个“乞丐发起人”

① 张敏谦：《美国对外经济战略》，世界知识出版社2001年版，第278页。

的角色。另外，美国战争史上的“扣球作战计划”（1949）曾经设想：一旦第三次世界大战爆发，即对苏联发动强有力的空中攻势，并使用原子武器迫使苏联投降，战争中还将对苏联实行经济战，千方百计消耗其支撑战争的经济潜力，最后对苏联实行地面占领。这个绝密的“扣球”作战计划是以核大战为战略背景的战略构想，其特点是第二次世界大战的战争模式加上大规模的核突击，是美国战略演进的一个阶段性标志物。然而，该计划最后并未付诸实践，原因就在于该计划所提出的军事需求远远超过了美国战争经济的支持能力。

表 2-28　　冷战期间历届政府财政盈亏一览表

执政总统	任　期	财政盈余（亿美元）	财政赤字（亿美元）	年均赤字占GDP比重（%）
杜鲁门	1946~1953年	226	44	0.2
艾森豪威尔	1954~1961年	76	158	0.5
肯尼迪	1962~1963年	0	119	1.1
约翰逊	1964~1969年	32	420	0.9
尼克松	1970~1974年	0	687	1.2
福特	1975~1976年	0	1 246	3.6
卡特	1977~1980年	0	1 805	2.1
里根	1981~1988年	0	12 777	4.0
布什	1989~1992年	0	9 335	4.0

资料来源：U.S.Economic Report of the President，Transmitted to the Congress，February 2000，U.S.Government Printing Office，Washington，D.C..

二是经济利益广泛性和军事力量掌控能力局限性的矛盾。美国经济利益的全球性在二战后达到高潮，它再也不是那个居于西半球恪守第一任总统华盛顿所告诫的孤立主义政策的国家了。在欧洲，它进驻意大利、法国和西德；在亚太，它夺回了菲律宾，占领了日本和太平洋诸多具有战略意义的岛屿。太平洋在某种意义上成了美国的湖泊，大西洋和地中海成了美国海军随心所欲游弋的地方，再加上作为美国后院的拉丁美洲，此时美国的利益几乎遍及世界各地。但美国控制全球的军事能力却极其有限，伊拉克战争是这个弱点的集中折射。始自2003年3月20日美国发动“斩首行动”至今，伊拉克战争久不能决，虽然美国发动这场战争的目的——武力推翻萨达姆政权、铲除伊拉克大规模杀伤性武器、控制伊拉克经济与石油战略资源、按照美国的蓝图开始伊拉克的政治重建进程——大部分已经实现，但战争远远不能奏响结束的终曲，虽然布什总统 2003 年 5 月 1 日在“林肯”号航母上宣布，美军在伊拉克战场上大规模的军事行动已经结束，美国在伊军事作战中完全占据主导地位，但美国还从未正式宣布战争结束。在伊拉克战争中，美国凭借世界上最为强大的战争机器和尖端的高技术武器装备赢得了战斗，但迄今为止还没有真正赢得战争的胜利。

三是预期战争速决性与现实战争绵延性的矛盾。在美国的战略决策中，无论怎样运用军事力量，但将战局发展引向速决、加快战争节奏是永恒的宿愿，如在朝鲜战争中是以地面部队为主，在格林纳达入侵中是多军种协同，在科索沃战争中是空袭贯穿始终，可以看出美国企图通过灵活调整战略力量以实现速战速决，然而，理想的速决战多半最后变成“越战”版本的现实再现，今日的伊拉克战争更是悬而未决，现实中的绵延战局与期盼中的预期结局大相径庭，战争时间的绵延与预期计划的速决矛盾反映了美国战略思维的经济性与牛仔文化的肤浅性。垄断资本对利润的追逐使美国军事战略目标具有极强的效益追求，但缺乏浓厚哲学底蕴的牛仔文化又使其在战略决策中缺乏周密的规划，从而使整个战略决策在目标与结果上出现巨大反差。纵览美国战争历史，不难判断这是美国战争及战略决策中永远无法回避的矛盾。

四是战略力量建设收缩与军事工业需求扩张的矛盾。这个矛盾在冷战结束后表现更甚。新的国际形势使美国失去了一个主要的威胁，同时也使其失去了支持庞大军费开支的理由，军事需求因此而锐减，布什政府大刀阔斧地削减里根时期遗留的巨大军费开支预期计划，战略力量建设临时骤然收缩，这对美国军工生产企业打击最重，因为武器装备的生产订单是军事工业得以生存的主要来源，其中战斗机行业是一个最为典型的范例，1991 年布什政府不仅进一步限制新一代武器生产计划的项目，而且计划终止购买 F－16 战斗机，布莱德雷战斗运输机（Bradley Fighting Vehicle），鱼叉式（Trident）潜艇，MX 导弹和 F－14D 战斗机，这些决定使美国国内仅仅一小部分现役武器系统仍然在生产，仅 1991 年，美国的航天工业因此就丧失了 10 万个工作机会，于是政府和军工生产企业纷纷将目光投向国际市场，试图通过扩大对外军事销售来支撑国内的军火生产，一时间使国际军火市场呈现蓬勃生机。布什政府曾向中国台湾地区出售 F－16 战斗机，仅这一笔交易就给美国带来 60 亿美元的直接经济利益，而且还给总部设在布什家乡得克萨斯州的达拉斯的通用动力公司带来 102 亿美元的间接经济效益。这些包括生产 F－16 战斗机的配套设施，以及出售以后的后勤和技术服务[①]。即便对外转移军事工业生产能力能缓解战略力量建设临时收缩带来的困局，但军事工业需求长期的扩张始终是美国战略力量建设和调整中随时要面临的窘状。

综上所述，美国战略的经济矛盾主要体现在目标庞大与资源有限、理想预期与现实结果的反差上。

第十节　战争进攻性偏好及其经济效应

至20世纪30年代经济大萧条之前，美国一直奉行并实践着斯密"看不见的手"之学说，"看不见的手"为美国经济带来了活力和财富，斯密绝对想不到，他的理论被美国战争修改为"看得见的手"也是必要的。为美国经济带来财富效应的还有战争。战争源于经济，又依赖于经济，并且暴力本身就是一种经济力，对国民经济具有积极的拉动效应，美国经济在很大程度上是在战争刺激下发展起来的。由图2－7可知，美国战前和战时的GNP截然不同，表明战争对国民经济具有强烈的刺激作用，战争带给美国的"好处"是显而易见的：第一次世界大战使美国脱颖而出，成为列强的新贵；第二次世界大战则将美国打造成一个经济巨无霸，成为世界超级大国；近半个世纪的冷战并未将它拖垮，相反，美国赢得了冷战的胜利，并在相当程度上奠定了它成为世界唯一超级大国的经济地位。朝鲜战争，美国经济持续高涨40个月；越南战争期间，美国经济持续上升104个月，国民生产总值增长了41.5%，创下了美国战时经济发展史上的空前纪录；1991年的海湾战争给美国带来了长达10年的经济繁荣期，战争中的美国不但没有遭受经济损失，反而通过中东国家和盟国对军费的分担增加了自己的经济利得；在对科索沃战争中，持续的战争行动，不但沉重打击了欧元，使其对美元的汇率下跌10%，还使道·琼斯指数直线上升，在短短的时间内便创下11 000点的历史记录，使世界上其他地区的财富流向美国[②]。凡此种种的好处在相当程度上加重了美国战争利得的预期心理，使其战争情结挥之不去。目前，美国挑起的世界范围内的反恐怖主义战争对于美国经济复苏无疑又是一剂"强心针"，

① Herbrt Wulf ed，Arms Industry Limited，Sipri，Oxford University Press，1993，p.35.

② 《瞭望》2000年第47期，第57页。

它期望通过战争带动经济繁荣的神话再次重现，因为军费支出的大量增长不仅可以拉动相关产业、扩大就业，还可帮助美国国民找回信心，刺激消费者信心指数和投资指数。因此，美国的经济繁荣历程就是战争的历程，21世纪初，美国又进入了新一轮的扩张期，对战争红利的预期使美国战略的进攻性愈加强化。

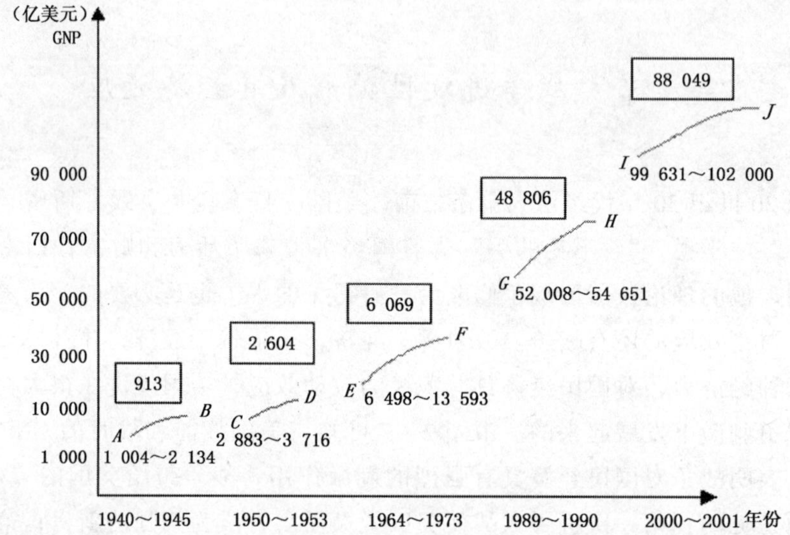

图2-7　美国战前战时GNP比较（框内数表示战前，线下数表示战时）

资料来源：根据《美国经济统计手册》（时事出版社1992年版）提供的数据。

一、战争进攻性偏好的主要经济原因

追求军费乘数效应是美国偏好战争的主要经济原因之一。

所谓乘数效应，是指宏观经济运行中某一变量的增减对另一变量所产生的连锁作用，乘数是用来衡量这种作用大小的系数。军费乘数效应是指军费支出对国民生产总值GNP增加的影响，表明单位军费支出量的增加引起的GNP增加的数量。如图2-8所示，如果政府增加军费开支ΔG，使政府总支出$C+I+G$上移ΔG，到$C+I+G'$，新的GNP均衡水平达到E'，GNP也由Q移到Q'，增加了$\Delta Q=Q'-Q$，此时，经济增长快于有效需求的增长，即：$\Delta Q=m\times\Delta G$，表明军费支出增加引起的GNP增加值要数倍于军费支出本身的增加值ΔG。这个倍数m就是军费支出乘数值。军费支出之所以会对国民生产总值产生乘数效应，其根本原因在于军费支出伴随的是货币流量和实物流量的双向运动，军费支出是宏观经济运行中的一种注入要素，它通过购买军用产品和劳务进入到国民生产总值决定的下一个循环之中，如此循环不断，最终引起国民生产总值的倍数变化，产生乘数效应。

军费支出的乘数效应在一定程度上取决于军费支出的时间，因而在市场越活跃的环境中，军费支出乘数效应越快地体现出来。由于满足战争经济需求的军事工业生产有着巨大的利润空间，美国的军工企业通常将生产和销售军品的时间尽量缩短。在这点上，美国政府与军工企业的步伐有着惊人的一致，战略主体能赢得军火商人的喝彩并将战争视为投资手段的秘密也正在此处。战争之所以能刺激经济增长，军费自身的乘数效应是主要原因之一。

美国政府长期奉行凯恩斯学说，认为在经济产品相对过剩的条件下增加政府公共开支特别是军费开支，将有利于经济增长。如越南战争期间的美国经济蓬勃发展主要得益于巨额军费开支刺激所致。而在美国削减军费的20世纪70年代，美国经济陷入了经济危机，到里根执政的80年代军费增长最快时期，自1982年后连续8年没有发生经济衰退。20世纪80年代末90年代初，随着冷战帷幕的拉下，国际形势相对缓和，美国军费开支大为缩减，而削减军费开支的直接后果就是美国经济的衰退。回顾越战以后美国历届政府的经济兴衰，只有克林顿执政时期在削减军费的同时保持了经济的持续繁荣，而这主要得益于新技术革命和全球化的发展。而所谓的新技术革命，又恰恰是在20世纪80年代军备竞赛的刺激下蓬勃兴旺起来的，由美国经济的成长可以得出结论：美国的繁荣依赖于军费开支及其乘数效应。

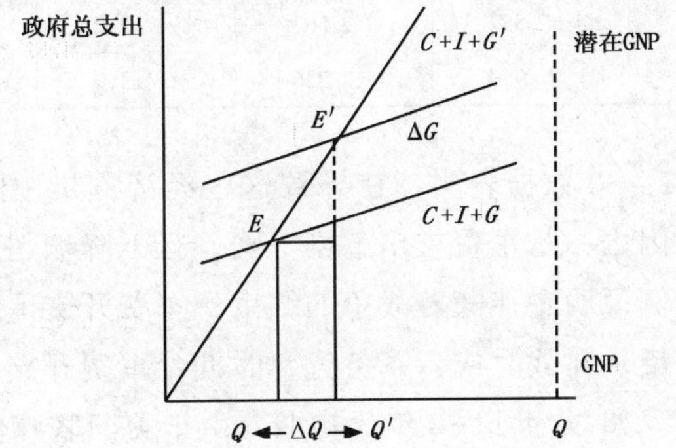

图 2－8　军费乘数效应

富有戏剧性和讽刺意味的是，美国军费的地区乘数效应通常是借助经济危机来鲜明地反衬出来的。当战争结束后，军费开支的下降通常使美国国民经济面临经济危机的威胁。如朝鲜战争结束后，按 1982 年不变价格计算，军费下降了 730 亿美元，实际人均国民生产总值下降 275 美元，由此引发了一场经济衰退。越南战争结束后的 1968 ~ 1975 年，按 1982 年不变价格计算，军费支出下降 900 亿美元，成为 70 年代初期经济衰退的重要原因[①]。

表 2 – 29　　1953 ~ 1954 年军费下降引致的经济危机　　单位：亿美元

	1953 年（第二季度）	1954 年（第二季度）	增减（%）	GDP 下降额中各项目所占比重（%）
国民生产总值	6 262	6 056	– 3.3	– 100.0
私人固定资本投资	558	548	– 1.8	– 4.9
政府采购	1 701	1 543	– 9.3	– 76.7
其中：军费支出	987	832	– 15.7	– 75.2

资料来源：美国《1929 ~ 1974 年美国国民收入和总产值：统计表》表 1.2。

表 2 – 29 数据表明，在 1953 ~ 1954 年的经济危机中，国民生产总值下降的主要原因之一是因为政府采购，其中特别是军费支出急剧下降。

表 2 – 30　　1969 ~ 1970 年军费下降引致的经济危机　　单位：亿美元

	1969 年（第三季度）	1970 年（第三季度）	增减（%）	GDP 下降额中各项目所占比重（%）
国民生产总值	10 834	10 714	– 1.1	– 100.0
私人固定资本投资	1 152	1 060	– 8.0	– 76.7
政府采购	2 557	2 503	– 2.2	– 45.0
其中：军费支出	950	826	– 13.0	– 103.3

表 2 – 29、表 2 – 30 数据表明，在导致这些经济危机中的因素中，国民生产总值下降的原因之一是军费支出急剧下降，且下降额超过国民生产总值的下降额。上述事例说明：伴随着战争的结束，军费开支下降可导致经济危机的发生。与此相反，在战时或者军备竞赛时期，军费开支的上涨却可能规避危机程度的加深。如 20 世纪 80 年代初期，由于美国联邦储备委员会执行强力紧缩的货币政策，美国面临第二次世界大战后最严重的经济危机，失业率在 1982 年 10 月达到了战后最高水平，但是全国军事基地附近的城镇却几

① 参见《美国研究》1992 年第 1 期。

乎没有受到什么影响，因为在这些军事基地除了正常的军事开支外，联邦政府每年还要拨出大笔资金用于军人家属、住房及其子女的教育。军费地区乘数的效应由此可见一斑。在越战以后的历届政府中，只有克林顿政府时期是在削减军费的同时保持了经济的持续繁荣，这主要得益于新技术革命和全球经济一体化，而所谓新技术革命，恰恰又是在80年代军备竞赛的刺激下蓬勃发展起来的。由此也能看见军费地区乘数效应的显性作用。

尽管如此，军费乘数作用的发挥是有条件的，只有当社会有效需求不足时，军费的乘数效应才比较显著，如果全社会已实现了充分就业，不存在闲置资源，这时军费支出增量ΔG对GNP没有影响，因为这时GNP已经达到潜在GNP水平，GNP的均衡曲线已经变为一条垂直的曲线，在固定价格下，增加军费支出已无法对GNP发挥扩大作用。从资源配置的角度分析，如果军费支出的增加是在经济资源未得到充分利用并存在闲置资源的条件下实现的，军费乘数效应的结果就表现为闲置的经济资源得到充分利用，此时国民生产总值增长就是实际的增长。相反，如果不存在闲置的经济资源，军费支出增加会造成社会总需求大于社会总供给的状态，进而引发甚至加剧需求拉上型通货膨胀，美国经济出现通货膨胀固然有多方面的原因，其中过度的军费支出就是主要原因之一，这也就是为什么当美国经济衰退时，即失业增加、社会存在大量闲置资源时，美国通常能成功地借助战争或者军备竞赛刺激国内经济发展的根本原因。

美国经济长期非常明显地存在着一个矛盾现象：一方面是经济繁荣，另一方面却是赤字连连，美国经济学家大多相信是第二次世界大战而不是新政结束了大萧条。1986年美国国防部报告宣称："国防计划对于总统的全面经济复苏计划能够起到补充作用。"[①] 出于如此理念，美国因战争准备与实施而开支的军费持续呈现绝对上升态势，尽管赤字一直是美国经济最棘手且不可规避的问题。

二、战争进攻性偏好的经济效应

1. 带来国民收入。战时或者军备竞赛时期，为了满足骤增的战争经济需求，必然新增投资，而这部分新增投资，可以带来较大的投入产出比。

---

① 全军哲学社会科学办公室编：《军事学研究回顾与展望》，军事科学出版社。

表 2 – 31 1955 ~ 1990 年因商业投资增长的国民收入 单位：亿美元

年 份	1955	1960	1965	1970	1975	1980	1985	1990
新增商业投资	93.8	85	200.8	323.9	505.1	1 439.8	1 237.2	1 237.9
年销售额增长	84	73	146	203	447	840	892	993
增长的国民收入	965	886	1 603	2 474	4 565	9 144	10 305	11 844

资料来源：根据《美国经济统计手册》提供的数据整理，时事出版社 1992 年版。

从表 2 – 31 新增商业投资的产出来看，在 1990 年的海湾战争时期，新增的商业投资与年销售额的增长约为 1:0.8，新增的商业投资与新增加的国民收入之比为 1:9.56，说明每新增投资 1 美元可以带来 9.56 美元的国民收入。其中，1955 年（10.29）和 1960 年（10.42）是抗衡苏联大力扩充军备正酣之时，新增的商业投资带来的国民收入高于海湾战争时期，其他五个年份均低于战争时期商业投资带来的国民收入。

2. 挽救经济萧条。从经济学角度看，在经济萧条阶段，战争是一种能够带来类似“破窗效应”的行为[①]。这其中蕴含的道理非常简单：战争的经济需求首先促进了军需物资的生产，而军需物资的生产要消耗电力、石油、钢铁、电子元器件等原材料，进而刺激相关部门乃至国民经济所有部门的发展，生产能力的利用率拉动了相关产业，带动了社会就业率的增长，进而提高了经济增长率。正是因为战争具有这种重新调整经济结构、刺激生产与消费总需求的功能，因而被赋予经济的含义。战争准备、动员和实施是美国经济复苏的“强心针”，是医治经济衰退与萧条的良方，它一方面可以消耗大量的“过剩”物资，另一方面则可以加速“相对落后”的军事科技向民用经济的转移，顺应衰退期间固定资产大规模更新的要求。英国经济学家凯恩斯指出：只有战争经济才有可能使政府的支出维持在提供充分就业所需要的水平上。应该将战争经济用作测定在战后如何维持足够高的支出水平的一个“伟大的试验”[②]。战争对国民经济的效应如此之大，以至于只要一出现经济衰退和萧条征兆，美国政府便利用战争大开军费开支的闸门，力使美国经济走上复苏之路。

沿袭美国发动战争的脉络，可真切地看到美国不断利用战争的这种经济

① 破窗效应是指在经济不振之时，淘气的孩子打破了窗户，住户请工人来修理，工人补窗户需要购买玻璃等原料，对玻璃等原料的购买会带动新的需求。

② 希孟·卢墨尔：《美国战争经济与危机》，世界知识出版社 1955 年版，第 6 页。

效应。第二次世界大战在美国战争史上具有深刻的经济学意义，因为“联邦政府的庞大国防开支，终于结束了经济大萧条……这副药方的剂量远远超过了和平时期，把美国从1937年大萧条的经济困境中解救出来”[①]。战争不仅使美国摆脱了困境，而且为战后奠定了争夺全球霸权的经济基础。

20世纪80年代末、90年代初，美国面临着战后第五次经济危机，此时美国适时发动了海湾战争，其经济意图不言而喻，20世纪80年代，美国经济结束了持续8年之久的经济增长，90年代初更是出现了负增长，为了维持经济增长，美国政府曾通过税制改革进行减税，扩大军事开支增加政府消费，但经济萎缩和军事力量膨胀两大因素的矛盾交织最终使“鹰派”产生了靠战争走出衰退“泥潭”的动机，战争结局使美国军界与商界皆大欢喜，美国不仅赢得了军事上的胜利，而且结束了经济低迷的状态，并成为战后最长时期经济增长的开端。

1999年的科索沃战争，仅从股票市场来看，美国经济的晴雨表——道·琼斯股票指数的涨幅和自1896年创建以来至1991年近百年的涨幅相当，由于战争的刺激，结束了始于1997年的东南亚金融危机带来的余波影响，美国经济迅速走出低谷，并进入了历史上少有的持续10年经济高速增长期。

美国遭遇“9·11”袭击事件时，正在经历痛苦的经济衰退期，此时美国不失时机地发动了阿富汗战争和世界性的反恐怖战争，仅2003年上半年，美国GDP增长率就达3.3%，政府消费支出达8.2%，其中军费支出增长45.9%，对经济增长起到了特殊的作用，而这一切都是伊拉克战争这一短期因素造成的[②]。

综上所述，对于像美国这样一个具有经济危机周期性威胁的国家而言，战争不失为挽救经济萧条的最佳手段。但从美国战争现实和经济发展周期不难看出，其战争与经济增长存在着一个时滞，每当美国经济处于低谷之时，战略主体惯于借助战争刺激经济，此时军事战略强烈的好战性和进攻性不可遏止地凸现出来，一旦战争结束后，经济危机与萧条随之悄然而至，于是新一轮战争计划又随之酝酿，这种恶性循环除了资本主义经济周期性的内在矛盾规律使然，与美国军费开支长期持续过高有着密切的联系。此种现象既是军费乘数效应有限性的佐证，更是战争对经济具有双重性影响的映射。

---

① 杨斌：《软战争——美国经济军事霸权挑战中国》，经济管理出版社2001年版，第181页。

② 王洛林：《世界经济形势分析与预测》，社会科学文献出版社2004年版，第18页。

3. 刺激军事工业。战场是和平的可怕坟场，但却是军火商人的美好天堂；战争原本是爱好和平的国家极尽所能要规避的灾难，却成了美国军事工业发展的黄金契机。“大炮一响，黄金万两”是军工企业对战争狂热偏好恰如其分的形容。美国在空袭南联盟时，雷西昂公司满怀由衷地渴望：“我们企盼着科索沃危机能带来雪花般的武器订单。”[①] 可见军工企业才是战争最直接的受益者。美国的军事工业大致由四类企业组成，它们是军工企业的典型代表：第一类是完全同联邦政府做生意的大公司，其中洛克希德公司、通用动力公司、马丁·马里亚塔公司和格鲁曼公司的军品销售比重分别是91%、87%、75%和70%；第二类是军民通用型的军事承包商。其中麦克唐奈·道格拉斯公司、雷锡昂公司和波音公司的军品销售比重分别为60%、55%和20%；第三类公司是那些设有军用产品分部的公司。其中通用电力公司和通用汽车公司的军事销售比重分别为16%和4%；第四类是为主要承包商提供零部件及有关服务部的企业[②]。它们既是美国战争经济的主要供应商人，更是美国经济走出低谷的杀手锏。

美国在两次世界大战中都曾采取“中立”战略，希望在交战方互相厮杀彼此削弱之时充当世界的“兵工厂”以牟取暴利。如1914～1918年，美国加工工业生产增长了32%，钢产量由1913年的3 180万吨增加到1918年的4 510万吨，生铁产量由3 140万吨增加到3 900万吨。其中，军火、汽车、造船、化学等直接为军需服务的工业部门发展更快[③]。正是在战争刺激下，军事工业成为美国摆脱经济颓势的法宝，战时的大批军品订单使军工企业对战争有天然的偏好，而这种依赖的惯性却导致了企业战后向民用生产转移之时的痛苦。尽管美国政府采取了多种措施帮助那些在战争期间形成了强烈军品依赖的利益财团向民用工业转移，但是军品生产的惯性及其高额利润决定了这种转移是缓慢而痛苦的，这种痛苦迫使政府必须继续提供那些利润丰厚的军品订货合同，使其周期性地释放军事工业积聚的力量，从而在一定程度上加剧了美国军事战略的好斗性和进攻性。

4. 扩大军火贸易。美国军火贸易的历史贯穿了20世纪的战争发展史，两次世界大战期间，远离战场的美国是军火的最大供应商和制造商，通过向

---

① 《科索沃战争后勤及相关资料》后勤指挥学院学术研究部档案资料室编印。

② 本段数据参见1991年3月11日《上海译报》。

③ 董秀丽：《美国——历史与现状》，旅游教育出版社1997年版，第56页。

交战方提供军火大发战争横财。1914 年出口军火 4 000 万美元，1916 年飙升至 129 000 万美元。美国在军火买卖中共获取了 380 亿美元的巨额利润[①]。海湾战争更是为美国开辟了广种簿收的军火卖场。与军工企业军品生产订单的作用大同小异，军火贸易订单具有双重效应：一方面使军火商人获得超额利润，减轻了国内经济危机和经济萧条的压力；另一方面又使政府得到商人“感恩式”的政治支持。

5. 推动科技发展。美国的科学技术诞生及其创新有两个车轮：一个是商业所求，另一个是战争之需，其实，商业和战争需要在任何国家都是推进科技诞生和进步的重要力量，如第一次世界大战中的潜艇、第二次世界大战中的雷达、声纳和喷气发动机等等都是在战争狂热的气氛下取得的科技成就，但是在美国却表现得尤为突出，美国许多重大的发明都是战争的产物，冷战推动了计算机的发展，太空竞赛则产生了半导体并加速了战后的创新改革。战争不仅是科技成果之花诞生的土壤，而且改变了美国科学界的面貌，1914 年欧洲战争的爆发以及美国最终于 1917 年介入这场冲突是美国产业界研究与开发活动迅速发展的催化剂。第二次世界大战在推进美国科技创新方面的作用更为显著，被人们称为“伟大的科学时代”（age of big science）。原子弹、雷达、近爆引信、抗生素、数字电子计算机和许多新材料、理论、分析技术等等在这一时期得到了前所未有的注目。而冷战则驱使美国用于研究开发的财政支出全部以军事目标为导向，以至整个 20 世纪 50 年代美国物理研究的主要资金来源就是国防部以及原子能委员会。苏联解体以后，全球性战争的威胁消失，经济安全越来越取代军事安全成为美国战略决策中的核心问题，但是美国丝毫没有化剑为犁的愿望，基于战争之需，继续推行技术优势战略。因此，战争及其战略的外部经济效应仍是推进美国科技进步的车轮。

6. 获取资源和市场。对美国而言，战争及其战略的这种经济效应是在特殊的前提条件下赢得的，即拥有经济霸权地位，否则，丰富资源和广阔市场的拥有国不会打开大门。如第二次世界大战使德国、意大利、日本全面战败，英国、法国力量严重削弱，美国经济则在战时大受其益，从而确立了它在资本主义世界经济中的霸主地位。美元地位的确立使美国在国际投资市场上缺乏与之匹敌的竞争对手，加之西欧和日本为了在战争的废墟上重建经

---

① 董秀丽：《美国——历史与现状》，旅游教育出版社 1997 年版，第 56 页。

济，急需得到大量资金，从而为美国资本输出大开绿灯，使其轻而易举占领了广阔的国际投资市场。历史上的美国正是利用这种有利的国际环境，凭借其拥有的经济优势向欧洲大举扩张。另外，在战争中采取军事打击与经济援助双重的手段也是美国惯用的伎俩，美国以经济援助为名，渗透到交战国家进行投资，借此掠夺受援国家稀有的战略资源。

7. 吸引外部资本投入。经济增长与投资成长紧密关联，投资是联系生产和消费的重要纽带。从社会产品的使用上看，投资和消费是出清全部市场供给仅有的两条途径。从社会产品的提供上看，上一期的投资是追加的社会生产力在本期形成的关键所在，它决定了一个社会经济所能够提供的产品的数量和质量。20 世纪 80 年代造成美国经济出现“滞胀”局面的根源在于社会生产力形成缓慢，无法为社会提供足够的产品和就业机会，从而需要大量的进行投资来加速美国经济的产业结构调整。此时，正值冷战最激烈的时刻，在军备竞赛上寸步不让的里根政府抛出了战略防御倡议——“星球大战”计划，其核心就是通过建立起一个庞大的陆基和天基拦截体系，使美国本土得以免遭来自对手的核袭击。这项计划夸大其辞的宣传，使得富有的投资者们深信美国将是这个动荡的世界中最为安全的地方，于是来自西欧和海湾地区的巨额资金开始源源不断地流入美国。在 1982 ~ 1992 年的 10 年间，仅沙特阿拉伯等海湾合作委员会国家在美国的直接投资就达 3 440 亿美元之巨。来自西欧、日本和中东三方面的资金使得美国经济中的资本供应在 20 世纪 80 年代后期由短缺转向过剩。所以，里根时代的繁荣与来自世界范围的资本支持是分不开的，尽管从 80 年代中期开始的世界资本向美国流动是特殊条件下的产物。除去这种特殊环境下的表象，可以发现世界资本对美国投资信心的根本还在于美国拥有世界上最强大的经济体系，拥有世界上最发达的物质制造部门，掌握着世界上最先进的科学技术，搜罗着世界上最优秀的科技人才，尤其重要的是美国有最强大的军事力量，这对资本而言显得尤为重要。正是世界范围内的资本支撑并提升了美国经济的台阶，如果缺乏这一点，美国所谓的新经济绝对不可能在如此短的时间内完成。这恰恰是美国的战争准备、确切地说是遏制战略带来的外部经济效应。

8. 催兴股市。“9·11”事件发生后，美国经济出现滑坡，市场投资环境开始恶化，但是投资者预计美国政府不会姑息恐怖分子，即将开始的反恐战争将大幅度增加军费开支，于是纷纷转向购买军工企业的股票，使股价一路攀升，随后美国对阿富汗实施代号“持久自由”的军事行动，更让军事工业综合体的股价一路猛涨，从而稳住了因“9·11”事件而受冲击的美国股市，使其不至于因为“9·11”的影响而出现“雪崩效应”。从这个角度讲，正是战争脚步的临近抬高了军事工业综合体的股价，进而催兴了股市。

第十一节　美国战略与经济的互动

在美国经济成长的每一个阶段中，军事战略带来的经济红利功不可没，与此同时，也正是日益成长的美国经济为美国军事战略的变迁奠定了经济基础。在这个同步的过程中，求利性始终如一蕴含在美国的军事战略中。尽管美国军事战略的变迁随着经济实力背景的不同而经常调整，而且美国的经济利益和军事利益并非总是完全一致，但从美国经济发展的历程中，可以发现经济发展的脚步与军事战略的选择在很大程度上却是互动的，由于提高国家安全度需要的经济基础在相当程度上与促进经济繁荣相重合，正是基于这一契合点使得美国的军事战略与经济成长相得益彰。

一、冷战前时期的中立战略奠定了美国成为经济强国的雄厚基础

当美国处于经济实力相对薄弱的时期，只能凭借在地理位置上的优势，充当观望角色，推行中立战略，以中立者的姿态达到坐收渔利的目的，这一时期可追溯到第一次世界大战和第二次世界大战。第一次世界大战爆发时，美国没有参战，以保持“中立”之名，行坐收渔利之实。这个所谓“中立”战略的出台，决不像总统伍德罗·威尔逊所标榜的那样，是出自于“爱好和平”的缘故。实则是美国当时虽然在经济力量上已经超过了它的欧洲伙伴，但在军事实力上还远远落后于欧洲各列强国家。战争爆发时，美国的陆军部队规模甚小，加上国民警卫团在内，总共才20多万人，在多年厉兵秣马的列强的眼里，根本称不上是对手，因此，在战略上美国采取“中立”最为有利。从眼前利益看，“中立”贸易能使美国牟取暴利；从长远利益看，可以利用“中立”地位保持和发展势力，取得对列强的经济优势，有利于争夺战后市场。除了这些经济利益外，“中立”的身份可使美国作壁上观，同交战双方搞好政治交易，纵横捭阖，进退自如。在中立战略导引下，美国在开战之后，向交战双方出售军火，牟取暴利，特别是向协约国提供大量贷款，获得了大发横财的良机，并在此基础上发展军备。1914年，法国把价值600万

美元的黄金运往交战国最大的金融集团——摩根公司，以支付它在美国的订货。摩根公司则答应贷给法国1亿美元，前提是只能采购美国的货物。在此期间，美国对俄国的贷款和军需物品的供应也增至4.705亿美元。美国这个"军火库和兵工厂"从军火买卖中总共攫取了380亿美元的巨额利润。"中立"期间，美国的对外贸易显著增长。1914年，美国的输出额为23亿美元，1916年约为43亿美元，增长了83%。1914～1918年大战期间，美国加工工业生产增长了62%。战争结束时，全世界40%的黄金储备都集中到美国，它取代英国成为世界经济的中心[①]。军事上的"中立战略"带来的坐收渔利还表现在对远东和拉丁美洲的扩张。由于欧洲列强忙于大战，从而为美国悄悄地扩张提供了极好的机会。它占领了海地和多米尼加，两次武装干涉墨西哥，控制了古巴，尼加拉瓜和加勒比地区的其他国家，增强了对远东和拉丁美洲的控制。远东和太平洋地区是美国的巨大市场，它在中国的主要争夺对手是日本、俄国和英国，而日本尤其咄咄逼人。美国早就希望于远东，尤其是中国这个潜在的巨大市场。但在瓜分东方殖民地的角逐中美国是个迟到者，于是提出"门户开放，利益均沾"的口号，以此来掩饰其侵略中国的目的。总之，美国的经济繁荣离不开所谓的"中立"贸易。但这种"中立"贸易的单向发展，又使美国无法真正中立，无法"不偏不倚"，只是在名义上保持"中立"罢了，这种名义上的"中立"战略一直持续到第二次世界大战。二战期间，美国打着"中立"和"民主国家的伟大兵工厂"的旗号，大做军火生意，各资本主义国家流入美国大量黄金。战争使交战各国黄金外汇耗尽，美国国会于1941年3月通过了《租借法案》，使美国垄断组织大发战争财。二战以后，各资本主义国家交战国的实力被削弱了，美国在资本主义世界中的经济地位则得到进一步的提高。美国因为战争红利而空前强大，战后初期，一跃而成为资本主义世界的霸主。

"中立战略"为美国战后的军事全球战略形成奠定了坚实的经济基础，这一经济保障反过来又加快了美国称霸世界的全球战略的完善过程。

二、冷战期间的"遏制战略"引致赤字绵延基础上的经济繁荣

在冷战时期，美国与苏联在军事领域展开了激烈的较量，出于与苏联争霸的需要，美国不断调整军事战略，从20世纪40～50年代的"遏制战略"、

---

① 成杰：《历史的握手》，军事科学出版社1999年版，第13页。

大规模势利战略，60年代的“灵活反应战略”到70年代的“现实威胁战略”，最后是80年代末期的“新灵活反应战略”，历经变更，虽然名称不断翻新，但始终以遏制苏联为主，视苏联为主要战略对手，只是不同时期战略侧重点有所不同。美苏冷战持续40多年，以美国军事上的胜利为终结，但因遏制战略而带来的经济后果，则是喜忧参半：

一方面，财政收入远远不能满足因军费开支导致的庞大的财政支出。财政赤字在整个冷战期间是影响美国经济健康前行的一个重要桎梏。在里根执政时期，财政赤字曾连年刷新记录，无论是绝对值还是占国内生产总值的比例都变得日益庞大。1982年，联邦财政赤字为1 280亿美元，1983～1986年，联邦财政赤字平均每年都在2 000亿美元以上，“负债规模世界第一，人均负债全球最高”一直贯穿着整个20世纪80年代的美国经济。

另一方面，因遏制战略而引发的庞大军事需求在相当程度又刺激了美国经济的增长。使得美国的经济实力和科技水平在20世纪60年代初远远超过了其他西方发达国家。没有核武器，就没有网络经济。很少有人知道，今天叱咤风云的国际互联网的前身，是美国在60年代为了确保在苏联先发制人的核战争中能够发出报复指令而建立起来的军用通信网——APAR网。遏制战略的延伸经济效应具体表现在两个方面：一是军费开支的财富效应。美国军费开支一般占美国国民生产总值的9%左右，占美国联邦政府预算的35%左右。朝鲜战争期间，上述比例分别上升到14%和65%，而在越南战争期间则上升为10%和46%。军事开支的增长导致军事工业的生产规模不断扩大，由于军事预算大量地流向科研机构，并流向那些实力雄厚的、在经济生活中居于统治地位的大公司和机构，使其有能力进行生产、经营、管理和技术等方面的探索，从而推动了美国经济结构的变革和科技的迅速发展，带动美国进入后工业社会和信息时代。二是通过大量的经济援助推销商品和市场。冷战时期，为了遏制共产主义，美国实施了马歇尔计划、第四点计划和争取进步联盟计划等一系列援助计划。美国的对外经济援助并非总是利他性的，它总是为了服务于美国的经济利益，因而带着极其浓厚的利己主义色彩。如1948～1951年期间的马歇尔计划，表面上是为了复兴欧洲经济，从而遏制共产主义，但实际上有着控制西欧经济、夺取西欧市场的意图。在马歇尔计划提出之前，美国政府内外就一致认为，“一个受华盛顿监视的、统一的援助计划将能削弱共产党，有助于多边贸易以及美国的经济繁荣和安全”[①]。由于美国的跨国公司和金融势力大举进入西欧各国，大大促进了美国经济的发展，使美国的战时经济体制得以稳定地过渡到和平体制，帮助造就了美国的富裕。马歇尔计划之后，美国又将对外援助的重点转向了第三世界，即旨在向第三世界进行经济扩张的“第四点计划”，“发展这些（落后）国家将使我国工厂的生意永远兴隆……亚洲和非洲的生活水平只要提高2%，就可以使美国、英国和法国的工厂开足马力运转一个世纪”[②]。由此可见杜鲁门的第四点计划不是为了援助第三世界国家，而是为了美国的经济扩张。通过这些援助和投资，美国获得了巨大的原料、商品、资金和技术市场，为美国垄断资本攫取巨额利润创造了条件，从而繁荣了美国经济。而60年代的肯尼迪—约翰逊政府对拉丁美洲的“争取进步联盟”的计划主旨仍在于为美国推销商品和扩大投资。

总之，因遏制战略而滋生的经济利益是建立在赤字基础之上的，军事开支在很大上促进了美国经济的繁荣，对外援助扩大了美国的市场，遏制战略导致美国经济的运行不再局限于传统意义上的资本主义自由竞争体制，而是成为政府拥有庞大的预算并进行广泛干预的混合体制，战略对经济的推动已经深深地涉足到于美国的经济体制之中。正是美国的战略调整和逐渐占据的优势，迫使苏联对战略问题作出错误判断。但是，这一判断以及根据判断作出的决策，最终导致了它本身的解体。如美国和苏联在军事技术竞争中，注重军用技术的商业化（commercialization），这种商业化是20世纪50～60年代经济繁荣的一个重要原因。与此相反，苏联军事技术和军事工业一体并和民用经济的高度分离导致国民经济背负沉重，苏联解体从表面上看是美国在冷战中取得的胜利，但是，从更深层次看，是时代经济与科技的发展改变了美苏对抗的经济条件。从这一意义上说，苏联的失败不是源于它军事战略的失败，而是因战略而导致的经济实力的摧毁。

对苏联的遏制导致长期居高不下的军费给美国的经济带来了负面影响，庞大的军费开支导致美国赤字扶摇直上，国债日趋增加，虽然美国在冷战中赢得了胜利，但冷战的代价又何其高昂。

---

① 托马斯·帕特森：《美苏对抗》，巴尔的摩1973年版，第207页。

② 哈里·杜鲁门：《回忆录》（中译本）第2卷，北京三联书店1974年版，第282～283页。

三、冷战后时代的全球干预向先发制人战略的转变，催生了美国的新经济

冷战后，美国一夜之间失去了对等的战略对手。成为全球唯一超级大国，GDP 超过 7 万亿美元，大致相当于日、德、法、英 4 国的总和，综合国力和军事实力遥遥领先，霸权野心空前膨胀。面对经济全球化、政治多极化和社会信息化的潮流，先后提出“地区防务战略”、“灵活与有选择的参与战略”、“塑造、反应和准备战略”。虽然名称各不相同，但基本内容和指导思想却是一脉相承，即“全球干预”。世纪之交，美国通过北约东扩、强化双边或多边同盟、海外驻军等手段，使其战略纵深大大延伸：通过不断修改国际贸易与投资规则来满足垄断资本的经济贪欲。21 世纪的美国军事战略更是围绕如何达成控制欧亚大陆和掌握全球经济命脉而展开，其核心就是要“防止与美为敌的新兴霸权国家的出现，防止重要地区落入与美为敌的国家的控制之下。首先是通过实施 NMD 与 TMD 计划谋求建立全球绝对军事优势，占领太空领域制高点，将俄、中等大国的远程打击力量和核威慑力量陷入无用武之地；其次是军事战略与国家安全战略更加趋向雷同，军事手段与经济手段结合更加紧密，军事力量更加直接为满足垄断资本经济贪欲服务；再次是战略力量部署将更加着眼于控制全球重要战略资源产地和针对潜在战略对手；最后是利用军事革命的成果，加速推进军事改革，调整部队结构，大力加强数字化部队和数字化战场的建设，加快高新技术装备的研制与开发，力争在 21 世纪头 10 ~ 15 年基本实现信息化和一体化。

20 世纪 90 年代以来，美国经济以平均每年 2.7% 的速度稳步增长，被誉为进入了“新经济”时代。表现为经济的全球化。自 1991 年 4 月美国经济步出衰退，到 2000 年已持续高速增长近 10 个年头，自 1997 年开始年增长率均在 4% 以上，2000 年实际 GDP 增长率达 5%，20 世纪 90 年代美国经济的长期增长得益于冷战后的和平红利、知识经济的优势，1995 年，美国对外直接投资获得的收益为 855.4 亿美元，超过了外国对美投资获得的 318 亿美元的利润。出口扩大，成为一个重要经济增长来源，作为全球最大的进出口国和全球最大的资本输出和输入国，美国在世界经济全球化过程中获得了巨大的收益。1990 ~ 1996 年间，美国大宗商品出口每年递增 9%[①]。追逐高

① 见《经济日报》1997 年 6 月 16 日。

额剩余价值的欲望，使美国资本大量流入拥有资源和劳动力的国家和地区，大批的劳动密集型和资金密集型企业纷纷迁移国外，形成美国经济的“空心化趋势”。美国经济的脆弱性与抵抗危机的能力增强是并存的。一方面，美国国民生产总值中越来越大的比重来自于国外，不但传统工业离开了美国本土，而且跨国公司的国外投资部分还出现了一批高技术工业。国外生产比重的增加，加深了美国经济对世界环境、世界局势的依赖性，迫使美国更多地利用国际市场刺激经济的增长。尤为严重的是，作为美国经济基础的制造业的国内部分，也日益出现非工业化趋势，更加深了美国经济自身的脆弱性。另一方面，美国经济表现出了高度稳定性和抗危机的能力。美国经济在海湾战争中的表现表明了这一变化趋势。由于新技术革命的推动，美国经济结构发生了重大变化，开始从工业化时代向软经济时代过渡，信息、生物工程，空间技术、新材料等新兴产业日益在国民经济中占据重要地位。这些新兴产业具有智力密集、附加值高、耗能低的特点、比之传统工业更多地依赖于人力资本和智力资源，对物质资源的需求度减低，稀缺资源的替代性增加，从而减低了因物质资源波动导致经济波动的程度。同时，在软经济时代，创新能力成为增强国力的关键，而这正是美国经济的优势所在，是其最有竞争力的领域，这就使美国经济实力进一步增强，不再容易受危机和突发事件的影响。

第三章　美国战争及其军事战略目的的经济利益渴望

所谓战争和战略目的的经济利益渴望，是指战略决策者希望利用军事力量通过军事行动完成特定使命后所要达到的预期经济目的。人们奋斗所争取的一切，都同他们的利益有关①。同其他社会行为一样，美国战争依然遵循这个客观规律。对美国而言，“军事力量可作为达到经济目的的主要手段”②。经济利益是美国战争及其战略追求的主要内容，尽管美国的军事战略仿佛一个多彩而绚烂的万花筒，其形式通常因政府更替和格局变幻而发生令人目眩的变化，但无论怎样变更，其战略目的的经济欲望与政治目标相辅相成，围绕着争霸和称霸的政治目的，美国的战争及其战略同时还在扮演着推动美国经济成长的角色。

为了夯实争夺和维护霸权地位的经济基础，美国军事战略主要采取两种手段：一是直接利用战争或军备竞赛增强美国的经济实力，使美国的霸权系数加大；二是借助战争削弱其他国家的经济实力，使美国的经济实力相对增强，实现全球霸权。为此，战略决策者运用军事力量为美国经济的强盛开疆拓土，东征西战，美国早期的领土扩张、门户开放、孤立主义，两次世界大战中的中立和冷战时期的遏制，及至后来的新干涉主义，对经济利益的渴望始终伴随着美国的军事战略，不同的只是利益渴望的具体内容。

① 《马克思恩格斯选集》第 1 卷，人民出版社 1972 年版，第 82 页。

② ［美］约翰·柯林斯：《大战略》，中国人民解放军军事科学院 1978 年版，第 29 页。

第一节 利益渴望的主要根源

一、资本求利的本性

资本存在的价值就是通过不断寻找和扩大市场以追求利润最大化，从而达到资本增值的目的。美国是资本集中程度最高的国家，资本积累规模的不断扩大，与国内市场的相对有限形成不可调和的矛盾，解决矛盾的最佳办法就是为这些过剩资本寻求国际市场。资本输出是占统治地位的垄断资本主义的特征，资本追逐最大利润的本性决定了它在空间上无限扩张、在地域里不断渗透的特性，换言之，过剩资本必然要越过国界，走向世界，如果市场不是真正全球性的，就不可能实现资源的最佳配置，也就难以实现资本利润的最大化。垄断资本越发展，国内市场就越难容纳其巨大的生产力，资本就必然要求从本土走向国际，美国垄断资本的掠夺和求利就是通过瓜分国际市场实现的，而美国战略目标的全球霸权是和保卫资本的全球输出分不开的。

美国跨国公司是垄断资本高度发达的产物，是承载垄断资本在国际市场汪洋中驰骋的战舰，在垄断资本强烈的扩张欲望驱使下，跨国公司把目光投向广阔的海外市场，垄断资本的海外扩张由此而对美国经济具有二律背反的影响：一方面，它开拓了美国的世界市场；另一方面，又增加了因经济利益摩擦而引发战争的际遇。美国虽是后起的、暴发的资本主义国家，然而美国资本的积聚过程却进行得比任何国家都快，规模也比任何国家都大，为了在更大的范围内提高竞争力，以达到通过竞争获得垄断的目的，跨国公司一般通过扩大规模来降低成本和提高竞争力，于是强强联合式的跨国兼并或收购便成为快捷的方式，这种方式决定了美国垄断资本在跨国并购中的全球化特点，而资本的全球化使国家经济主权的现实意义越来越趋于淡化，它要求东道国实行开放自由的政策，保证跨国公司在全球范围内自由配置资源。由于美国资本广泛进行跨国兼并，其结果是导致对弱小国家经济主权的冲击，一部分弱小国家以经济主权的让渡作为经济发展的代价；而另一部分略为强大的国家，美国跨国公司则通过金融业务将其卷入对美国有利的国际金融体系，通过变贷款为债权、变债权为股权的手段成功地控制这些国家的经济命脉，于是因保卫国家经济安全而导致经济利益摩擦进而引发冲突就难以避免。由于在贸易投资日趋自由化的世界经济中，跨国公司已经成为美国安身立命、瓜分世界和角逐国际市场的主力军，它们通过直接投资的方式在多个国家拥有子公司或分支机构，从事跨国生产、销售和经营活动，以寻求自身的最大利益。在资本求利的过程中，美国跨国公司不仅通过直接投资在世界范围内编织起一个超越国界的经济实体网络，还围绕这个网络的运转构筑了一整套同样是超越国界的政治经济制度，逐渐形成了一个覆盖全球的跨国经济系统，随着在世界经济中越来越居主导地位，这一系统已经成为当代资本主义经济的发展内核，并在世界上确立了独一无二的绝对统治地位。这一经济系统的建立，使主宰这个系统的美国大为获益，使其能够把生存空间扩大到整个世界，把经济运转的物质基础建立在全球的资源财富上，在这个经济系统的形成与壮大的过程中，当资本对外求利扩张受阻时，就会受到美国在军事上的强大支持，因为正是美国资本在世界各地的投资与经营才使美国日益强大，美国资本的求利实际上是美国国家利益的具体体现，作为实现国家利益特殊工具的战争及战略，理所当然地将资本的利益作为自己的目标趋向，美国战略之所以从“半球防御”到全球出击，美军的铁蹄之所以从北美的13个殖民地迈向全球，从战争经济的角度看，是为资本的求利提供强有力的军事支持。

美国不遗余力妄想称霸全球，目的之一就是维护跨国公司在全球的经济利益，为垄断资本提供军事上的保护和支撑，最具典型说明意义的要数对垄断资本财团——第一花旗银行财团的军事支持。第一花旗银行是该财团的核心力量，第一次世界大战期间，它紧随在美国海军陆战队的刺刀后面霸占了海地的金融业，成为第一家在国外开设分行的美国银行，其触角甚至伸到旧中国的上海，参与帝国主义国家操纵旧中国的金融业。花旗银行成立初期就参与掠夺海外重要战略资源的活动，主要在拉丁美洲为美国原料进出口商和棉花公司从事金融业务，而美国认定战争对象和选择战争区域的经济利益取向表明：拉丁美洲是美国战争介入率最高的地区，由此可见垄断资本和军事支持的密切联系程度。对此，列宁论证说：垄断资本需要到海外争夺原料来源、资本市场和势力范围，因此帝国主义国家都采取了争夺殖民地的政策来实现这种核心利益，于是重新分割世界的斗争尖锐起来①。

在历史上，美国曾经通过重商主义完成了部分资本的原始积累，并幻想

① 《列宁选集》，人民出版社1972年版，第841~842页。

"当商品流动时，士兵就不会移动"[①]。然而，不争的残酷现实却是，凡是有美国资本流动的地方，就有美国士兵的足迹，垄断资本的全球性扩张使美国的战略边疆超越了自然国界，哪里有美国资本的利益，美国的安全疆界就伸展到哪里，今天的美国资本对外扩张已经一改昔日殖民主义时期那种穷凶极恶的嘴脸，因为包装上了推动经济发展的美丽外衣而对富国穷国均极具诱惑力，美国资本的游荡在世界上逐渐受到广泛的欢迎。冷战将一个曾经叱咤全球的欧亚大陆国家拖垮了，按理说美国战略目标的经济渴望应该满足了，但事实并非如此，表面原因似乎是美国建国后200多年来形成的扩张主义战略思维传统的惯性在起作用，深层次的原因之一还在于垄断资本的扩张本性，资本固有的贪婪本性必然使维护垄断资本利益的美国战争及其军事战略走上经济利益渴望的不归路。

二、民族求富的个性

一个民族的特性对军事战略决策往往具有不可估量的影响。"我还没有见过哪一个国家的人比美国人更爱钱如命。"[②] 近代欧洲重商主义思潮的传入和长期的西部拓荒实践，使美利坚民族成为一个注重实际物质财富的民族。"在美国，对物质福利的热爱并不是个别的，而是普遍的，虽然不是每个人都以同样的方式去热爱，但至少人人都有这种热爱……喜爱物质生活的享受正在变成全国性的和居于统治地位的爱好。人心所向的这股巨流，正把所有人卷进它的狂涛。"[③] 美国民族这种和早期移民艰苦卓绝的奋斗史密切相关的求富个性，即使在成为世界上最富裕的国家之一之后，也仍未有丝毫的更改，反而逐利心理更甚，正是这种民族求富个性，使得殚精竭虑甚至不惜运用战争手段追求财富的行为被大众所认同，动用军事力量征服其他民族以获取经济利益也因此成为美国军事战略的一大特色。

但是，"从史学家的观点来看，美国可算是一个几乎没有历史的民族……美国的政治家（战略家）几乎都毫无历史意识。美国人对于任何问题都习惯采取个别的解决，而很少能作全盘的考虑。美国人所代表的是一个急功好利的民族，缺乏远大眼光，常犯欲速则不达的错误。"[④] 所以，植根于

---

① 沃伦·克里斯托弗著：《美国新外交：经济防务民主》，新华出版社1999年版，第54页。

② ［法］托克维尔：《论美国的民主》上卷，商务印书馆1996年版，第57页。

③ ［法］托克维尔：《论美国的民主》下卷，商务印书馆1996年版，第659页。

④ 李际均：《论战略》，解放军出版社2002年版，第39页。

美国民族强烈求富个性的军事战略利益渴望，因为缺乏历史底蕴而具有双重特征：一方面有着与生俱来的求利性，另一方面又因为缺乏周密计划性而难以完全实现预期目标。

三、经济需求的牵引

1. 对外部经济安全环境的需求。经济全球化为美国提供了庞大的市场，给其经济的发展注入了生机和活力，大大增强了美国经济的国际竞争力。但有收益就必然有风险，美国经济对世界市场的高度依赖性，使其他国家和地区的经济风险越来越转变为美国自己的风险。由于美国经济的可持续发展日益依赖于其他国家经济的稳定和增长，美国经济已经难以独善其身，它已与世界经济结成一个相互依存的整体，无论是全球性的跨国问题还是众多国家的内部问题，都直接或间接地与美国经济繁荣与发展有关。美国在一个国家的投资越多，贸易额越大，就越关注这个国家的经济发展和政治稳定，希望这个国家的经济范式按照美国的发展模式而运行，美国经济对外部的依赖性如此之大，以至于对任何破坏这种外部稳定性的举动都怀有巨大的恐惧感，因为外部稳定性的丧失将使美国经济为此付出高昂的代价。另外，全球化迫使美国在国际社会担负着更多的霸权护持责任，为维护美国在全球范围内的经济利益，防范全球或某一国家的经济风险或危机蔓延和扩大，美国经常“主动”去稳定全球经济秩序，实施主动出击式的战争行动。美国空袭南联盟、出兵科威特和伊拉克，一方面是出于争夺全球战略资源的考虑，在稀缺性资源要素上依赖别国的美国不可避免地会担心供应被切断或者是遭受经济讹诈；另一方面也是对自身经济安全环境的忧虑而引致的必然反应。因此，为争夺和控制资源分配权而屡次出兵对美国而言是顺理成章的事。

2. 对世界贸易市场的需求。世界贸易市场是基于国际分工、在世界范围内因商品交换而有机联系起来的各个独立市场的总合。美国是世界上对市场依存度最高的国家之一，从历史上考察，美国自18世纪末期和19世纪初期就开始觊觎世界市场了。从表3-1可见，1790年的美国经济至少和200多年之后一样依赖海外市场，1790年美国的进出口总额为4 300万美元，贸易逆差300万美元。在19世纪，美国对世界其他地区的贸易依赖性超过了整个冷战期间，从1948~1957年，美国对外贸易占国民生产总值的7.3%，而1869～1893年，这个比例为13.4%[①]。从1980年开始，贸易逆差呈上升趋势（经过一个世纪的贸易顺差之后），到2000年，已经达到创记录的4 361亿美元。

表3－1　　美国对世界市场需求的历史与现实　　单位：百万美元

年　份	出　口	进　口	贸易平衡	年　份	出　口	进　口	贸易平衡
1790	20	23	－3	1920	8 228	5 278	2 950
1800	71	91	－20	1930	3 843	3 061	782
1810	67	85	－19	1940	4 021	2 625	1 396
1820	70	74	－4	1950	9 997	8 945	1 043
1830	72	63	9	1960	19 659	15 073	4 586
1840	124	98	25	1970	42 681	40 356	2 325
1850	144	174	－29	1980	220 626	244 871	－24 245
1860	334	354	－20	1990	394 030	495 042	－101 012
1870	393	436	－43	1992	448 164	532 665	－84 501
1880	836	668	168	1994	512 626	683 256	－170 630
1890	858	789	69	1996	625 075	795 289	－170 214
1900	1 394	850	545	1998	682 138	911 816	－229 678
1910	1 745	1 557	188	2000	781 918	1 218 022	－436 104

资料来源：根据《美国年鉴2002》数据整理，中国社会科学院美国研究所编，中国社会科学出版社2002年版。

扩张主义军事理论家马汉提出国家强大的两个主要标准是“巨大的海外贸易和在战争中的胜利”，这种实力论对美国利用军事力量占领世界市场起了推波助澜的作用。美国在18～19世纪就开始试图打开亚洲和非洲的贸易市场，当美国商人走遍全球寻找利润的时候，美国海军也接踵而至，历史悠久的地中海舰队建立于1815年，目的是遏制北非海盗。1822年美国组建了西印度洋和太平洋舰队，后者负责保护美国在南美洲和南海群岛的商业利益，1826年成立了南大西洋舰队，随后相继建立了东印度舰队，美国海军能在所有大洋纵横驰骋。美国人的后代从未忘记对外国市场的依赖，也没有忘记将产品运往市场的运输方式，这也就是美国对占有重要运输通道和有利

① ［美］沃尔特·拉塞尔·米德：《美国外交政策及其如何影响了世界》，辽宁教育出版社2003年版。

的市场区位而出兵海外的经济原因，美国经济对海外市场的依赖大大拓宽了军事力量护持的范围。

3．无度延伸的消费需求。在垄断资本居统治地位的美国，对利益的渴望成为全社会的主流。垄断资本不仅借助生产、分配、交换取得了对经济社会的主宰地位，而且也借助于消费需求占据经济社会的一席之地，在生产与消费构成的互动系统中，消费者并不因“顾客就是上帝”的法则存在而居于主导地位，生产与消费的双向刺激是在垄断资本财团取得了主宰地位的前提下实现的，这使它们可以根据生产的盈利性目标策划消费生活方式和确定消费需求。福特汽车公司大规模生产方式的成功并不表明福特公司在解决失业者就业问题上的针对性和目的性，而是全社会充分就业是资本获取最大利润的保障前提。所以，对利益的渴望是垄断资本在生产规模高度膨胀下维持生存的前提，而生产的无度加剧了消费欲望的无度膨胀，因为在利益主宰下的消费行为不是由消费者本身的需要来确定的，而是根据资本扩张的需要来确定的，当对利益的渴望被作为一种社会价值标准时，消费欲望的无度膨胀便也成为顺其自然的事了。因此，当美国一而再、再而三地出兵伊拉克时，对石油的消费需求是战略决策者说服纳税人为战争买单的最好理由。

四、垄断财团的左右

垄断财团指的是通过财力控制国家机器，操纵政府政策制定，影响战略决策趋向来维护自己利益的经济团体。垄断财团既是美国经济的核心，更是美国政治生活浪潮中一支潜伏的暗流，有时甚至根本就是滋生美国战略决策的河床。垄断财团犹如一个首席乐师，只要弹出一串音符，国防部乃至总统就会随乐起舞。克林顿政府劳工部部长、著名经济学家罗伯特·赖克曾说：“这些核心公司宏伟的总部大厦就是美国资本主义的神殿，代表着国家的权力和信心。”[①] 美国的垄断财团主要分为四类形式：

第一类是纯粹为利益游说的团体。如对外关系委员会，多由金融寡头、政客及御用学者组成。其中，洛克菲勒财团在委员会中占有重要地位，摩根、第一花旗银行、梅隆、波士顿、制造商汉诺威、福特、加利福尼亚等财团的许多金融寡头都是该委员会的成员。对外关系委员会的成员是冷战和实

① 王缉思：《高处不胜寒——冷战后美国的全球战略和世界地位》，厦门鹭江出版社 2000 年版，第 400～401 页。

力地位政策的发明者，是侵朝、侵越战争的策划者①。

第二类是由有影响的商业协会组成。如经济发展委员会、美国商会，全国制造商协会、美国石油协会、美国纺织业协会、美国鞋业制造商协会、全国煤炭协会、国防工业协会等。

第三类是以家族为核心的利益财团，其中以洛克菲勒家族和摩根财团家族最为典型，以这两个家族为核心的两大垄断资本财团先后主宰美国政治和经济近一个世纪，它们之间的明争暗斗在很大程度上决定着美国战略的演变。“金元王朝”一词是美国学者称呼富豪家族财团的专用名词，这是对家族财团在美国经济、政治生活中举足轻重影响的形象描述，其意是说美国虽然没有世袭的封建王朝，但是这些豪富家族的财势以及它们在国家经济和政治中的支配作用，比起封建王朝来说丝毫不逊色。任何政客如果受到金元王朝的拥护，就可能青云直上，如罗斯福、艾森豪威尔和肯尼迪都曾得到了洛克菲勒财团的大力支持，否则不可能留名于美国史册。20 世纪 60 年代的国防部部长麦克纳马拉，原是福特汽车公司总经理。前国防部部长温伯格原是奇特尔国际工程公司的副总经理，他是经由美国西部的加利福尼亚财团推荐而进入里根决策班子的。发动两次伊拉克战争的布什父子都有深厚的财团支持背景，小布什的再次当选更是与他强力支持军工财团密切相关，2005 年他计划军费支出 4 160 亿美元，而庞大的军费开支是军工财团利润的来源。至于由各州选出的国会参众两院议员，他们的当选也和相关财团的支持密不可分。

第四类是农业财团，由农业社联盟和大批生产特定农产品的农场主财团（美国大豆协会、牧牛人协会等）组成。农业社联盟在盛产玉米的中西部地区特别强大，长期以来和政府保持着十分密切的联系，被称为“几乎是半个政府性质的机构”。尽管美国农业人口所占比例很小，但农业经济财团同国会议员和有关政府部门关系十分密切，因而也被认为是人数较少却拥有较多政治影响力的典型。

经济上强者的力量在于他们握有政治权力，没有这种政治权力，他们也就不能保持自己的经济统治。垄断财团之所以能左右美国战争及其战略的利益渴望，源自于财团雄厚的经济实力和政治影响力，早在 20 世纪 50 年代，艾森豪威尔总统就曾警告美国要“高度认识和警惕军工财团在导致美国军事

① 引自［美］《纽约时报杂志》1971 年 11 月 21 日。

机构日益膨胀方面发挥的作用”①。艾森豪威尔任总统前曾经是美国的五星上将，在第二次世界大战中曾获显赫战功，深知美军方和垄断财团的内幕，他坦率道出的内心担忧可谓意味深长。无论哪一类垄断财团，大多通过以下途径影响美国战略决策趋向：一是在决策过程中游说政策制定者，其手段是提供金钱；二是同政府机构官员保持密切联系，发挥咨询作用，间接参与决策过程；三是总统任命的官员直接来自垄断财团（见表3－2）；四是利用在国际上的知名度影响决策过程。其中第三种影响为最普遍，也是最强悍的，由于战略的制定者是垄断财团的忠实代言人，因而成为影响美国军事战略利益渴望和走向的重要因素。由于决策者来自财团，军事战略决策从本质上反映了垄断财团的利益和愿望。

表3－2　　　　战后美国国防部部长与垄断财团的关系②

	年　份	姓　名	任前所属公司与职务
杜鲁门政府	1947～1949	詹姆斯·福雷斯特尔	狄龙—里德公司总经理
	1949～1950	路易斯·约翰逊	克拉克斯堡联合国家公司及国民储蓄与租借公司董事
	1950～1951	乔治·马歇尔	泛美航空公司董事
	1951～1953	罗伯特·洛维特	布朗兄弟—哈里曼公司董事，北美航空公司董事
艾森豪威尔政府	1953～1957	查尔斯·威尔逊	通用汽车公司总经理
	1957～1959	内尔·麦克尔罗伊	通用电气公司董事，普罗克特—甘布尔公司总经理
	1959～1961	小托马斯·盖茨	德雷克塞尔公司合伙人
肯尼迪—约翰逊政府	1961～1968	罗伯特·麦克纳马拉	福特汽车公司总经理

始于20世纪初，垄断财团已经成为美国经济生活的基础，在垄断形成与发展过程中，工业资本与银行资本逐渐融合，形成金融资本，以八大财团即摩根财团、洛克菲勒财团、库恩—罗比财团、梅隆财团、杜邦财团、芝加哥财团、克利夫兰财团和波士顿财团为主的金融资本不仅支配着美国的国民

① 杰里尔·A. 罗赛蒂著，周启明等译：《美国对外政策的政治学》，第421页。

② 复旦大学资本主义国家经济研究所：《美国垄断财团》，上海人民出版社1977年版，第66页。

经济，而且成为美国垄断资本在海外的集中代表，伴随垄断资本的产生、扩张和发展，垄断财团最终成为美国经济上最富有、政治上最有势力的阶层，而战争决策者首先考虑的就是保证统治阶级的经济利益。由于垄断财团在经济社会中独特的支撑作用，又凭借充足的财力成为政府政客的后盾，所以直接影响着战略决策层的走向，正是他们影响着政府在两次世界大战中先卖军火、后参战，使自己大发战争横财。因此，从某种程度上看，垄断资本的求利本性、垄断财团的政治影响力拓展了美国军事战略的利益渴望领域，垄断财团的左右是美国战争及其战略利益渴望的深层次经济原因。

五、哲学观念的导向

实用主义产生于19世纪末20世纪初的美国，这是一种强调行动和效果的哲学，它主张人以行动求生存，以效果定优劣，以进取求发展，是激烈竞争的资本主义社会的产物。由于它与美国民族的求富个性、政治经济制度相结合，因而最终发展成为被美国历届政府所倚重和热衷的国家哲学。美国前国务卿基辛格博士认为，实用主义是“美国精神”，美国人的求实精神和进取心就是实用主义培养起来的，而美国的领导是“官僚——实用主义型领导财团”[①]。基辛格对实用主义的评价具有广泛性。实用主义的基本原理是“我们思考事物时，只需考虑它含有什么样可能的实际效果，即从它那里会得到什么感觉，必须作什么样的反应”。而“实用主义的方法，不是什么特别的结果，只不过是一种确定方向的态度。这个态度不是去看最先的事物、原则、范畴和假定是必需的东西；而是去看最后的事物、收获、效果和事实”[②]。显而易见，强调行动、注重效果、提倡开拓进取是实用主义哲学的三大主要特征，也是其基本精神所在。

作为唯一在美国土生土长的哲学流派，必定对美国战略决策者的观念和思维方式产生巨大的影响，进而影响着美国的军事战略。折射在战略决策上，战略决策者正是遵循了实用主义的方法和思想，才使美国在短短的200多年间，由一个英属殖民地国家成长为世界超级大国。特别是在对外扩张上，自1900年美国兼并部分萨摩亚群岛、版图基本固定下来后，美国就将扩张重点转向了境外势力范围的扩张，即“软扩张”。当美国国内出现危机

① 王元明：《行动与效果：美国实用主义研究》，中国社会科学出版社1998年版，第1页。
② 詹姆士：《实用主义》，商务印书馆1979年版，第27～31页。

时，能够迅速地收缩国外阵线，集中力量解决国内问题。这同20世纪另一个超级大国俄国（苏联）始终坚持扩大版图的“硬扩张”方式形成了鲜明的对照。美苏争霸的最终结局，同它们扩张方式的选择和对实用主义方法的运用有着密切关系。折射在战略目标的规划蓝图上，就是不同时期的财富内容渴望，土地与海洋，疆域与市场，资源与权力，这些足以证明美国战略决策层的实用主义态度，即根据美国经济的需求，灵活机动地对美国军事战略目标的利益渴望不断修正、变化和调整。从美国军事战略的变迁可以看到，历届政府的军事战略都是根据实际需要不断调整和变化，以最大限度地维护、巩固和扩展美国利益为目的，具体军事战略虽然有多种多样的表现形式，但透过具体军事战略千变万化的表象，可以看到美国军事战略的实用主义特点以及效用至上的经济实质。

六、总统个人经济哲学的渗透

战争决策是战争行动的指南，战争决策系统是一个规模庞大、结构复杂、功能齐全的综合体系，从理论层面来说，它应该包括健全的决策机构、科学的决策制度及决策机制、灵敏有效的决策信息反馈系统。但从美国现实决策层来看，相对完善的机构和快捷的信息都不能弥补权力膨胀的漏洞，逾越法律的总统战争话语权是致命的认知错误。

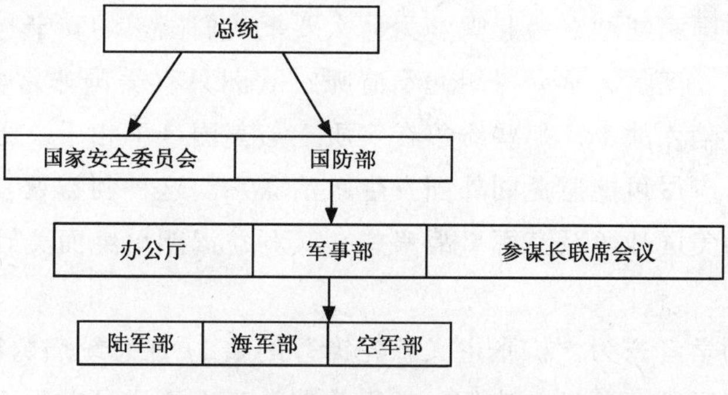

图3－1　美国总统在战争决策机构中的权力位势

从图3－1中可见总统至高无上的地位，总统任军事力量总司令，通过国家安全委员会和国防部统率全军，紧急时可越级指挥第一线部队。总统是处于战略决策层的一个不可忽略的变量，这个变量的认知能力如对决策环境判断的理性成分、非理性成分、文化背景、信仰体系以及经济哲学等等虽然只是作为独立干预变量而存在，但仍然会影响到战略目的的界定。经济哲学是对经济世界感性和理性的思考，是衡量利益得失的价值观和世界观。总统不是经济学家，如何利用军事力量实现国家利益渴望一般只是总统经济智囊团所要考虑的范畴，但总统个人的经济哲学对赋予军事战略经济目的有着不可小视的决定作用，这既是他们对现实生活的感悟，同时也是总统战争权力扩张的表现。美国建国200多年来，与其他国家发生过不计其数的战争，但经国会宣战的只有5次，美英战争（1812）、美墨战争（1846）、美西战争（1899）和两次世界大战[①]。其他绝大多数战争都是总统宣战后经国会认可，美墨战争中，詹姆斯·波尔克总统派兵强占得克萨斯造成既定事实，其后国会通过宣战法案，开“总统宣战、国会追认”的先河。由于总统与国会的总目标是一致的，都是为了巩固美国在世界上的霸权地位，故总统的战争权力扩张符合现实需要，从而在一定程度上为总统运用战争手段实践固有的经济哲学理念提供了契机。

第一任美国总统华盛顿的经济哲学使美国战略的利益渴望单纯而美好。乔治·华盛顿生于弗吉尼亚威斯特摩兰一个种植园奴隶主家庭，独立战争期间任大陆军总司令，他带领一支在印第安战争中成长起来的民兵部队，经过了八年艰苦卓绝的战争，终于使新生的美国彻底摆脱了英国的羁绊，战后他历任美国第一、第二届总统。在1796年离任前的《告别词》中，他昭示了自己的经济哲学：我们为什么要离开本土跑到外国去呢？为什么要把我们的命运同欧洲的国家纠缠在一起呢？为什么要把我们国家的安宁与昌盛跟欧洲的野心、敌对、反复无常弄得纠缠不清呢？欧洲只有美国非常微小的利益，而且欧洲经常陷入战争，那些纷争在实质上与美国毫不相干，所以，在发展商业关系时，应尽可能避免同外国发生政治联系。这种利益观一览无余折射在他任期内的美国战争及其军事战略中，其利益渴望单纯而美好：美国的独立与自由。

被今天的学者誉为“扩张主义急先锋”的第11任总统詹姆斯·波尔克之所以对弱小邻国墨西哥发动战争，是因为他认为太平洋是美国天然的西部边界，打通通向太平洋的大陆通道，等于打开对东方贸易的“金门”，而且“自己任期内扩大领土对于促进国家的繁荣富强，其意义之重大是自从宪法制订以来的任何成就的意义都不能与之比拟的”[②]。这种经济哲学赋予了美

① 《美国总统与国会的战争权力之争》，参见《美国研究参考资料》1992年第1期，第27页。
② 邢福有：《为圆一个美国梦》，重庆出版社2001年版，第58页。

墨战争对土地的渴望，于是在1846～1848年的美墨战争中，美国夺走了墨西哥240万平方公里的领土，并开创了境外作战的先例，地理版图的扩大使美国成为地跨两大洋的庞然大国。

生于弗吉尼亚州的伍德罗·威尔逊幼年对南北战争带来的破坏印象刻骨铭心，这对他日后承袭孤立传统、奉行中立战略有着重要影响，耐人寻味的是，正是“置身战争之外”的口号使他获得了连任。就是这样一位忠实的孤立主义继承人在他“没有人比我更关心把美国商人的企业带到地球上每一个地区”的经济哲学驱使下，领导美国投入了历史上第一次最大的国外战争。将商人的渴望融合在战争利益渴望中，在自此以后历届政府的战略中都能找到类似的翻版。战后的威尔逊得意洋洋地表示：现在美国在世界金融和商业上所占地位和必须占有的地位是过去所未曾梦想的①。

同样是中立战略支持者的富兰克林·罗斯福，其父是哈得孙河谷长期从事工商业的大乡绅，他本人在哈佛大学选修过经济学课程，是经济改革的积极倡导者，因此，战争中的罗斯福冲破各种阻力迫使国会通过1939年中立法修正案和1941年的租借法就似在情理之中。第二次世界大战期间，美国经济成绩斐然，与他推行的“中立战略”不无关联，中立战略使美国从交战双方获得不菲的战争红利。

乔治·布什主修经济学，有经营石油的丰富经历，实现能源自给一直是他的宏伟经济目标，因为“所有中西部的农场主、阿巴拉契地区的矿工和石油带的钻井工同这个梦想都利害相关”②。所以，为了石油而出兵海湾非常符合布什的经济哲学理念。

哈里·杜鲁门年轻时家境困难，为谋生计在铁路上当过计时员，在报社分发过邮件，还当过剧场的清洁工，在乡下帮父亲经营农场。以后和军队里的战友合伙经营过一家服饰用品商店，后因经济萧条和经营不善，两年后倒闭。早年的经历赋予他浓郁的商人的气质和实现充分就业的抱负。在早期杜鲁门政府的经济纲领中，实现充分就业成为他颇有号召力的旗帜，国会最后在战争中通过的1946年就业法成为美国历史上具有里程碑性质的重大经济决策。首次将总统与其经济顾问间的关系用法律形式固定下来，发动朝鲜战争提高就业率与他大力倡导的充分就业一脉相承。

---

① 朱崇坤：《霸权的历程》，新华出版社2000年版，第72页。

② 陈宝森：《美国总统与经济智囊》，世界知识出版社1996年版，第291页。

艾森豪威尔出生在堪萨斯州的阿比林市。他家庭贫寒，从小就必须辛勤劳动，把豌豆、豆角、生菜、玉米装上轻便马车或四轮大车，然后挨家叫卖。这种儿时的生活对艾森豪威尔后来偏爱成功的企业家产生了重要影响。“我相信我们的私营工商业是有生气的制度。它们证明自己不仅能供应强大的战争资源，而且能给世界上数目庞大的居民提供极高的生活水平。需要有一批人去做这些事……如果要给这些人一个名字，我认为他们的名字就是美国企业家。”① 在他任期内，美国军事工业不断膨胀，并形成势力很大的军事—工业复合体，他任命通用动力公司董事长查尔斯·威尔逊为国防部长，“只要有利于国家，就有利于通用动力公司，反之亦然。”② 由此可见他对军事—工业复合体利益的维护和重视程度。他任期内的“大规模报复战略”使垄断财团大发其财，以致美国媒体将他的政府称之为“大企业家财团”③。

约翰·F. 肯尼迪出身于波士顿的名门望族，有哈佛大学选修经济学课程以及在伦敦经济学院的经历，是大企业利益的忠实支持者，即使在越南战争期间，也仍然坚持“大炮和黄油并驾齐驱”的双重战略，一如他在 1960 年就职演说时就自大宣称的那样：美国“将付出任何代价、承担任何义务以确保自由的存在与胜利”④。实际上这是当时的美国经济难以承担的。他个人感性的经济哲学不能不说是导致美国在越南战争中败北的原因之一。

演员出身的里根成为富有的土地所有者后，学会了使用各种避税手法，可是他永远没有忘记自己成为新贵时所支付的巨额税款，并为此而耿耿于怀。于是他的经济哲学基本上是三大主旋律，即：（1）减少政府开支；（2）增加国防力量；（3）大幅度减税。其经济哲学是“里根经济学”的主线，而“里根经济学”在奠定拖垮苏联战略经济底蕴的运作过程中功不可没。他坚信“美国经济的增长是保证我们实力的奠基石”⑤。因此，在与苏联的抗衡中，“新灵活反应战略”（军事战略）处处渗透着“里根主义”（国家战略）的痕迹。

出身商界的小布什是德州政客，作风独断，又有使命感，布什政府同实力强大的军事工业财团有着不可分割的联系，而美国遭受攻击的事实又使美

① 陈宝森：《美国总统与经济智囊》，世界知识出版社 1996 年版，第 75 ~ 76 页。
② 张文生：《全球出击》，中共中央党校出版社 1997 年版，第 495 页。
③ 梅人：《美国历任总统》时事出版社 1992 年版，第 346 页。
④ 代鹏：《经济增长的革命》，经济科学出版社 2002 年版，第 157 页。
⑤ 1987 年里根致国会报告《美国国家安全战略》，第 23 页。

国人确信外部世界对美国的威胁是实实在在的，因此增加国防开支有充分的正当理由，布什主张以超强的军事实力维护国家安全，而庞大的军费开支为军工财团输入了丰厚的财源，他是将国家利益和军工财团利益有机融合的典范。

综上所述，总统个人的经济哲学和美国战争及其战略目的的经济利益渴望有着千丝万缕的联系，美国战争及其战略对“自由和独立、土地和疆域、商品和市场、资源和军火贸易”等有形与无形利益的渴望无一不渗透着总统个人的经济哲学思想。

七、经济学流派的影响

产生于15世纪的重商主义（Mercantilism）是近代欧洲资本主义发展阶段盛行的一个经济学流派，它发展于欧洲资本原始积累时期，大致经历了早期重商学派和晚期重商学派两个历史阶段，在晚期重商学派时期，商品生产和流通有了进一步的发展，因此，该学派认为对外贸易是国家财富增长的主要途径，主张国家必须运用一切手段、特别是利用军事手段不断开辟海外贸易的新领域，所谓“谁掌握了世界贸易，谁就掌握世界本身”是其座右铭。美国著名的政治家和政治思想家亚历山大·汉密尔顿是重商主义的忠实信徒，独立战争时期担任华盛顿的秘书和大陆会议的代表，战后任财政部长，作为制定美国第一部宪法的主要参加者，他主持制定的一系列奠基性国家大法都渗透着浓厚的重商主义色彩，1800年他提交给国会一份特别报告，在报告中他敦促国会扩建正规军，他认为只有规模大、数量多的正规军才能保护美国的商业，同时扩张美国的领土，建立职业化军队的思想在当时的美国新宪法中得到了体现。正是他把重商主义理论变成了美国军事战略思维的一块重要理论基石。此后，美国的军事战略决策者对此奉若神明，以至商人的气息不时萦绕在战争及其军事战略的决策中。

第二节　利益渴望的主要内容

一、扩张领土和拓殖疆域

古往今来，开疆辟土一直是强国发动战争的经济目的。在世界战争历史上，战争狂人希特勒就因为苏联丰富的战略资源而侵占其国土，希特勒在公开的讲话中曾多次详尽地描述了他关于统治东欧的黄粱美梦及其对德国人的意义："如果我们能够占有乌拉尔无穷的原料宝藏和西伯利亚的森林，而且乌克兰无际的麦田也展现在德国境内，那么我们的国家就可以优游自得了。当第二次世界大战进行正酣的时候，他再次做起了这个黄粱美梦：在很大程度上说，没有一个国家能比欧洲更能自给自足。哪一个地区能供应乌克兰的优质铁矿？到哪里还能找到更多的镍、更多的煤、更多的锰和更多的钼？如果能把这块地方弄到手，不管从哪一方面说，我们将是世界上最能自给自立的国家。木材，我们将有的是，铁矿，取之不尽，用之不竭，锰矿是世界上最大的，至于石油，我们简直可以在里面游泳。"① 设想若是纳粹德国真的吞并了乌克兰和其他地区，那么希特勒或许一劳永逸地改善了德国资源稀缺的现状，从而使今天的全球称霸斗争更加错综复杂。

历史往往有惊人的相似，美国的战争及其战略具有同样的利益渴望。纵览美国战争史，其拓展疆域是沿袭大陆扩张—海外扩张—全球称霸的变化轨迹。论出身，美国并不高贵，资源禀赋也并不丰裕，独立前是英属殖民地，只有大西洋沿岸的13个州，独立战争后拥有220万平方公里的疆域，没有通往太平洋的出海口，无法满足殖民者独占北美大陆的欲望，亚当斯总统因此而扬言美国命中注定将扩大到北半球的整个西部，辟土开疆从此成为美国历届政府孜孜以求的目标。1846年的美墨战争是美国大陆扩张的开端，不仅打通了通向太平洋的大陆通道，而且为美国的版图增加了119.3万平方公里的领土②。自1898年的美西战争起，直至第二次世界大战结束为止，是美国的海外扩张时期，通过战争或战争威胁等手段，美国的版图得到前所未有的拓展，那些具有经济价值的土地使美国的综合国力大增，开疆辟土的战争将美国一举打造成为在西半球向欧洲列强发起挑战的泱泱大国。

综上所述，实施进攻型军事战略、利用战争开疆辟土以增强国力是霸权国的共同利益渴望，只是相对纳粹德国而言，美国有过之而无不及，随着美国经济的成长，美国战争及其战略对资源的渴求胜过对土地的欲望。

---

① ［美］小艾尔弗雷德·E. 埃克斯著，王振普等译：《美国与全球性的矿物争夺》，中国对外经济贸易出版社1983年版，第67～68页。

② 蔡祖铭：《美国军事战略研究》，国防大学研究生院2001年9月。

二、争夺地缘经济优势

从冷战后的军事战略来看，地缘经济论已经在美国的战略思潮中居于主流地位，地缘经济论认为，国际经济关系决定国际政治关系，并强调经济目的和经济手段在战略中的主导地位及作用。地缘经济论反映出当代全球范围内综合国力竞争日趋重要的不争现实，尤其反映出西方发达经济国家对争夺经济优势的战略性关注。从目前战略现状来看，虽然地缘经济尚未完全取代地缘政治，但在21世纪初，这两者之间的传统界限已经逐渐变得模糊不清了，在以争夺地缘政治优势为主的时代，当国家间出现财富拥有和分配上的变化时，随之就会导致军事力量对比的迥然不同，进而影响到国际体系中的权力分配。但在冷战后时代，由于区域强国之间发生直接军事对抗的可能性日趋降低，经济力量本身已经直接影响到国际体系之间政治权力的分配，而拥有地缘经济优势是加强一国综合经济实力的重要辅助性条件，因此，地缘经济优势拥有与否变得前所未有的重要，它对国家的生存与发展具有举足轻重的作用。

随着经济全球化的浪潮拍打着世界的每一寸堤岸之时，所有国家都不同程度地依赖国际市场，问题在于美国需要的是可自由向任何国家输出产品与资本的全球大市场，因为这是美国增强经济实力的主要途径，在美国历史上，向海外进行商业扩张曾被视为是美国边疆的一种自然延伸，是美国天定命运的一部分，随着世界政治、经济、技术和国际相互依赖关系的迅猛发展，经济实力已不再只是单纯通过转化和分割为军事实力才能发挥战略作用的后盾性因素，而是能够在国家战略层面上直接产生战略影响、效能、乃至最终成为达成战略目标的对抗性手段，所以，争夺地缘经济优势成为美国战略渴望的主要内容之一。始自克林顿政府强调经济安全重要性的之时，就是美国战略重心由地缘政治向地缘经济倾斜的标志，同时也是美国吹响争夺地缘经济优势的战斗号角。因此，在21世纪的军事力量较量中，争夺地缘经济优势将成为美国与区域强国之间激烈角逐的主题。

三、掠夺稀缺的战略资源

从农业时代到工业时代及其后工业时代，社会经济对资源的需求不尽相同。以土地为代表的天然物质资源在农业时代作用最大；在后工业时代，稀缺的物资资源则是经济发展不可或缺的生产要素。一般而言，在既定数量

K_1 的资源基础上进行生产，只能形成 G_1 数量的国民生产总值，当资源量扩大到 K_2，生产能力则相应扩大，国民生产总值将达到 G_2 数量（见图3-2）。

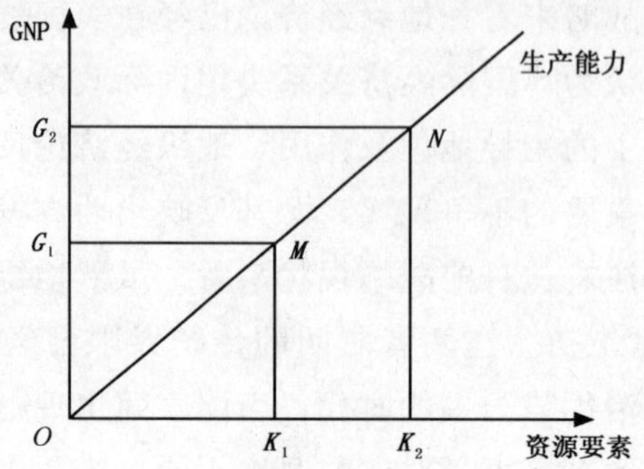

图3-2　资源要素与GNP的关系

资源短缺是美国经济发展的约束因素之一，攫取足够的资源要素是提高国民生产总值的基础性条件。

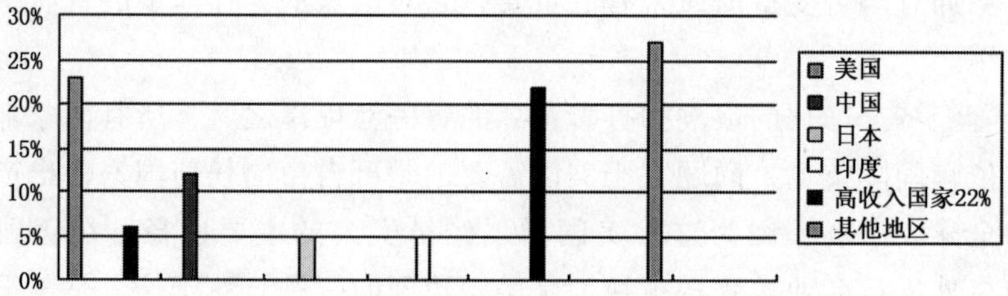

图3-3　美国资源需求比例①

图3-3表明美国消耗的资源占全球总量的23%，而高收入国家的资源需求总和也只占22%，美国对资源的需求量由此可见一斑。战争及战略对资源的渴望源自于资源无与伦比的作用："我们经济增长的基础是原料和由矿物和燃料所产生的能源。"② 美国虽是世界上最大的资源生产国，但也是最大的资源消费国。对全球资源的依赖，最突出表现在对石油的需求上，它是制约美国经济发展的瓶颈问题。其实美国的石油尚称丰富，已探明储量约40亿吨，居世界第七位，占世界总储量的近5%。主要分布于墨西哥湾沿

① 世界银行：《2000年世界发展指标》中文版，中国财政经济出版社2000年版，第139页。
② 梅孜：《美国总统国情咨文选编》，时事出版社1994年版。

岸、阿拉斯加州和加利福尼亚谷地①。但由于美国国内石油产量下降，消费量增加，因此，对国外能源的依赖性越来越大，出于控制中东石油分配权的动机，美国屡次出兵海湾，不难看出美国正在历经忧患的"能源危机"。

掠夺战略资源即是美国的长远目标,又是眼前现实的需要,战略资源对美国的繁荣和安全过去是、现在依然是个关键。从图1可以看到,美国正从全球化的经济体系中获得巨大利益,它在依靠全球经济体系的资源养活着自己,利用世界财富维系着丰富的物质生活水平及其经济体系。美国犹如一台高速运转的机器,一刻也不能停止原料与能源的供应,运转得越快,对资源和原料的供应要求越高,越需要资源的高消耗来支撑经济的持续性增长,美国模式是工业化国家经济发展模式的典型代表。但这种发展模式对世界有限的自然资源、人类共享的物质财富构成极大的挑战。美国对物资资源的高消耗和资源全球有限分布构成一对尖锐的矛盾,于是追求战略资源便成了美国战争及其战略利益渴望的重要内容。除了利用美国资本对全球资源实施掠夺外,动用武力对世界资源强行分配和控制越来越成为弥补资源不足的主要手段。

四、控制稀缺战略资源的供给和运输渠道

美国对资源的需求使其必然要保护资源运输渠道的安全，其中，海上运输渠道又是重点，全世界数以千计的海峡中，适于航运的只有130个，其中主要海峡仅40多个，从1986年起，美海军宣布要控制全球16个海峡要道②，这些咽喉要道分别为经济发达区的洲际海峡、沟通大洋的海峡、唯一通道的海峡和主要航线上的海峡，它们均为海上交通的咽喉要道，或者能扼控舰船航行，或者能缩短海上航程，具有十分重要的经济意义，因而在美国战略利益渴望占有极为突出的位置。致力于维护霍尔木兹海峡通道的安全是美国军事力量任务的重中之重，位于阿曼和伊朗之间的霍尔木兹海峡，除了它在军事上的重要性外，对于世界石油市场具有不可估量的战略意义，是世界上最重要的海上石油运输咽喉通道，年石油运输量大约占世界石油总贸易

① U.S.Energy Information Administration，"United States of American"，May 21，2003，Http：// www.eia.doe.gov　emeu　cabs　usa.html.

② 分别是马六甲海峡、望加锡海峡、巽他海峡、朝鲜海峡、苏伊士运河、曼德海峡、波斯湾、霍尔木兹海峡、直布罗陀海峡、所卡格拉克海峡、卡特加特海峡、相陵兰—冰岛—联合王国海峡、巴拿马运河、佛罗里达海峡、阿拉斯加湾、大西洋上非洲以南海域到北美间的航道。见蔡祖铭：《美国军事战略研究》，国防大学研究生院2001年9月，第132～133页。

量的五分之二[1]。最依赖该海湾的国家是伊朗，由此可见美国将其列为“无赖”国家重点防范的潜在经济原因之一。

加勒比海的袖珍岛国格林纳达扼守着加勒比海出入大西洋的门户，是重要的交通咽喉之地，这个秀美的岛国之所以被美国悍然入侵，除了因为亲苏威胁到美国的经济利益外，更为重要的是，它具有的丰富自然资源和出入大西洋门户的运输通道作用。

有“世界桥梁”之称的巴拿马共和国连接中美洲和南美洲大陆，又是大西洋和太平洋之间的交通要道，当今世界共有三条人工国际水道，巴拿马运河就是其中的一条，它使大西洋和太平洋之间的距离缩短了约1万多公里，为了达到长期霸占运河的目的，美国政府干涉巴拿马内政，从而导致巴拿马政府更迭频繁，1968年以前的65年中更换了38届总统。为收回巴拿马运河主权，巴拿马人民付出了血的代价，当巴拿马政府不肯就范时，美国不惜动用武力实施震惊世界的入侵行动。

今天的里海及其沿岸地区越来越吸引着美国的注意，里海盆地不仅是世界一流的石油产区，潜在的石油储量达到1 600亿桶[2]，而且还拥有丰富的碳氢化合物储量，美国公司在阿塞拜疆的近海油田和哈萨克的坦齐兹油田投资了数十亿美元。问题是如何把那些石油和天然气通过里海国家运送到市场上去。为此，美国正在加紧实施对里海地区主要运输通道控制的方案（巴库—杰伊汗输油管道），其手段是建造“巴尔干—高加索—中亚”运输线路，将里海地区的石油输往西方市场，希望里海国家的石油能够在一定程度上弥补即将到来的能源危机所造成的损失，甚至消除危机的威胁。据西方专家的乐观预测，在巴库—杰伊汗输油管道（2005年）投入运营后，在其输油量增加到每年5 000万吨（2010年）并使哈萨克斯坦石油与之连接的条件下，独联体国家的石油出口量在并不遥远的未来可能会接近沙特阿拉伯的出口量。预计在2010年前里海地区国家成为对美国具有经济吸引力的国家，可以每天出口约300万~400万桶石油。因此，美国感兴趣的与其说是开采石油本身，不如说是确立对里海石油运输渠道的控制，在2002~2010年，里海将成为美国的资源储藏库[3]。由此可见，对石油分配权的争夺及其运输渠

① U.S. Energy Information Administration，“Persian Gulf Oil and Gas Exports Fact Sheet”.

② 《美国新世纪的国家安全战略》，见《美国霸权与中国安全》，天津人民出版社2000年版，第260页。

③ 军事科学院世界军事研究部：《世界军事参考》第99期，2004年12月7日。

道的控制也许能从经济的层面解释美国急于东扩，挤压俄罗斯战略空间的真实原因。

五、获取并维护对稀有战略资源流向的控制能力

第二次世界大战后,美国争夺经济霸权是通过确立美元在国际上的流通地位来实现的。今天的美国,则希望通过掌控关键战略资源产出及其流向来昭示并巩固经济霸权。具有掌控战略资源流向的能力对美国而言具有重要的战略意义,因为美国经济是建立在全球采购、全球资源优化配置的基础上的,只有具备调控世界资源格局及其资源流动方向的能力,才能维持并有效支撑美国高消费模式和经济的高速运转,防止全球贸易、金融市场、能源供应和环境体系向不利于美国的方面发展。为此,美国对此类威胁从来就没有停止过军事威胁、军事干涉乃至直接的军事打击。在冷战后的美国战争中,无数次的军事干涉和战争均与维持战略资源流向、控制战略资源运输渠道有关,21世纪初对伊拉克的战争就是控制稀缺资源分配权及其流向的典型佐证。

战略资源是工业化国家不可或缺的生产要素，美国是目前唯一具有控制关键生产要素流动方向能力的国家，而控制要素和产出的流向，事实上就有可能控制世界经济的发展趋向。由于东亚、拉美、东欧、俄罗斯经济的动荡，大量资金流入美国，为美国提供了丰裕而廉价的货币资本，加上美国相对完备的基础设施和先进的科研设备，大量的高技术人才纷纷流向美国，美国实际上是用他国的资金、他人的头脑赚自己的钱，从这个角度看，美国是世界上商品价值的最后实现者和资本吸纳者，正是在控制生产要素流动方向的基础上，美国才能在世界范围内控制着商品价值实现的流动方向，而控制要素和产出的流动方向，事实上就是企图控制他国经济发展进程，这也正是美国力图维护其经济霸权的一个重要原因。美国的这种控制能力是其他国家不能与之匹敌的，所以才要竭力护持这种控制能力，当伊拉克要挑战这种能力时，美国不惜运用武力维护这种控制能力。

六、通过战略施压恶化挑战国的经济运行环境

恶化挑战国经济运行的安全环境是美国军事战略配合国家战略目标顺利达成的常用手段，因而成为美国战略利益渴望的内容之一。历史和现实经验表明，一个国家经济运行环境的优劣，并非完全是由该国自己控制或决定的，其他国家的战略施压会引致该国经济运行环境的恶化。遏制战略是美国

对眼中挑战国采取的共通性战略，如“遏制”导致了苏联经济的彻底崩溃，“遏制加打击”加剧了伊拉克经济的日渐衰败，而“遏制加接触”则增加了中国经济面临的威胁。

苏联曾是美国眼中最大的挑战国，自第二次世界大战后直至20世纪80年代末期，美国军事战略的称谓虽然五花八门，但遏制思想却贯穿始终，从大规模报复战略、灵活反应战略、现实威慑战略、新灵活反应战略、直到超越遏制战略，尽管整个冷战期间以核竞争为主的军事较量不时呈现白热化状态，但纯粹军事上的对抗根本不能消除苏联这个战略对手，于是，利用军事上的遏制恶化苏联经济运行环境便成为美国军事战略的渴望，苏联被迫选择“抑民重军”的国民经济发展模式，虽然一度成为与美国并驾齐驱的超级军事强国，但美国军事上的步步逼进将苏联经济拖进军备竞赛的泥潭，以致使其支撑军事力量的国民经济体系全盘崩溃。

中国是美国眼中最具潜力的挑战国。美国极力宣传“中国威胁论”，对中国实施“接触与遏制”战略，通过部署TMD系统、密切与日本和韩国的同盟关系，将触角伸到中国台湾甚至东南亚地区等等战略举措，对中国形成弧形包围圈，企图使中国卷入地区军备竞赛，进而影响我国总体经济建设大局和21世纪国家战略目标的实现。但我国寓国防经济于国民经济建设之中的军事斗争准备原则使国民经济一直保持持续、稳定、健康发展的势头。

伊拉克是美国眼中最强悍的挑战国。从老布什经克林顿直到小布什，无一例外都对伊拉克采取战略施压以驯服这匹不羁野马，从遏制、威慑直至战争，机关可谓算尽，因为“中东是一个攸关美国利益的地区，未来几百年内我们需要那里的石油供应”①。严厉的武器核查和疯狂的军事打击导致今天伊拉克的国民经济濒于崩溃。

显而易见，对美国而言，美国今天是否强大和富有，既取决于它拥有的实力和财富是否多，也取决于其他国家比它拥有的是多还是少。美国恶化挑战国经济运行环境的深层次经济原因是要护持以经济霸权为核心的全球霸权地位，是一种典型的不允许任何国家强过于美国的霸权心态在作祟。

---

① 中国现代国际关系研究所：《全球变局——美国与伊拉克》，时事出版社2002年版，第17页。

第三节　利益渴望的变化规律和强制性约束力量

一、军事战略的经济利益渴望和经济实力盛衰同步合拍

美国战争及战略的经济利益渴望是随着综合国力的强盛逐渐膨胀、并随着经济发展的强盛程度不断变更其渴望内容的。美国自独立战争（1776～1783）之后，为避免卷入欧洲各国的外交纷争，一度奉行被概括为“门罗主义”的孤立主义外交政策，这当然是与美国当时的实力和地位相一致的。但进入19世纪以后，随着美国工业革命的开展及经济力量的相应上升，越来越多的美国人开始在愈加广阔的国际舞台上看到了美国的利益所在。罗伯特·吉尔平对国家追逐利益的动因作过这样的解释：随着国家实力的增加，国家就将受到诱惑，产生对周边环境控制的企图。为了提高自身的安全感，它力求扩大在政治、经济以及领土方面的控制，它还将试图改变国际体系，使之符合其一系列特殊利益①。在美国羽翼未丰、国力不强、无力与欧洲国家在整个美洲地区展开全面竞争之时，美国战略的经济利益渴望正义而美好。虽然“许多国家在海上掠夺美国的商船”，然而独立与自由却是美国战争及战略最大的渴望，1776年，托马斯·杰斐逊起草的《独立宣言》向全世界庄严宣布美国的独立，并自豪的宣称：那些联合一致的殖民地从此是自由和独立的国家。这时的美国军事力量是一支维护民族独立、保家卫国的正义之师，巩固新生的政权是当时战争及其战略的主要目标，崇尚民族独立的理想充盈在军事战略中。华盛顿总统倡导的“不与欧洲任何国家结盟”的孤立主义原则、以及门罗总统在《门罗宣言》中提出的“我们从没有而且今后也不干涉任何强国的即存的殖民地与附属国”的不干涉原则曾被奉为至尊宝典。这些使美国置身于欧洲战争之外的战略传统为新生的美利坚合众国维护国家安全、发展国内经济、积蓄军事力量提供了有力的保证。令人遗憾的是，防御性的战略传统随着美国国力的壮大逐渐消失殆尽。

19世纪后半期是美国资本主义经济迅速发展时期。1894年美国的工业生产总值已经打破了英国工业的垄断地位，跃居至世界首位，扩张的渴望随

---

①　坎布里奇：《世界政治中的战争与变革》，剑桥大学出版社1981年版，第94～95页。

之而生，其称霸世界的野心随之初露端倪。19 世纪末，美国已经成为资本主义世界最强大的国家。20 世纪初，随着资本主义经济实力的发展，美国战略遵循“力量所及，则尽力扩张”的原则[①]，为了争夺世界贸易市场、原料产地和投资场所，在世界范围内同列强展开不懈角逐。到西奥多·罗斯福总统时代，华盛顿开创的“中立政策”已被历史尘封，《门罗宣言》也已完全背离了当年门罗总统的原意，美国的利益渴望不断膨胀，至第二次世界大战结束时，这种渴望已经达到了顶峰。

20 世纪 40 年代后期直到 50 年代中期，美国的经济和军事力量在世界上占据绝对的优势，由于美国经济在战时得到了迅速的发展，第二次世界大战落下帷幕之时，美国经济占世界经济总量的 50%，经济上的压倒性优势使美国的地位处于其历史巅峰状态，而其他资本主义经济大国都遭受到了沉重的打击甚至摧毁性的破坏，这无疑为美国提供了实现战略扩张的广阔空间，它将目光投向了整个地球。1945 年 10 月 27 日是美国的海军节，总统杜鲁门发表了他就任总统以来的第一次重大的演讲，他不无得意地夸耀美利坚合众国“拥有地球上最强大的海军和最强大的陆军”，公开宣称美国的目标主要是确保海上航行自由，确保对外贸易和取得原材料的均等机会，军事行动的主要目标是尽量获得尽可能多的海外基地。有人问美国海军部长詹姆斯，福雷斯特尔，美国海军要航行到哪里时，后者毫不犹豫地说有海洋的任何地方[②]。贪婪心态昭然若揭。

20 世纪 60 年代末到 70 年代末，美国经济出现滞胀，国力开始显现明显的下降趋势。1969 年国民生产总值仅占世界的 20% 至 25%，同战后初期相比，同类指标下降过半，布雷顿森林体系的破产，标志着美国的经济实力已经不能顺利维持以美国为中心的资本主义经济体系，美国经济大国地位的下降，动摇了美国在资本主义世界的霸主心态，美国的霸权地位受到前苏联的严重挑战。尼克松开始调整处在全球顶峰的争霸战略，强调大国均衡。70 年代是美国和前苏联在战略核武器上达到实质性平衡的时期，并以此为基础形成了所谓确保相互毁灭的战略（mutual assured destruction，MAD），这实际上是美国在战略武器方面失去对于前苏联的优势、承认两国军事力量均衡的表现。

---

① 修昔底德：《伯罗奔尼撒战争史》，纽约企鹅图书出版公司 1972 年版，第 402 页。

② 朱崇坤：《霸权的历程》，新华出版社 2000 年版，第 116 页。

20世纪70年代末到90年代末期，美国经济在世界经济总量中所占的比重一直维持在22%左右，其在世界中的经济地位相对稳定。此间的军事战略历经均势—缓和—强硬的发展阶段，在军事战略上与苏联一度形成胶着状态。80年代末期，和不久后美国依靠信息技术革命、经济结构调整和改良的财政政策等等所带来的近乎空前的经济显赫优势相比，美国经济增长相对缓慢，其工业总产值占世界总产量的份额下降，农产品出口因受第三世界国家竞争而减少，政府财政赤字和债务庞大，美国军事战略所依赖的经济基础前景不容乐观，从而导致战略目标一度收缩，直到昔日争霸对手消失后，地区防务战略再度显现强烈的进攻性。

20世纪90年代中后期至21世纪初期，由于“里根经济学”已经使美国经济显著复苏，从而为军事战略奠定了坚实的经济基础，美国的战略对手开始直指地区性强国，频繁的出兵预示着美国战略的新一轮全球扩张，由于战争及其战略利益的渴望受战争资源的经济约束，加之美国经济面临日本等区域经济强国的严峻挑战，所以美国的独霸之路并不平坦。

总体而言，综合国力的强弱制约战略的欲望，在美国经济相对薄弱时期，战争及战略的利益渴望简单而纯朴；随着国力渐渐强盛，战争及战略的利益渴望急迫而原始，战争多围绕着对疆域的拓展而展开，战争形式表现为直接的经济掠夺；当美国经济傲居群雄后，战争及战略的利益渴望开始疯狂而贪婪，与经济有关的市场、原料供应产地便成为指引战争行动的航标；在冷战期间的均衡经济背景下，战争及战略的利益渴望变得温婉而狡诈，战争以权力争夺和权力较量为主；而在美国经济面临区域强国严峻挑战的今天，美国战争及战略的利益渴望霸气而直白，它凭借相对强大的经济底蕴，将战争赋予了新的历史使命：强悍地争夺以稀缺战略资源分配权为内核的经济霸权，并在这个基础上维护美国的全球霸权。

二、国家成本收益变化规律是利益渴望变更的强制性力量

从殖民地时期至第二次世界大战前期，美国远未成为经济上的巨无霸，战略的利益渴望表现为对绵延土地、蓝色海洋为主要内容的利益争夺，这个阶段的战争及其战略对有形的经济利益图谋最盛。冷战时期，美国与苏联在经济与军事上相互牵制和抗衡，战争及其战略的渴望表现为对权力资源的争夺，对利益的渴望隐藏在意识形态的角逐之中。冷战后直至今天，战争及其战略的渴望表现为对战略资源及其分配权的争夺，虽然利益的具体内容不尽

相同，但战略的利益渴望有着恒久传承的历史延续性，在这种历史延续中，国家成本收益变化规律是美国战争及战略从对土地和疆域的渴望转向其他利益渴望的强制性力量。

从系统学的观点来看，一个国家的疆域越广阔，国土规模愈大，它所拥有的自然资源品种和数量就会越丰富，可选择的资源匹配和利用方式就越多样，从而获得的综合经济效益也就越大，国家的经济国力和竞争力就越强。因为，每增加一片国土，它所增加的效益就不单纯是国土原先的效益，而是经系统重新整合后的效益加总，而整体效益显然要大于部分之和；同理，它所增加的管理成本也是系统整合后的成本，总体成本应小于各部分成本之和才算效益管理。因此，一个国家的国土规模并非绝对是越大越好，一旦管理成本超过了国土规模所带来的收益时，国土规模的扩大便失去了经济意义。

在美国经济发展的早期阶段，美国战争对外扩张以获取广阔的疆域为目的，当美国经济强盛到一定程度后，美国军事战略的利益渴望不再有疆域扩张的冲动，而表现为对市场、权力和战略资源分配控制权的争夺，这并非表明美国军事战略好斗性和进攻性的减弱，而是国家国土适度规模效应作用的结果，是国家管理成本收益变化规律的必然结果。国家管理成本与收益变化规律表明一个国家的疆域面积应是适度规模。国家管理成本，是指为确保一国社会经济秩序正常有序所需的各项管理费用支出，通常用财政支出来表示。国家管理成本变化的一般规律是成本随着疆域面积的不断扩大而相应增加，其变化轨迹是：在管理效率既定的前提下，随着区域面积的扩大，管理总成本增加幅度加快，即在某一区域范围内（见图 3-4 中的 $O-S_1$），国家为确保社会秩序正常运转而设立一定数量的行政管理机构和投入一定的管理费用，这一固定成本在行政区域面积 $O-S_1$ 之间时并不发生很大变化（见图 3-4）。

但是，当区域面积逐渐加大时，原有的行政管理费用逐渐不足以维持该区域经济系统的正常运转，必须增加管理机构和管理费用，因此而使固定成本随之提高。

国家收益是指国家在所管辖区域内获得的经济收入。当一个国家国土面积规模较小时，在管理效率既定的前提下，国家能有效地管理所辖国土，并容易使区域经济系统处于高效运行状态，此时总收益增长速度较快；随着疆域面积的不断扩大，由于受交通、通讯特别是管理效率的制约，国家对庞大的地域经济系统愈来愈不能进行有效管理，此时的经济系统运转效率将逐渐

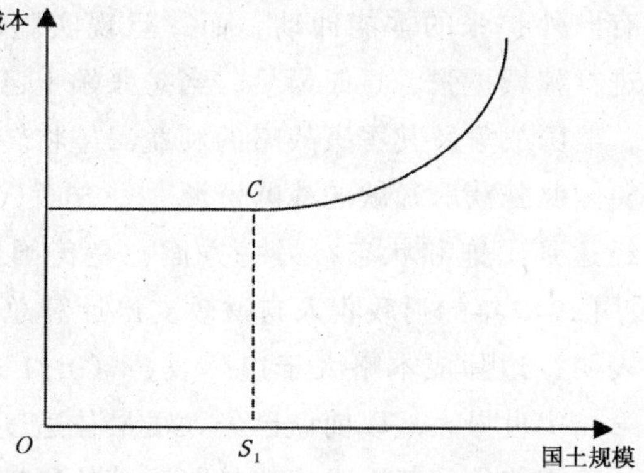

图 3-4 国家管理成本与国家规模的关系

减低，表现为疆域边际收益递减，（总收益增量和区域面积增量之比）总收益增长速度逐渐放慢以致趋向停止（见图 3-5）。

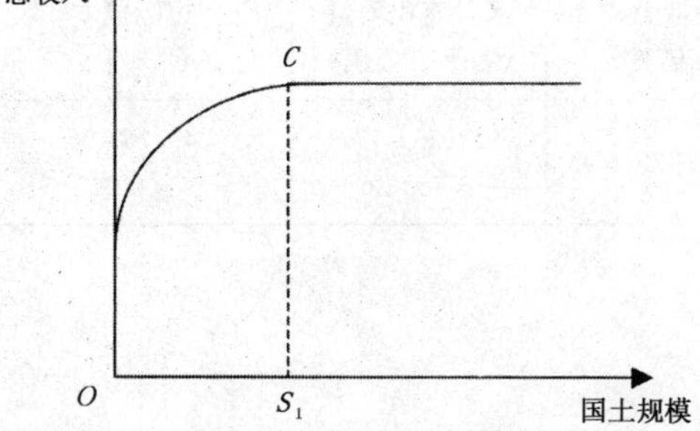

图 3-5 国家管理收益与国家规模的关系

从国家成本和国家收益的变化规律不难得出：国家成本和国家收益都是随着国家疆域面积的增加而增加，但国家规模太小或者太大对经济的运行均不利。当国家的疆域面积大于最佳规模时，为确保国家区域经济系统正常运转，国家必须增加更多的管理成本；当现实疆域规模小于其最佳规模时，国家区域经济系统虽然处于正常的运行状态，但系统的产出有限，投入产出效益较差。所以，从经济的角度讲，追求国家适度规模即国民经济产出最优时的疆域面积应是国家的最佳国土规模①。在疆域规模效应的内在作用驱动

① 设国家的总成本和总收益函数分别用 $C(S)$ 和 $E(S)$ 表示，其中 S 代表国土面积，则国家经济收入总盈利 $P = E(S) - C(S)$，对该式求对 S 的导数，并令其为零：$dP/dS = E'(S) - C'(S) = 0$，得出：$E'(S^*) = C'(S^*)$，表明要实现国土规模管理最优化，必须使国家边际成本等于国家边际收益，此时总成本和总收益之间的差距最大，国家收益也最大。

下，国家必然具有向外扩张的本能冲动，而一旦现实疆域超过了适度规模时，国家无须再进行疆域扩张。显而易见，当扩张领土已经不再是美国经济生存需要的时候，美国战争及其军事战略的利益渴望将转向为美国经济的发展而战。今天的美国疯狂获取稀缺的战略资源，一方面从某种程度上表明美国的疆域需求已经达到了饱和状态；另一方面，是美国经济发展的客观需要。表 3－3 中采用 1940 年的财政收入与财政支出计算总收入增量和总支出增量，计算结果表明：边际成本略大于边际收益（0.31 > 0.28），证明了美国的国土规模在第二次世界大战以前就已经大于最佳适度规模状态了，即从经济的角度来说，美国战争及其军事战略扩张疆域的冲动和欲望已经非常的小了。事实也表明，截至第二次世界大战时期，美国对海外领土的扩张战争已经基本结束。

表 3－3　　美国国土规模边际成本和边际收益计算①

年　份	总成本增量（亿美元）	总收益增量（亿美元）	国土面积增量（万平方公里）	边际成本（亿美元/万平方公里）	边际收益（亿美元/万平方公里）
1940	95 – 46 = 49	65 – 20 = 45	937.26 – 777 = 160.26	49/160.26 = 0.31	45/160.26 = 0.28

① 根据《美国经济统计手册》提供的数据计算，采用 1940 年的财政收入、财政支出与前一年的收入与支出相比，分别代表总收入增量和总支出增量；用截至美西战争时美国完成“大陆扩张”梦想的版图 777 万平方公里和美国现实疆域面积 937.26 万平方公里之差代表疆域面积增量。

第四章　美国战争及其军事战略手段的经济选择

本文所谓的经济选择，是指怎样以较少投入取得最大收益，或用最短的时间快速达成战略目的的行动方式选择。美国为了实现预期的战略目标，在分析战略态势的基础上，有规律性的选择一些具有经济学意义的军事行动方案。为了将战争危机消灭在萌芽状态，控制战争规模升级，美国惯常采用军事外交、军备控制、军事威慑乃至维和等形态各异的非战争军事行动样式；为了加快战争节奏、缩短战争进程，美国推崇运用经济破坏、经济封锁和经济掠夺等等战时经济战以削弱对方支持战争的经济能力；为了减少战争成本、缓解战争压力，美国不变地使用联盟战略分摊战争费用。由于美国战争性质的非正义性，对上述手段的理性预期往往不能完全如愿以偿。

第一节　非战争军事行动——扼制战争萌芽的常规手段

所谓非战争军事行动，亦称非战争行动，是指使用军事力量行使非战争事态的军事活动。具体表现形式主要有军备控制、军事外交、军事威慑、军备竞赛、支持平暴等具有军事性的行动和维和、民事援助等以维护社会稳定为目的的社会性行动。在战争成本日渐攀升的大背景下，除非有特别的政治企图，一般情况下，美国推崇采用非战争行动来扼住战争萌芽、控制战争规模升级。

一、概念提出的战略背景

非战争行动的实践古今中外早已有之，我国古代军事家恢弘博大的兵书中不乏“不战而屈人之兵”的经典范例，古希腊伯罗奔尼撒战争时期的“间接路线”、二战时期德国的拉拢外交等等，都是非战争行动的经典范式，但正式概念的提出始自于美国，该概念的出台具有深刻的战略背景。苏联解体后，美国加强了与冷战后时代相应的新军事战备，1993 年克林顿上台后，国防部对美国过去的防务政策进行了为期 7 个月的全面审查，并在此基础上发表了《防务全面审查报告》，报告首次提出“非战争行动”这一概念，强调美国既要准备对付两场同时发生的大规模地区军事冲突，又要准备对付小规模地区危机和冲突；美军既要善于实施战争行动，又要善于实施非战争行动。世界上一些治安、民事问题已危及整个国际社会的稳定，对美国安全已经构成了威胁，据此现状，美军应积极参与这一类问题的解决，在遂行作战行动以外实施诸如缉私、反毒、反恐怖、人道主义救援和国际军事交流等一类行动，主动参与地区和世界事务，以此谋求地区稳定，维护美国的安全环境。美陆军 1993 年版的《联合作战纲要》对非战争行动的界定是：一种由空中、地面、海上、空间和特种作战部队以及有关政府机构和非政府组织相互补充、相互配合的联合行动。非战争行动主要包括以下几种类型：（1）军备控制；（2）反恐怖；（3）国防部支援反毒行动；（4）国家援助；（5）撤出非战斗人员的行动；（6）其他民事支援行动；（7）维和行动；（8）支持平暴。《纲要》界定的这些行动样式与美军在战争实践中经常使用的军事威慑、军事外交和军备竞赛一样，都是旨在消除战争萌芽、控制战争升级而遂行的非战争行动样式。

显而易见，美国提出非战争行动的初衷是为其在更加广泛的世界范围内实行新的军事干涉主义奠定理论基础。1998 年的“环太平洋”演习成为新干涉主义的试验田，训练项目重心从过去提高美军决战技术水平为目的逐渐向以地区冲突为目标转移。演习以发生地区冲突为背景，演练了以美军为首的联军部队实施人道主义干涉行动，这次演习是非战争行动由理论走向实践的重要步骤。从美军初始概念的提出到实施演习，可管窥到非战争行动的意图始终是围绕着提高美军消弭战争萌芽、控制战争升级的能力而提出的。

二、美军非战争行动和战争行动的联系

战争涵盖战争规避、战争起因、战争准备、战争实施、战争复员和战争结局等等诸多方面的问题，非战争行动几乎与战争中的每一个环节都息息相关，一次不恰当的非战争行动如军事威慑可能就是点燃战火的导火索，而一

次适时、适地的非战争行动如军事外交则可能避免干戈相向。从行动方式上看，非战争行动与战争行动大相径庭，它不是两军博弈，但究其实施主体、地位、作用及终极目的，它又与战争密不可分、相辅相成：

1. 从非战争行动的实施主体来考察，它主要由作战部队实施。美军认为特种作战部队具有装备轻、武器精、行动快、机动灵活等特点，能够隐秘、快速和精确地对紧急情况做出迅速反应，是遂行非战争行动最理想的工具，正是实施主体所具有的这种特有的机动迅速特点，美国通常运用其作为维和行动、平息暴乱等消除战争萌芽的首选工具。

2. 从非战争行动的地位来看，它与战争行动相辅相成，是战争行动的外延。美军陆军训练与条令司令部制定的《21世纪部队的作战》手册将非战争行动与全面战争、武装冲突并列，作为美军21世纪面临的军事任务，从经济的角度来看，战争动因的经济性、战争实施的高成本为非战争行动的运用提供了契机，扫描美国的战争，几乎每一场战争都程度不同地运用了形形色色的非战争行动，它进行的每场战争是外交、军控、威慑与力量角逐的多重交汇，即使动用军事力量遂行民事援助行动，其最终目的仍是为了维护美国的安全与稳定，以期消除战争萌芽。非战争行动既可能是遏制战争的手段，一旦失败，又可能成为战争的前奏，所以，美国对非战争行动的筹划并没有超出对战争全局运筹的范畴，它是战争行动的外延。

3. 从美军现有的作战理念和作战纲要来分析，战争行动与非战争行动目标趋向具有一致性。美陆军训练与条令司令部联合兵种司令部司令霍尔德中将称：那种认为非战争军事行动有一套自己的原则的想法，在作战部队中并不受欢迎，很多指挥官都反对把非战争行动与本义上的军事行动区分开来。在诸如索马里等地区实施的军事行动一再表明，始于人道主义或维和任务的行动，可能会迅速转化为常规作战行动。陆军中已形成这样一种共识，即把非战争行动区分出来单独对待是一种错误的做法。1998年《作战纲要》审定版中，不再将非作战行动与常规作战行动区别对待，而是用一组单一的原则涵盖陆军所有类型的军事行动，在提高作战原则适用性的同时，昭示了非战争行动与战争行动目的的趋同性。

4. 从使用频率上来看，两者几乎是齐头并进伯仲难分。战争行动是军事力量直接对抗性质的较量，美国一贯推崇武力解决矛盾，但美国以同样非凡的热情对非战争行动推崇备至。非战争行动相对柔和，既可能是柔中带刚的军事外交、不见硝烟的军事威慑，抑或是刚柔并济的军备竞赛和军备控制，也可能是平抑暴乱和反对恐怖活动的军事打击，无论运用哪一种形式，非战争行动都是战争行动的有机组成部分，它处在战争的临界点，既可以向和平转化，也可以朝向战争发展。如军事威慑就是在对抗的“博弈”中向对方发出知难而退的信号，军事威慑失败的结果可能就是战争；而军事外交发出的合作信号则可能平息一场干戈。在战争现实中，美国充分运用非战争行动这种游刃有余的特性，当战争有利于自己时，会依照美国的需要随意越过战争的临界点，粗暴使用武力，反之，则充分发挥非战争行动控制战争的作用，力使战争危机消除在萌芽阶段。

随着美国干涉事务的频率增加，美国运用军事力量参加国际维和和救援、维护国际社会稳定等非战争行动的几率愈来愈高，从表面上看，这类非战争行动似乎与遏制战争没有联系，但这类行动的最终目的仍是为了维护美国的国家安全，因为对美国而言，不稳定的国际环境也是滋生战争的温床。所以，从根本上说，美军实施维和维稳之类的非战争行动，最终仍是为了维护和稳定有利于美国的国际安全环境，消除战争萌芽。

综上所述，非战争行动是美国军事战略的有机组成部分。其基本内涵是以遏制战争为基点，其外延是以控制战争规模升级为终点，为达成战略目的创造有利条件。实施非战争行动是美国运用军事力量遏制战争萌芽、控制战争规模升级的理性预期，这种理性预期常常因为美国的霸权心态和强权政治而失败，例如，一次扼制战争萌芽、控制战争升级的维和行动也许就是引发战争的导火索，这是对美国非战争行动理性预期的莫大讽刺。

三、美军非战争行动的特点

1. 非战争行动的伴随性。战争是人类社会中最残酷而又最生动的现象，没有哪一种现象这样交织着刚柔相济，而在美军战争经济手段的选择中，没有哪一种样式又像非战争行动这样软硬兼施。海湾战争中美伊核较量、第二次海湾战争前期的军备周旋，凭借军备控制削弱潜在对手的战争潜力和实力，利用军事外交营造有利于己的战略态势，借助军事威慑延缓或阻止战争的爆发，通过经济援助消磨对方战争意志，即使在同本·拉登这样的恐怖分子较量时，美国也使用了类似军事威慑性质的非战争行动样式，可见在战争甚至恐怖行动中，无论怎样的烈度和规模，美国都根据国家利益需要，伴随使用形式千秋各异的非战争行动，以扼住战争之苗疯长，控制战争之火蔓延。概而括之，美军将非战争行动伴随运用在战争全程，使非战争行动与战争行动相互配合，相得益彰。

2. 非战争行动的辅助性。辅助性是基于非战争行动的伴随性特点而滋生的，军事外交固然能化干戈为玉帛，经济援助也能营造对美国有利的战争氛围，军备控制能削弱对方实施战争的能力，平定暴乱更是可能扼住战争的喉咙。总之，利用非战争行动遏制战争萌芽、阻止战争升级的做法在美军现代高技术局部战争中不胜枚举，问题在于，一旦非战争行动难以奏效后，美国最终仍采用战争手段解决矛盾争端。20 世纪 90 年代的海湾战争中，美军在战前就以检查和消除核武器为名封存伊军的轻武器，拆除重装备，军备控制虽然使伊军处于无力作战状态，但军备控制仍未能完全奏效，随后美军对伊拉克实施军事打击。美军攻打伊拉克、空袭南联盟、出兵阿富汗，每一次战场较量前都伴随着外交、威慑乃至人道主义援助，但最后多半仍是运用武力解决矛盾冲突，尤其是美军出兵阿富汗时，利用人道主义援助这种典型的非战争样式营造不利恐怖分子战场环境的做法，尽管迫使拉登疲于奔命，美军最后仍是使用武力解决矛盾与冲突。由于非战争行动不是解决矛盾冲突的最后手段，故军事上的辅助性是其典型特征。

3. 非战争行动的依附性。美军的非战争行动样式林林总总，在战争行动中更是异彩纷呈，但它却不能完全独立于战争之外，对战争行动的依附是它发挥作用的前提条件，实施任何一种非战争行动，首先必须有明确的战略目的、雄厚的军事实力、迅速灵敏的反应能力和完全充分的信息处理能力。战略目的模糊，非战争行动样式的选择必然陷入盲目而无序；没有坚实的军事实力作为后盾，军事外交、军事威慑、军备控制、平暴制乱不过是虚张声势，甚至还可能适得其反；获取信息不充分，不知变也就不善变，必然达不到预期的效果。一言以蔽之，非战争行动不能独立于战争全局筹划之外而单独存在。美军 2001 年版《作战纲要》将筹划非战争行动与作战行动合二为一，强调陆军要随时准备实施“全谱作战”行动。既是指陆军部队在实施战争或非战争行动的范围内能遂行各种行动，其中包括进攻、防御、稳定和支援等。“纲要”指出：进攻和防御主要用于战争和小规模应急作战，而稳定和支援则用于非战争行动。正是因为非战争行动与战争的这种千丝万缕的关系，才使得美国能够根据国家利益需要决定是否控制战争规模或升级战争规模。

4. 非战争行动的灵活性。美国将非战争行动灵活运用在战争准备、战争实施甚至战争复员中，将其视为手中的一张王牌，在战争的任何一个阶段随时打出，美军认为，预防为主，才能投入小收效大，故采取一系列非战争行动减少冲突爆发的根源，“9·11”事件后掀起的反恐战争在一定程度上折射了“遏制战火在萌芽状态，最大程度减少战争成本”的理念，即使迫不得已开战，也应尽快由“日费千金”的战争行动转化为投入小收效大的非战争行动，以缩小战争规模。《美军联合作战纲要》规定：“当作战行动接近尾声时，军队应做好向非战争行动转变的准备。”

非战争行动的灵活性还表现在决策者可根据利益轻重相机选择不同的战争样式。“按次序排列在后面的利益是那些有吸引力但不紧迫的利益，没有一个明智的领导人愿意以流血或者消耗大量金钱来换取这种利益。要维护这种利益，可能需要施以间接压力，但不值得进行一场真枪实弹的战争。”①而非战争行动多种多样的形式，使战略决策者能根据利益取向灵活地在“战与不战”中任意选择控制战争升级的方式，进而控制战争进程。

综上所述，正是由于非战争行动所具有的这些特性，从而为战略决策者在战争中的任何一个阶段、根据战略态势相机掌控战争规模提供了可能。

四、冷战后美军非战争行动趋向

1. 使用频率趋高。自 20 世纪 90 年代以来，在美国 40 余次较大规模的对外军事行动中，实施非战争行动就有 18 起之多，平均每年两次，占 90 年代美军对外用兵总次数的 40% 以上，主要包括：撤侨行动 5 次，参加维和行动 6 次，“人道主义”援助及救灾行动 6 次，扫毒行动 1 次。这些行动中，亚洲 4 次，欧洲 4 次，拉美 2 次，非洲 8 次②。非洲并非有美国重大的经济利益所在，美国在非洲使用非战争行动频率之高，说明美国对其霸权地位的护持。冷战以后，非战争行动使用次数之多、占美军对外军事行动比例之高也是前所未有的，鲜明显现了非战争行动在美国战争行动中的重要地位。

2. 军事威慑作用彰显。从 2004 年 6 月份以来，美军同步在亚太地区力邀盟国举行了五大联合军事演习。按理说，美国是目前世界上军事实力最强的国家，根本无须大张旗鼓张扬军事实力，显然，此番军事演习意在奏响军事威慑的号角，极尽展示威慑效应，映射了美国以显示实力发挥震慑作用，

---

① ［美］约翰·柯林斯：《大战略》，军事科学院 1978 年版，第 22 ~ 23 页。

② 《冷战后对外用兵研究》，军事科学院外国军事研究部编，军事科学出版社 2002 年版，第 67 页。

用最小代价达成战略目的的战略企图。

五、对美军非战争行动作用的定位

21世纪的人类将因为战略资源的稀缺努力探索空间和海洋，美国也逐渐将战争的触角伸向资源丰富的国家和地区，战争的经济动因比以往任何时候更加显性，战争的经济手段也将更普遍。随着新概念武器的出现，战争正在超逸血腥杀戮之境，呈现出低伤亡甚至零伤亡但却高烈度的特点，战争的表现形式也越来越多元化。战争似乎超越一切界线和限度，信息战的出现更是模糊了传统意义上的战争形式，然而，无论战争形式如何千变万化，战争就是战争，战争形式的变化并不妨碍对战争本质原理的遵循，战争的本质仍是社会集团之间为了一定的政治、经济目的而进行的武装斗争，是解决矛盾的最高斗争形式。来来战争的动因、载体和样式可能发生新的变化，但战争的本质不会因此而改变，所以，美军用非战争行动解决矛盾和危机争端的作用是极其有限的，它只是消除战争萌芽、控制战争规模升级的有效辅助手段，而非最后手段。非战争行动的伴随性、使用的灵活性等特征使其地位上升到一定的高度，美军将非战争行动视为遏制战争升级、达成战略目的的有效常规手段。一旦当非战争行动遏制萌芽、控制升级的机制失去效用时，战争仍是美国解决矛盾的最后手段，正如西班牙卡尔德龙说的：“战争是统治者说理的最后一着。”① 所以，非战争行动虽然是美国根据国家利益需要相机遏制战争萌芽、控制战争升级的常规性手段，但绝非解决矛盾争端的最后选择。

第二节　战时经济战——缩短战争进程的传统做法

战时经济战是指在战时状态下，利用军事力量对交战对方的经济实力和潜力实施破坏、削弱乃至摧毁对方支撑战争经济能力的一种战法，其形式包括直接打击对方经济目标的军事破坏、阻隔交战对方贸易渠道的经济封锁、占有对方经济资源的经济掠夺等等。由于经济战具有彻底摧毁支持战争经济

① 引自《解放军报》2001年2月15日。

力量的功效，故能起到加快战争节奏、缩短战争进程的作用，它在美国现代战争史上几乎逢战必用，最为典型的是在第二次世界大战中对日本实施的经济封锁战和对德国实施的经济破坏战，在某种程度上说，正是战时经济战加速了日本、德国国民经济体系的崩溃，从而推进了第二次世界大战结束的进程。

经济战作为缩短战争进程、达成战争目的一种经济手段，与战争相伴而生，并随着战争对经济的依赖性增强不断发展。我国古代经济战思想源远流长，其中在《孙子兵法》中就已经渗透了朴素的“因粮于敌”思想，其经济意义在于掠敌补己，以缓解作战中“千里馈粮、国贫师疲”的困境，“因粮于敌”的思想为后世兵家推崇备至，并在此基础上形成了古代丰富的经济战理论和实际经验，如断敌粮道、因财于敌，因物于敌，因人于敌，以战养战等等。这些在我国古代孕育并萌发的经济战思想和实例在美国现代战争及其战略中得到了充分的运用和延伸，尽管所实施的经济战在形式有些差别，但经济战的实质却依然如昔，即削弱乃至摧毁对方支持战争的经济力量，加快战争进程，以雷霆之势迅速达成预期战略目的。

一、美军战时经济战的新特点

传统经济战具有使用范围广泛性、作用辅助性、效果缓慢性和手段对等性等等特点。在现代战争中，美军由于武器装备的高技术优势为其实施经济战创造了得天独厚的条件，其采用的经济战手段既承袭了传统经济战法的特点，又增添了现代高技术的元素，从而使经济战呈现传统与现代战法兼而有之的特点，即使用范围的广泛性与局部针对性、作用发挥的辅助性与决定性，效果显现的快捷性与缓慢性，运用形式的多样性与非对等性等特点。

1. 使用范围的广泛性和针对性。经济战被美军备受推崇，从使用范围便可管中窥豹。从战争过程来看，无论战前、战中或是战后，经济战如影随形，从打击范围来看，经济战往往涉及对方全境，经济战所体现出的这种运用范围的广泛性，除了经济战传统样式的多样化外，更多的是得益于美军所固有的、与交战对方非对称的军事优势，美国因其武器装备的高科技含量，通常可随心所欲选择任何一种形式加以运用。随着美国战争目的的有限性，虽然美军仍在战争的任何阶段随时可运用经济战，但从整体上考察，经济战的运用、尤其是经济破坏战的打击范围逐渐从广泛性向针对性转变：

从空间范围来考察，经济战的打击范围从交战国的全境逐渐转向局部有针对性的战区范围。如在1943年的下半年，随着盟军攻入意大利后，美国以意大利南部为基地，组建第15航空队实施战略轰炸。对于在美军飞机作战半径外的敌方目标，美军采取了“穿梭轰炸”的战术，即美机从英国或意大利南部基地起飞，空袭德国、匈牙利或罗马尼亚境内的敌方目标，然后继续飞行到北非或苏联境内的机场着陆，在着陆机场进行技术维修、加油和补充弹药后，返航时继续遂行空袭[①]。这种大范围的经济破坏以今天的眼光来看，既费时且效果又差。在现代战争中，美军为加快战争进程，不再大范围打击对方经济目标，而是实施有针对性的点穴式打击。空袭前，通常要将整个空袭计划在计算机上进行周密模拟，精心划分并安排各个空袭阶段、波次，如美国在两次海湾战争中均运用现代化的高技术兵器，分波次精确打击伊拉克境内重要经济目标。在科索沃战争中，对南斯拉夫最大的潘切沃炼油厂和诺维萨德炼油厂实施摧毁性轰炸以至最终使其陷入瘫痪，由于这两个工厂是南联盟燃料油的主要来源地，所以，它们的被毁直接影响了战时的油料保障。较之第二次世界大战时期的大范围破坏，这种局部有针对性的打击效果是显而易见的。

从战争全程来考察，针对性还明显体现在“前置”上，所谓前置，即将经济战作为战场交锋的前奏曲。从战争的初始进程来看，战争是交战双方矛盾激化的必然结果，是双方敌对状态的升级，在战争前期，为了取得威慑效应，美军通常以经济破坏或经济封锁战的形式揭开战争序幕，使对方因为慑于巨大的经济损失而失去战争斗志，从而缩短战争进程甚至规避战争的爆发。

2. 作用发挥的辅助性和决定性。传统经济战理论认为：战时经济战虽广泛应用于战争之中，但充其量只是战争中克敌制胜的一种辅助手段，因为战争就是战争，它只能通过消灭敌人的有生力量才能最后达成战争目的，故经济战只是战争中克敌制胜的有效辅助手段。而在美国进行的现代高技术战争中，战争已不再单纯以消灭敌人有生力量为主要战略目的，美军将战时经济战逐渐视为达成战略目的的主要手段。这点从美军根据“五环目标理论”选择打击目标中可看到。“五环目标理论”是美军将各类空袭目标按其对敌方战争决策产生的影响不同程度排列成5个同心圆，由内向外，将国家指挥中心、关键生产企业（石油、电力）、交通设施（道路、桥梁）、民心和作战

① 任东来：《当代美国》，贵州人民出版社2000年版。

部队作为空袭的打击目标顺序。与过去相比，“五环理论”的改变之处在于：一是强调打击经济目标对赢得战争胜利的决定性影响；二是将过去一贯居于中心环的打击目标，即“消灭有生力量”移到了五环中的最末一环。在科索沃战争中，对经济设施实施破坏就是美军采取的主要战争手段，南联盟军工生产设施的大部、炼油设施的全部在美军残酷打击下严重受损，空袭的巨大破坏效果迫使南联盟停战。科索沃一战成为美国第一场仅靠空中力量就打赢的战争，其中战时经济战的作用功不可没，从而使这场战争因空战制胜而留名战史。美军战时经济战的这种决定性作用源自于武器装备的非对称优势，从某种程度讲，经济战是强者的战略，因为无论运用哪一种形式，总是以军事实力为后盾来实施的，经济封锁战、经济破坏战和经济掠夺战都要通过作战行动来完成，从这个意义上看，强者实施的经济战才能对战局起决定性的作用。美军在海湾战争中可以肆意打击伊拉克的经济目标，伊拉克却无法破坏美军战略后方的经济设施。所以，在美军实施的非对称战争中，经济战往往具有决定性的作用。

3. 效果显现的缓慢性和快捷性。效果显现的缓慢性是相对于战场直接搏杀而言的。不像战场博弈以伤亡定胜负那样迅速，由于经济战以破坏交战对方战争经济能力为主要目标，因而战争效果远没有战场上对有生力量打击那样来得快捷和明显，如果交战对方有完善的反经济战措施，如对经济目标隐真示假、限制消费、节约使用，寻求代用品等等，都将使经济战的效果大打折扣。美国在伊拉克战争与科索沃战争中实施的经济战效果就大相径庭。在第一次海湾战争中，以美国为首的多国部队对伊拉克实施严密经济封锁长达五个多月之久，在战争初期，伊国每天遭受 1 万多架次飞机地毯式的轰炸，由于伊国经济体系庞大，空间分布广，一些重要经济目标多深藏于地下，对其破坏不是旦夕可以完成的。所以，美军实施的经济破坏和封锁战在相当长时间后才产生预期效果。与此相反，在现代高技术兵器和大规模杀伤武器的摧毁下，南联盟支持战争的经济能力很快被破坏，南联盟经济在短时间内被空袭破坏的明证表明美军希冀以更快捷的经济战形式结束战争。但伊拉克战和科索沃战截然不同的经济战效果表明，美军希望通过战时经济战缩短战争进程的理性预期并非总能如愿以偿。

4. 运用形式的多样性和非对等性。美军经济战的形式因武器装备的不断发展而呈现出多样性的特点，从对经济目标的打击摧毁到对经济资源的直接掠夺；从对运输线路的封锁到对商船的打击；从对有形物质财富的毁灭到无形战争经济潜力的破坏；经济战有经济破坏、经济封锁和经济掠夺等多种多样的形式可供选择，这种形式的多样性与美军相对完善的武器装备体系成正比。

传统的经济战表现出强烈的对等性特点，即一方要使自己的某些经济目标不招致敌方的打击，最好的办法是不去打击敌方的某些目标，特别是当面临势均力敌的交战对手更是如此，即当一方选择经济战形式和规模时，必然会遭到对方同等程度的报复，这是战争对应法则在经济战中的反映。但是，美军的经济战具有非对等性的特点，它实施的非对称战争，表现为兵力数量上的不对称、武器系统质量上的不对称和军事力量结构上的不对称，正是具有武器装备、兵力数量和军事力量结构的“位势差优势”，美国往往很少考虑对方的“反制”打击后果，迄今为止，除了在冷战时期和反恐战争行动中曾经面临苏联核武器和恐怖分子生化武器的威胁外，美军在战争中很少遇到来自交战对方基于对等法则而实施的经济战先例。

二、美军惯常运用的战时经济战形式

1．经济封锁战。是指运用军事力量封锁交战对方的交通运输及物资补给线，阻止敌机动的资源输入，削弱以致瘫痪其战争实力和潜力的战法，以陆上、海上和空中封锁为常见。如果交战对手是濒海国家，海上运输是其对外经济贸易的重要途径，对海峡、交通要道和港口码头实施封锁，可起到一石二鸟的作用，不仅可切断后勤补给的交通运输线以“断其粮草”，还可以控制商业船队运输和海上贸易，使海上经济往来中断，从而削弱对方支持战争的经济实力和潜力，进而达到缩短战争进程的目的。在美国的现代战争史上，实施海上封锁是经济封锁中最常见的形式，尤其对于像日本这样的岛国和像越南这样的濒海国家而言，战时海上交通线的完好程度直接影响着战争进程和结局。在第二次世界大战中，对于严重依赖进口的日本来说，海上运输线是其国民经济名副其实的生命线，需要通过海运进口大量战略物资。其中，燃料的进口需要量为90%，铁的需要量为75%，镍的需要量为97%，锡的需要量为80%，铝需要量为65%，橡胶需要量为70%[①]。因此，海上交通线的畅通对其十分重要。美军针对日本这一弱点，运用潜艇封锁日本远洋贸易通道，并对日本的重要海峡、海湾实施代号为“饥饿战役”的大规模

① 参见《军事历史》2001年第2期。

水雷封锁，使日本海上交通线完全陷入了阻绝状态。生产原料来源的切断导致日本众多的工厂被迫停产，战争经济能力的削弱加速了日本战争败北的进程。美国不首先与日本海空军主力决一死战，而采取以封锁日本贸易通道为主的经济战，被认为是海上经济封锁的典型战例。在自此以后的局部战争中，实施海上经济封锁一时成为美军惯用的经济战形式。在 20 世纪 60 年代初的美苏"导弹危机"中，断绝苏联补给线的海岸封锁；在 20 世纪 70 年代，对越南北部海区实施的旨在"以封求和"的布雷封锁；1994 年对弹丸小国海地实施武器和石油禁运的海上封锁；海湾战争中，以美国为首的多国部队对伊拉克的海上阻隔，都是海上经济封锁战例的现代版本。

与海上、空中封锁相比较，美军对交战国家实施地面封锁效果相对要差，如果交战国家边界漫长、接壤国家众多，封锁效果就更差。因为实施地面经济封锁绝非单纯运用军事力量就能奏效，它需要外交、政治和经济的综合手段配合方能奏效。如在第一次海湾战争中，多国部队的空中优势使空中封锁效果显著，而陆上封锁不尽人意，由于伊拉克与多个国家陆地边界接壤，与这些周边国家有着历史悠久的贸易往来。所以，多国部队无法对伊拉克成功实施陆上禁运封锁，为了提高地面封锁综合效果，美国动用航空母舰，调遣大批地面部队并联合驻土耳其和沙特的空军，从海上、空中和陆上对伊拉克联合实施立体封锁，使伊国最主要的经济产业——石油冶炼因缺少进口原料而难以维系，从根本上削弱了伊国支持战争的经济能力。

2. 经济破坏战。是指运用军事力量直接打击和破坏交战对方的经济设施和目标，以摧毁其战争经济实力的一种战法。经济破坏程度直接影响支持战争的能力，进而规定着战争进程。科索沃战争期间，美军对南联盟实施 78 天的密集轰炸，给南联盟造成了约 2 000 亿美元的直接损失，无奈签订的"城下之盟"与美军实施的残酷经济破坏有着不可分割的联系。

美军实施经济破坏战主要采取空中轰炸的形式，即根据战略全局需要，针对交战对方主要工业基地和重要基础经济设施而进行的一系列空袭作战，目的是快速削弱和摧毁对方支持战争的生产能力，动摇其进行战争的意志，为缩短战争进程创造条件。在第二次世界大战中，战略空袭已经成为美国战争行动的主要组成部分。从 1943 年起，被击沉的日本油轮已经远远超过新油轮的建造速度，在整个战争期间，被美国潜艇击沉的日本油轮估计达110艘[①]。由于所有的炼油厂和加工厂被摧毁，德军的坦克和车辆被钉在了原地，德国的石油工业陷入了极其困难的境地。轰炸使德军遇到了油荒[②]。可见美国实施战略空袭对摧毁德国战争经济支撑能力起了推波助澜的作用。

空袭的破坏效果使美国备尝经济战带来的甜头，自二战后的高技术局部战争中，美军但凡出兵，空袭仍是破坏对方经济目标的首选形式。如侵朝战争期间，美军对平壤等重要工业城市和水库、电站等经济设施进行了战略轰炸；侵越战争时期，对北越的轰炸随着战争规模的升级而加剧，1965年共计出动飞机5.5万架次，投弹量为3.3万吨；1966年为14.8万架次，投弹12.8万吨；到1967年底，已投弹86.4万吨，超过美军在朝鲜战争和太平洋战争期间美军的投弹量（分别为63.5万吨和50.3万吨）[③]。在海湾战争时期，以美国为首的多国部队在40多天的空袭中出动10万余架次飞机，投弹近15万吨，使伊拉克的石油设施，军工企业、水电设施遭到毁灭性打击[④]。目前，美国意欲借口伊朗核问题空袭伊朗，并且将借鉴在南斯拉夫采用的经济战模式先对伊朗政府目标、通信枢纽、广播电视设备进行高精武器打击，先摧毁国家指挥体系，然后打击伊朗军事和经济目标，包括运输基础设施，以摧毁其经济实力[⑤]。

从美军已有的战争实践看，美军实施空中经济破坏主要采用四种模式：(1)“外科手术”打击。其特点是目标集中，行动短促，组织严密，达到目的就结束；(2)“沙漠之狐”模式。其特点是打击目标不固定，持续时间长，打停结合；(3)“海湾战争”模式。这是一种主导性空袭，空袭时间长，投入兵力大；(4)“科索沃战争”模式。这是一种摧毁性的空袭，将经济破坏与军事打击有机结合，特点是规模大，强度高，目的坚决。其中第1和第4种是为缩短战争进程较常采用的形式。空袭之所以如此备受美军青睐，原因主要有三种：其一，是由空袭的优势所决定的。空袭机动能力最强，在既要制服对手又不愿意扩大战端的今天，美国发动战争的目的已不再是攻城略

---

① ［美］丹尼尔·耶金著，钟菲译：《石油·金钱·权力》（上册），新华出版社1992年版，第368页。

② 徐平等：《财富较量——二战中的经济战》，军事科学院2004年版，第220页。

③ 时殷弘：《美国在越南的干涉和战争》，世界知识出版社1993年版，第237页。

④ 徐勇、朱庆林等：《战时经济概论》，军事谊文出版社1993年版，第268页。

⑤ 引自《重庆时报》2005年3月4日。

地，而在于制敌造势，所以，较之于地面作战，空袭对方经济目标更容易迅速达成战略目的。其二，由空袭的效果所决定的。海湾战争中，38 天的空袭对整个战争的结局——迫使伊拉克撤军、无条件接受联合国决议起了决定性作用。在科索沃战争中，美军再尝甜头，依靠空袭迫使南联盟签订城下之盟，并且开创了“零伤亡”的战争先例。其三，由空袭的发展趋势决定的。空袭是利用精确能力远距离摧毁敌人经济目标的一种战法，随着美军的空袭趋向无人化，与地面作战相比，可以大大减少人员伤亡，空袭的破坏性强与人员伤亡率低的趋势更使美军将其作为经济破坏战的主要形式。

虽然在理论分析上，经济破坏与经济封锁各有其法，但在美国的实战中，两者却是经常交叉使用。如第二次世界大战中，美军把日本商船作为打击目标的同时严密封锁海上运输通道，以致日本不得不派遣舰队保护商船，因此而出现商船与舰队同行的海上奇观。

3. 经济掠夺战。这是通过军事行动直接占领交战国领土、夺取其重要物资和战略资源、削弱其经济实力、扩充己方战争实力的一种战争形式。夺取占领国的战略资源往往成为美国发动侵略战争的根本动因，甚至成为战略目标指向的决定性因素。美国在经济发展的不同时期，掠夺的物质形式不尽相同，最为典型的是以土地和石油为代表的战略资源。美军在两次海湾战争中都展示了一流的战略战术和一流的实战能力，但绝非出自维护正义的动机，醉翁之意在于油，美国梦想控制中东石油分配权。迄今为止，这是美国战争史上实施的较为典型的经济掠夺战之一。与经济破坏和经济封锁战比较而言，经济掠夺战对缩短战争进程的作用相对隐性，因为掠夺财富增强己方战争经济实力的同时，也是削弱交战对方战争经济能力的过程，而这个过程需要时间来显现，过程快慢的程度是决定战争进程的关键。

综上所述，美军为以最小代价和最短时间达成战略目的，将战时经济战视为战争中不可或缺的重要手段，经济战在美国的现代战争中发挥着缩短战争进程的作用，有时甚至本身就是达成战略目的的直接手段。但美军实施战时经济战尤其是空袭破坏战时，由于武器装备的误差等诸多因素的制约，经常殃及无辜而产生负面影响，因而道义上的谴责是约束战时经济战作用发挥的原因之一。

第三节　联盟战略——减少战争成本的不变法宝

军事联盟战略是指通过与其他国家的军事力量结成一定形式的盟友关系来达到维护本国利益目的谋略。在美国现代战争中，每当自身无力抗衡或者财力不足时，一般都寻求建立军事联盟。自1776年独立以来，美国曾一度奉行“孤立主义”，19世纪20年代至19世纪末，实行“门罗主义”和“门户开放”，逐步从孤立走向对外扩张。20世纪的两次世界大战，是美国彻底从孤立走向联盟的里程碑。在自此以后的局部战争中，美国总是力邀盟国助战，这其中有安全因素的影响，但无可置疑地浸润着的经济上的考虑，联盟战略已经成为美国军事战略不可或缺的重要组成部分，是其参与国际事务、处理国际危机和冲突、左右地区和世界局势、维护全球和地区利益的重要手段。在美国现代战争中，联盟战略被视为减少战争成本不变的法则，事实上，联盟战略已经成为美国军事战略的不可或缺的组成部分。

一、联盟战略产生的经济原因

1. 联盟战略是美国战争及其军事战略求利的产物。“美国的军事战略是以强大的联盟体系为基础的，强大的联盟是美国军事战略的一个重要组成部分。”[①] 联盟战略初露端倪是在独立战争时期，1776年，华盛顿统领的部队面临全军覆没的危险，而十三个殖民地因为在政治上分裂、经济上落后、军事上弱小，远不是英军的对手，为了借助法国的军事力量挽救新生的国家，1778年，美国与法国缔结《联盟条约》组成军事同盟，美国的独立战争由此开始转变成为一场国际战争。法国的参战使美国最终在1781年的约克敦战役中战胜了英军，美国初尝联盟的好处，直到1794年美法联盟因为各自利益的不同才走到了尽头，从这个意义上说，联盟战略的孕育和诞生是美国战争求利的产物，并伴随着美国利益的变更呈现波浪线型发展。

20世纪初期，美国认为有浩瀚的海洋做屏障，国土并未受到列强威胁，如果结盟会卷入列强之争而危及美国安全，故不主张与别国结成军事联盟。第一次世界大战中，美国参加联盟作战不是因为有正式的联盟义务，而是出

① 参见美国参联会《1987财政年度军事态势报告》。

于自身利益的考虑。在第二次世界大战中，美国与其盟国英国签订了全球性的联盟作战战略，打破了长期占统治地位的“孤立主义”传统，完成了由孤立主义到联盟战略的转变，美国在战争中推行联盟战略的主要目的在于发挥美国地缘政治和工业技术的优势，充当同盟国的“兵工厂”而渔利。第二次世界大战后，为了借助盟国的力量实现称霸全球的战略目标，美国再拾联盟战略，1947 年组织区域性联盟，并和 40 多个国家订立了双边和多边军事协定，为了保持战备和提高与盟军联合作战的能力，注重与盟军进行联合军事演习。整个冷战时期，美国推行联盟战略的经济企图是便于在争夺世界霸权的斗争中借助盟国的力量共同对付苏联及华约集团；便于控制盟国维护美国居于西方世界的盟主地位；便于在平时利用盟国地盘维持全球军事基地网；便于利用盟国的资金和技术研究、发展高技术武器装备。冷战结束后，美国雄居“唯一超级大国”宝座，便力图完善以美国为核心、以北约为基础、能充分运用盟国财政支持的联盟体系，以此抗衡与美敌对的地区强国，约束和控制盟国，并借用盟国的力量对付地区性冲突和战争，建立以美国为主导的世界新秩序。

联盟战略实践历程表明：美国历届政府之所以如此重视联盟战略，“求利”二字便可概括全部：一是在争夺世界霸权的斗争中，联合西方国家的力量共同对付苏联及华约集团；二是在称霸世界的过程中，便于控制盟国营造有利的军事态势，维护美国在西方世界的盟主地位；三是在护持霸权地位的过程中，利用盟国力量建立全球军事基地网，便于战时迅速展开兵力，使美军得以处于全球机动的位置，并借助盟国财力分担战争成本，以弥补兵力财力不足的弱点。联盟战略的总体运行特征是：在政治上加强与盟国协调，在经济上依靠盟国财力支持，在不同的地区以不同的形式发挥作用。不言而喻，联盟战略的意义已经超出了主权国家之间基于利益的军事合作，它已被美国赋予了更广泛、更深广的经济意义。因为美国军事战略的全球进攻性质，经济力量总也不能满足军事战略的要求，军事目标与经济实力存在着差距这一现实迫使美国不得不借助联盟的力量来达成军事战略目的。

2. 联盟战略是美国战争资源供需矛盾的结果。联盟战略固然是美国求利的产物，从另一方面讲，也是战争经济资源供应不足而借助联盟力量实现军事战略目的的一种战略谋划，“我们的实力是有限的，美国注定要与人分担任务”①。因为美国军事战略的全球化目标，战争资源不能满足战略目标的庞大需求。从经济学的角度讲，一个国家的安全取决于该国现实和潜在的资源总数，由于国家安全是相对国家与国家而言的，国家之间的依赖性日益增强，即使分配战争资源也纯属一国内部事务，但国家之间的依赖性使资源的分配使用越来越受到国际战略环境的影响和制约，政治经济的多极化趋向使美国日益重视联盟合作，既可广泛利用盟国的人力物力和财力资源，充分动用一切可借用的力量达成战略目标，又可减少因过度军备竞赛而引致国际道义的约束，现实中，始自第二次世界大战，美国历届政府都采用联盟战略，借盟国力量遂行战斗任务以减轻财力负担，强调以联盟力量为国家安全提供坚实的基础。冷战结束后，美国虽然保住了“世界霸主”的强悍地位，但相对其他国家而言，综合实力不断下降，经济复苏日益乏力，财政困难重重，其窘态在海湾战争中已经暴露无遗，不得不求助于盟国以分担战争成本。这同战后美国为“振兴”西欧而实施“马歇尔计划”时财大气粗的情形形成强烈反差。纵览冷战后的海湾战争、空袭南联盟、打击阿富汗、出兵伊拉克的战略手段，联盟战略无所不在，最具典型意义的是科索沃战争和海湾战争，如果没有欧洲空军基地的使用权，没有塞尔维亚周围的全体北约成员国的支持，美国的战略空袭行动将难以遂行。海湾战争更是如此，美国战略和国际问题研究中心在阐述海湾战争的经验教训时说：“这场战争毫无疑问地表明，美国军方无论在政治上和后勤供应上都得依靠友邻和盟国，没有其他国家的大力帮助，美国就无法实施任何重大的应急行动。除了小的行动外，单干的选择方案是根本行不通的。”② 显然，战略目标与战争资源巨大差距的现实，是迫使美国借助联盟手段实现战略目的的经济原因，联盟战略是美国在战争资源稀缺条件下的无奈选择，是战争资源供给不足和战略目标需求过大的矛盾结果。

二、联盟战略运用的经济预期

美国战争及其战略既要求利又资源不足，只得寄希望降低战争成本，在21世纪初的四场战争中，美国无一例外采用了联盟战略以分担战争成本。美军对现代战争中的联盟战略经济预期主要体现在四个方面：一是转嫁伤

① 小约瑟夫·奈：《美国实力的悖论》。
② 军事科学院外国军事研究部：《海湾战争》（下），军事科学出版社1992年版，第160页。

亡。美国出兵大多采取多国部队参战，即使有流血事件，也可将部分伤亡转嫁给盟军，从而使美国公众在心理上易于接受战争。另外，一旦联盟行动失败，美军也可凭其盟主地位，以及地理和实力优势“金蝉脱壳”，最大限度地把伤亡后遗症留给盟军；二是共享信息资源。信息战是现代战争的重要组成部分，但相对其他战争样式而言，这种战争又是代价昂贵的，在科索沃战争中，以美国为首的北约建立了空天地三维情报保障网，动用侦察与监视卫星20余颗，各类侦察机60余架。此外，还使用了20余颗通信、导航与气象卫星，首次动用了北约新的一体化通信系统，从而实现了信息资源共享，最大程度节省了战争成本；三是分摊战争费用。现代战争耗资巨大，即便美国也难以独立长期支撑。如果在欧洲爆发一场中等规模的高技术高强度战争，美国的军费可能维持不了30天的需要①。1990年的海湾战争是美国历史上第一次自己出人力和装备、盟国出钱的海外局部战争。盟国支付海湾战争的援助费共537亿美元，在总开支610亿美元中，美国只承担73亿美元。在科索沃战争中，美国游说北约每一个成员国出钱。时值美国面临伊拉克战争困局，国防部认为“盟军参与的重要性大增，外国军队对于美国的任何大规模行动都是必要的，至少可以分担战后负担”②。四是减少部队战时机动成本和后勤保障成本。美军以海外作战为主，对盟国有严重的依赖性，在美军空袭南联盟时，意、德、英、匈等国均为美军提供了空军基地，站在北约一方的阿尔巴尼亚也为北约地面进攻提供前进基地，盟国基地对减少战时机动成本大有裨益，此外，前方基地还使遂行后勤保障更加便捷有效，并减少因长途运输而增加的后勤保障成本，从而确保美军处于全球迅速机动的优势地位。

三、联盟战略存在的经济基础

1. 垄断资本的联合是军事联盟的经济之根。垄断资本的联合是最为深刻的联合，垄断资本在经济上联合的同时，由于相互利益的需求，因而强化了政治上和军事上的依存关系。美国与发达国家之间经济上的联合，促使它们在政治和军事等诸多方面的关系走向机制化，由无数跨国公司、国际金融组织和其他经济协调机制（如一年一度的西方七国首脑会议）编织成的大

① 参见《军事经济研究》2003年第3期，第80页。
② 参见《参考消息》2005年3月13日第5版。

网，把美国与发达国家的经济拴在一起，你中有我，我中有你，相互依存，各个经济强国的利益不允许它们之间的经济摩擦完全失控，走到政治对抗的地步，它们设法通过一定的机制来解决矛盾强化协作，从解决经济摩擦规则的建立、完善，到最终组成军事上的联盟，是国际垄断资本的必然选择。

美日垄断资本的联合是其军事联盟的经济根源。战后的日本在美国的扶持下迅速发展，成为资本主义世界中经济发展最快的国家，前苏联解体后一跃而成为世界第二大经济强国，1987 年日本人均国民收入首次超过美国，从 1986～1992 年，日本经济年增长率为 5%，是美国的 2 倍，飞速增长的经济为日本 20 世纪 90 年代掀起“购买美国”的热潮奠定了基础，其中三菱地产公司收购了洛克菲勒中心 80%的股权，以致美国企业界惊呼日本买下了美国的灵魂。资本的融合使美日经济达到唇齿相依的地步：日本不仅在产品市场、技术来源上依赖美国，而且作为国民经济根基的农产品也大量依赖美国。美国对日本的经济依存度之高，正如美国人自评的那样：“现在日本既为美国提供为维持其宏观经济平衡所必需的信贷，又为美国多数企业提供不可或缺的生产资料，还为美国居民供应已成为美国生活方式象征的汽车，为美国国防提供所需的技术。”① 美日两个经济大国经过长期的合作与同盟关系，就如同一对连体双胞胎，难舍难分，正是美日资本的联合为美日军事同盟埋下了伏笔，如果没有资本的纽带，军事联盟将是无任何意义的游戏。

在以生产一体化、贸易自由化和金融全球化为主要内容的经济全球化时代，美国垄断资本与发达资本主义国家的垄断资本实现了全球范围内的战略联合，这意味着为美国和发达国家结成军事联盟铺设了经济根基。正如帝国主义列强在争夺殖民地时代采取战争的形式瓜分世界一样，在全球经济一体化时代，结盟或者合作竞争是美国垄断资本与其他发达国家垄断资本联手垄断市场的手段，美国与发达国家之间采取经济上的联合和军事上的结盟手段，以此对付共同的敌人，然后在胜利的基础上再坐地分赃，“先联合再求利”，这也是美国资本逐利与美国战略求利的共性。

2. 利益需求是军事联盟的根本驱动力。资本的联合是军事联盟的根基，而利益的需求则是军事联盟最根本的推动力。从美国与韩国、美国与拉美的相互利益需求可明晰地看到军事联盟的经济动力。美国通过军事援助和经济输血的双重手段，使韩国成为经济繁荣、政治稳定而又忠诚听命的合作伙

① ［美］R. 顿布什：《为日美摩擦开处方》，《日本经济新闻》1989 年 11 月 28 日。

伴，并使其成捍卫美国在远东太平洋利益以及维持东亚均势的有力保障。韩国得到美国的大量援助后也对美国有丰厚的回报。当美国深陷越南战争的泥潭时先后两次出兵赶赴越南支援，韩国由此得到了15亿美元的好处①。越南战争使美国欣慰于韩国在关键时刻表现出来的坚定立场，而韩国需要的是借助美元创造经济奇迹，美韩之间的军事联盟价值由此得到了充分体现。伴随着冷战的结束，美韩军事联盟并未因此而终结。美国仍然凭借对韩国经济的主导力使韩国不得不更依赖于美国。如2001年，美国因“9·11”的影响而缩减对韩国的出口量，致使韩国海外进口商订单减少30%以上，从而使依赖美国市场的韩国出口面临严峻形势②。经济上的这种依赖使韩国不得不随时听命美国在军事上的召唤。

两次海湾战争再次佐证了西方国家之间的国际关系法则：只有永恒的利益，没有永远的朋友。在1991年的海湾战争中，有37个国家响应美国出兵海湾的号召，其中包括美国所有的西方盟国和大多数阿拉伯国家，因为伊拉克的石油控制着西方国家的生死大权，美国因此凭借联盟战略收获不菲，既分摊了战争账单，又操纵了对海湾石油的分配控制权。而2003年美国再度出兵海湾时，联盟效果大打折扣，只有少数国家跟随摇旗呐喊，与1991年“美国出兵、各国响应”形成鲜明反差，作为西方大国之一的法国更是始终站在对立面，公开表示不参与对伊的军事打击，欧洲国家之所以没有追随美国对伊拉克动武，大多基于经济利益的考虑。1991年海湾战争后，伊拉克广邀俄罗斯和欧洲等世界大公司参加伊拉克的石油勘探和开采，并给予相当优厚的条件：俄罗斯拥有伊拉克境内三块大油田的勘探权，总储量在80亿桶。法国在伊拉克有总投资近30亿美元和日产110万桶原油的巨大经济利益。德国在伊拉克也有十分可观的经济投资利益，而且是伊拉克油田技术和设备的主要供给国。因此，面对伊拉克这个海湾地区石油储量仅次于沙特、科威特的石油大国，欧洲各国权衡得失利弊，不再盲目追随美国，白白损失数十亿美元的红利。美国一呼百应的威风因欧洲各国在伊拉克的巨大利益而消失殆尽，可见，一旦失去经济利益支撑，军事联盟就随之失去推动力，军事联盟的经济底蕴由此可见一斑。

---

① 任晓：《韩国经济发展的政治分析》，上海人民出版社1995年版，第24页。

② 许军：《巨大的反差》，商务印书馆2003年版，第236页。

四、联盟战略发展的经济危机

1. 欧洲和日本经济的增长使世界经济力量出现多极化，削弱了美国在军事联盟中的影响力。二战结束后，美国经历了单极鼎盛、美苏两极抗衡的阶段，欧洲与日本经过20世纪70～80年代的经济快速增长，实力大增，世界权力进入了新一轮的分化组合，出现了权力分散化的势头，其表现是由70年代前的美国单极、美苏两极向美国、欧、日、中、俄五大权力中心分散，世界权力架构呈现宝塔型：宝塔的顶层，是单极军事权力，美国具有绝对优势；在中层，是多极经济权力，美国、欧洲及日本构成世界经济的三驾马车并驾齐驱；底层是一种更加多极化的政治权力，多极的经济政治影响力量成为美国单极独霸的约束，美国要在如此复杂的局面中维持霸权地位是非常困难的，毕竟它只是一个在总体上具有优势的权力中心，而不是具有主宰地位的权力中心。基于这样的现实，美国在共同经济发展模式的基础上，与欧日两大主要战略力量结成长期联盟，希冀借此达到一箭双雕之效——既增强自己的实力，又避免欧日两大战略力量沦为对手。美、日、欧三方的相互经济关系成为影响军事联盟的晴雨表，美、日、欧的经济关系及其发展，是当今世界经济格局的一个重要侧面，战后的美国扶持日本和西欧，是为了维护世界资本主义体系以遏制共产主义，但是资本主义的竞争规律又决定了美国与日本、西欧经济上的矛盾不可能消失，日本与西欧经济的强盛虽然实现了美国遏制苏联的战略，但却动摇了美国的国际经济地位，以致美国在实施任何军事行动时都需要日、欧的经济支持，而后者时常因为顾及本国的利益而淡化了军事联盟的需求。

2. 当经济集团的力量失去了共同利益支撑时，在某种程度上减少了军事联盟的可能性。在世界经济集团中，以美国为核心、加拿大和墨西哥加盟的北美自由贸易区，以欧共体为核心、欧洲自由贸易联盟为“第二个同心圆”的欧洲统一市场，以及以日本为核心的亚太自由贸易区的经济实力最强，这三大经济共同体的形成构成了世界经济新的三元框架。从地区划分上看，北美、欧洲和亚太三足鼎立，尽管北美自由贸易区经济实力略占优势，但总体上讲，三方势均力敌，从单国经济实力看，美国仍居世界之首，但日本、德国已经具备与之抗衡的力量，三元结构之间充满了矛盾和倾轧，既有分离又有耦合。当三方共同利益遭遇威胁时，三元结构呈联合态势，一旦失去利益支撑，三元结构立刻呈现松散态势，海湾战争和最近的伊拉克战争就是有力的例证。海湾战争以美国出兵、日本和德国出钱的形式获胜，它向全世界宣告了一个事实，共同的利益需求才是军事联盟的根本前提。伊拉克战争也表明，一旦失去共同利益的追求，军事联盟将荡然无存。上述经济上的这些变化，导致美国籍此减少战争成本的联盟战略面临前所未有的挑战。

五、联盟战略的制度收益

从成本—收益的经济视角来看，联盟战略之所以具有强大的“锁定”效应和稳固性，既在于它与任何潜在的竞争制度相比，具有更多的优势，又在于联盟战略为成员国带来不断上升的制度收益（Returns of Institutions）。

1. 联盟战略降低了战争的“交易费用”。新制度经济学中的交易费用理论认为：企业的存在是由交易费用决定的，生产成本是决定企业规模边界的重要因素。交易费用理论是诺贝尔经济奖获得者罗纳德·哈里·科斯创立的。科斯在他关于现代企业理论的经典文献《企业的性质》一文中，提出了一个被长期忽略的简单问题，即企业为什么会出现？既然市场是人们在生产活动中进行合作的最有效形式，为什么还会有企业存在？在企业中进行分工合作的人，为什么不能通过市场交易来实现合作？斯密通过描述一个工厂的个案来说明企业存在的原因：在这个生产扣针的工厂中共有 18 道工序，每道工序都有一个工人来操作，如果市场非常有效，每道工序的工人可以独立生产，完全可以到市场上将半成品卖给生产下一道工序的工人，但是为什么这些工人不这样做呢？为什么非要组成一个企业不可呢？科斯认为，如果将一个产品从上一道工序转移到下一道工序视为一次交易，在企业内转移和通过市场转移因为交易形式的不同而使成本决然不同。市场中的交易要耗费大量成本，如搜寻交易对象和价格的费用（信息费用）、讨价还价的费用（谈判费用）、订立契约的费用（合同本身的费用如公证费用）、监督契约执行的费用和一方可能违约将来诉讼的费用等，交费费用不仅包括看得见的钱财支出，还包括投入的时间和精力，这些费用都是成本的组成部分，是一种交易成本，它与生产成本一样，直接影响收益的大小。而在企业内的交易要简单得多：工人之间的固定分工节约了寻找交易对象的费用，经理对工人的管理代替了讨价还价，工人和企业之间的长期合同减少了在市场上订立契约的麻烦。换言之，企业的存在节约了交易费用，随着企业规模的扩大，企业的管理难度会增加，对工人的监督会越来越困难，企业官僚机构的弊端会越来越严重，企业内的交易费用会非线性地增长，边际交易费用递增，当企业内边际交易费用增长到与市场边际交易费用相等时，企业规模就不再增大，这一点就是企业规模的边界。交易费用理论成功地解释了企业存在的原因和决定企业规模边界的成本因素。

同理，联盟战略之所以被美国所推崇，舍去政治因素外，主要是想充分利用他国的力量实现自己的目的，因为它的经济实力正在相对下降，已经无法像第二次世界大战结束后初期那样单独依靠自己的力量充当世界警察的角色，随着多极化趋势的迅速发展，美国战线太长、实力不足、力不从心的致命弱点更加突出，采取联盟战略既可省去战场“交易费用”，更可分摊战争成本。而联盟战略之所以能被其他成员国所呼应，除了有共同的利益需求外，还有实现利益的“交易费用”考虑，犹如企业的存在是为了节省交易费用一样，通过军事联盟也可以节省各自单独求利的交易费用：军备竞赛、军事威慑、军事侦察及其战后重建的费用如果单独由一国承担，将大大增加一国的战争成本，如果通过军事联盟来分担，单位成本下降，实现军事战略目标的总成本自然随之下降，旨在节省单独求利的交易费用，这是盟国呼应美国联盟战略的内在经济原因。

2. 联盟战略的制度安排减少了制度变迁的昂贵成本。联盟战略的制度安排是，不论成员国在体系中的具体权力地位，互惠性原则广为各个成员国所接受，联盟战略的制度安排比各个成员国单独求利更富有弹性、成本更低，这种优势使潜在的竞争制度处于不利的地位，因为建立比联盟战略更好的制度需要启动成本，一旦特定的制度建立起来了，其他制度围绕着它繁衍生长，制度彼此关联和依赖，相互间的利害关系意味着制度变迁的昂贵，而且新的制度只有带来比联盟战略更多的利益时才有可能被成员国所接受，正是制度变迁的昂贵成本在某种程度上禁锢了新的制度出现，从而保证了联盟战略的历史传承，使得美国主导的军事联盟战略因此而变得相对稳固和持久。

六、联盟战略制度收益的源泉与困境

1. 源自于联盟力量的专业化分工。分工是劳动者在经济活动中各有其专门从事的某些工作。“整个人类的文明就建立在这种劳动分工所带来的很高的生产效率的基础之上。”① 分工和生产力之间的关系在大多数经济学家

① 路德维希·冯·米瑟斯：《自由与繁荣的国度》，中国社会科学出版社 1994 年版，第 60 页。

那里也受到了公理般的待遇，认为企业通过专业化分工协作，可以集合资源生产互补性产品，以获得更大的利益，事实上，整个人类的文明就建立在这种劳动分工所带来的很高生产效率的基础之上的，微软同英特尔之间的长期协作就是具有典型佐证意义的案例。微软同英特尔的分工合作开始于1978年，那时微软仅有11个人，而英特尔已经是拥有一万多员工的大企业，正是微软的操作系统与英特尔的芯片相结合，成就了其后20多年这两个企业的举世公认的辉煌业绩：一个成为软件业霸主，另一个成为硬件产品中核心的产品——CPU芯片业大王。

军事联盟战略的制度收益主要来自于分工：(1) 分工使军事人力将军事活动集中在单一或者较少的操作上，大大提高了实施军事活动的熟练程度；(2) 分工使军事人力节约因经常变换活动内容而需要的时间，加快了机动节奏，提高了战场活动的连续性；(3) 分工使军事人力的操作相对简单固定，从而减少了失误概率，进而使指挥者减少管理成本。分工的上述直接效益都是在联盟中的每个单元内实现的，这种内生的好处是直接引起战斗力的持续提高。分工引致的外部效益则体现在分工本身就是军事资源配置方式革命性的变化，它使战争行动的多样性分散性变为集中性专业性，从而降低了战争的直接成本。

联盟力量的分工协作可以提高军事劳动的总体效益，联盟力量成员国的合成能力，是战斗力提高的关键，各联盟国合成所形成的合成战斗力相对于单个国家战斗力之和有一个余量：

即：$TB = TG - \sum T_i$

其中，TG 表示联盟国整体战斗力；T_i 表示第 i 国的战斗力；TB 表示结构整体效果 TC 相对于 $\sum T_i$ 的余量，余量 TB 有正负之分，当 $TB > 0$ 时，表示整体协作作战能力较强，合成度和合成质量较高；当 $TB \leqslant 0$ 时，说明联盟力量结构的合成度和合成质量低，致使整体作战能力弱化。所以，战斗力的提高，必须以联盟力量结构合成度的提高为前提，合成质量的提高意味着联盟力量间的协调，正是这种协调保证了战斗力的稳定提高。实践证明，合成质量越高，战斗力就越能提高。在伊拉克战争中经常出现盟军互相误伤误炸的窘境正是合成质量不高的表现形式。

2. 源自于联盟力量的结构、时段和布局的总体功能。结构是指联盟力量各单元构成之间的配置和组合状况。主要涵盖两方面的内容，一是联盟力量的单元组成，联盟力量通常由陆军、海军、空军和特种作战部队组成；二是单元之间的关联和配合方式，以美国为首的联盟力量，通常空袭在先，随后地面进攻，海军和特种作战部队配合作战行动。美国对其联盟力量的单元组合通常有如下的预期：（1）功能系统化。即战略力量各单元各自有独特的战斗作用，但又与其他战略力量单元互相配合，强调协同作战。（2）过程协调化。战略力量根据战略目标、战略任务和资源条件组合而成的，相互之间在质态结构上相互弥补、在量态规模上配比得当。（3）目标高效化。同其他有预期目的的活动一样，美国联盟战略的根本目标就是谋求高效，即战略资源产出对投入的最大化，或者战略资源投入对产出的最小化，最终表现在战略资源占用与战争结果比较上。

美国对联盟力量结构的理想预期往往因战场外部与联盟内部的各种矛盾而不能实现，从理论层面来看，只有寻求最富有效率的组合方式才能产生高效的战斗力，战斗力的大小既取决于联盟力量各单元的投入量、投入节奏和投入比例，也取决于各单元投入的结构，唯有如此才能使战略力量各单元充分发挥效能，使联盟力量整体功能达到最佳状态，减少对战略资源的浪费。而在现实中，投入战场的联盟力量从技术结构来看，也许是最富有效率的组合，但一旦面临具体的战场环境，联盟力量的单元结构效率就大打折扣，如陷入伊拉克战局困境中的联盟战略力量，投入的比例远远不能满足伊拉克漫长游击战线的需求，投入的所谓科学的单元结构在“很少试图坚守阵地”的对手面前无能为力。为此，美国将减少战争成本的希望寄托在美国尤为崇尚的速战速决进攻速度上，但美军的速决战恐怕也要因陷入战争泥潭而以失败告终。随着时间的推移，伊战成本不断上升，美国的联盟战略不仅面临着经济危机，而且正经历着军事上的考验。

时段，是指根据战略任务和战略目的的需要，确定战略力量进入或退出战争的时间阶段。美国联盟力量的时间段一般有两大形式：一是同一联盟力量在连续的自然时间内“依次继起”，其特点是在纵向上战斗力不断延续。二是不同的联盟力量在连续的自然时间内“同步并行”，其特点是各单元在横向上并行不悖，彼此配合衔接，两种形式都以形成系统功能最大、求得效益最优为目的。美国惯常根据战略目的将两种形式联合运用，由于美国在联盟力量中的主导地位，一般能预先确定进入战争的时间，但因为战争的不确定因素，美国经常深陷战争泥潭而不能左右退出战争的时间，因此，联盟战略虽然是美国减少战争成本不变的法宝，但并非一切能如愿以偿。

布局，即指联盟力量各单元在空间配置上形成的格局，表现了联盟力量在地域上的分布状态。由于美国多在海外作战，故联盟战略力量的布局根据空间位置的不同通常分为两个层次：一是战区布局；二是海外基地布局。两个层次的布局构成了战略力量布局的总系统，同联盟力量的结构、规模和时段一样，联盟力量的空间布局也受到来自于军事战略、战场格局、地理环境、经济发展状况和外交政策等多种因素的制约，而且各种因素制约的时限、程度和范围也不尽相同。美国联盟战略力量布局的理性预期是够用、效益、集中和分散相结合，其中，满足战场需要是首要原则，这种理性预期显然和目前伊拉克战局中军事人力资源不足的现实不尽吻合。

时间段位、空间配置和单元结构并非孤立存在，而是相互依存联合发挥综合功效的。美国之所以能将联盟战略视为减少战争成本的不变法宝，除了联盟国共同的经济利益纽带外，更多的得益于联盟战略自身固有的专业化分工的功效，时段、结构以及布局综合功能的整体发挥。由于美国不完全具备减少联盟成员国之间摩擦、求得各组合力量协调统一、构造容三种形态为有机一体的能力，因此，联盟战略将在美国不断修补理想预期与现实差距的缝隙中艰难前行。

第五章　美国战争力量建设和运用的效益追求

需求与可能的完美统一是公认的战略法则，也是战略的精华，战争及其军事战略目的的利益渴望代表着国家利益的需求，而战争力量的标志——军事力量的强盛则意味着渴望实现的可能，由于美国战争及其战略固有的求利性特质，在军事力量建设和运用的过程中，效益追求理念与举措贯穿始终，这既是战争天然的财富效应使然，更是战争成本和霸权护持成本约束的客观要求，为了实现战略目的不变的利益渴望，美国在运用和建设军事力量的过程中表现出了狂热的效益追求。

第一节　追求战争财富效应是运用军事力量的重要目的

以战争为工具的征服曾经是人类生存的主要手段之一，原始社会末期的战争最明显的特点就是掠夺，在生产力水平极为低下的严酷条件下，战争可以使胜利者获得比劳动更多的财富，掠夺带来的经济效益比劳动产生的价值要大得多，因此，掠夺者在战争中忘我而骁勇，战争结束后，人们与其说是欢呼胜利，不如说是分享劳动丰收的果实，正是低下的生产力水平决定了战争简单而纯洁的财富效应。随着生产力水平的逐渐提高，战争的规模和烈度虽然逐步强化，但发端于原始社会的战争财富效应仍然存在，即“用武力攫取其他国家的土地比建立复杂的经济和贸易机构、以便从双边商业往来中获利要便宜得多”[①] 的战争财富效应实质不但没有改变，相反因为战争主体追

---

① ［美］约瑟夫·奈著：《美国霸权的困惑》，世界知识出版社 2002 年版，第 7 页。

求综合战争效益而使掠夺的财富内容更加丰富。以德、美为例，德国发动第二次世界大战更多的是经济上的渴望和考虑。1929～1933年的世界经济萧条结束了“经济自由”发展阶段，国际贸易量增大而关税缩减的好景不再，但德国依赖海外原料的程度却并未减退，德国需要更大的满足其生产和资源需求的市场，而这必须重新划分天然经济区，于是德国要求扩张领土，希望通过攫取别国现存的财富以振兴德国的经济，因此，对于德国而言，它要考虑的是如何在短期内掠夺能满足德国经济高效自给需要的丰富资源，于是对乌克兰肥沃的土地、高加索丰富的石油、克雷沃依·洛格和尼柯波尔等地富饶的铁矿石和锰矿等战略原料的渴望左右了德军的进攻方向。无独有偶，战争的财富效应指引着美国士兵进攻的步伐，不同的只是利益渴望的具体内容。从历史上看，战争所带来的财富效应在很大程度上奠定了美国成为世界唯一超级大国、梦想建立“新帝国”的经济基础。21世纪初，美国进入综合国力新一轮的扩张期，由于美国已经形成了一种战争能带来财富效应的心理预期，借助战争获取经济成长的契机已经得到美国战略决策者心悦诚服的认同，因此，对战争怀有更多的利益渴望和期待，战争行为本身就具有直接的效益追求冲动，从美国战争的演绎脉络里，可以看到美国在运用战争手段促进国家生存与发展的进程中，随着综合国力的提高，愈来愈追求战争的整体效益，战争不再单纯是对有形财富的掠夺，而是包含掠夺财富在内的权力的拥有，军事力量在追求战争财富的效应中扮演着无可置疑的主角。

第二节　战争准备和实施的高额成本是效益追求的内在动因

战争是对一个民族全部精神力量和物质力量的考验，战争准备和战争实施耗费惊人。20世纪80年代初，美国战争准备箭在弦上，里根政府精心策划了秘密对苏整体战略，目的是发动一场“无声的战争”，加重苏联的经济负担，进而加速其垮台，美国秘密战略的重点打击目标之一是苏联经济，所采取的主要措施包括：通过操纵世界石油市场价格使苏联减少数百亿美元的天然气收入；严密堵塞苏联获取西方高技术的渠道；大量散布扰乱苏联经济技术活动的假情报；大肆宣扬耗资巨大的“星球大战计划”迫使苏联进行军备竞赛以加剧其经济危机等等，对苏联战略虽然最后大功告成，但美国也因军备竞赛而耗资巨大，里根政府因此成为美国历史上赤字最严重时代的政府，这从一定层面上加剧了美国对使用军事力量的效益渴求程度。

与战争准备相比，战争实施更是“日费千金”，随着科学技术的发展，高技术武器装备越来越频繁用于现代战争中，由于高技术装备凝结着比常规武器装备更多的物化劳动，造价昂贵，使用成本远远高于常规武器，如果没有巨额的战争经费投入，战争将很难进行。“因为任何国家，即使是最富有的国家，也经受不起在一场生死存亡的斗争中盲目行动。”[①] 在美国历史上耗时最长的越南战争中，美国曾把120万士兵派到越南战场，侵越战争导致美军伤亡达20余万人，其中死亡58 015人，伤150 303人。美国军队的纪律和战斗力受到了严重的削弱与影响，共耗费2 000多亿美元[②]。伊拉克战争更是耗费惊人，从2003年3月到2004年3月，美国在一年的伊拉克战争中已经花费了1 500亿美元，并在2003年12月再次追加拨款580亿美元，截至2004年年末，伊拉克战争的花费将超过2 000亿美元。如果加上发动这场战争而付出的对伊拉克经济援助等方面的战争成本，美国在这场战争中投入的还要多。战争成本如此之高是美国不得不追求效益的原因之一，在实战中，当预期成本超过预期利益时，美国通常会停止长明战火的步伐，只要得不到经济实惠且损失较大，美国宁可不顾国家的政治声誉，也要想方设法尽快脱身。所以，从这个角度讲，美军对运用军事力量的效益追求是战争成本约束的必然。充分评估实施战争的得失、以可接受的代价换取可靠的战争收益、争取以最小的成本获取最大的效益是美国对既往战争经验教训的总结。

第三节　霸权护持成本日益攀升是效益追求的外在压力

霸权成本是作为霸权国的护持费用，包括自身争霸的投入成本和在全球系统称霸的维持成本。在今天的美国霸权版本中，依稀能看到昔日英国对霸权护持的影子，英国曾是一度的霸权国，1846～1914年期间，英国在海外拥有的大量殖民地给它带来了巨大的经济利益，在军事上对殖民地实施资源掠

① ［美］约翰·柯林斯：《大战略》，军事科学院1978年版，第130页。

② 刘金质：《冷战史》中册，世界知识出版社2003年版，第658页。

夺、从殖民地获取大量廉价原料，在经济上实施资本输出，为其工业品争得垄断性的庞大出口市场。但在获得霸权收益的同时，众多海外义务也大大增加了英国的财政负担，以致在德国挑战其霸权地位时，分散了本应对付德国威胁的精力。它庞大的远洋舰队在保障海上漫长生命线的同时，更是雪上加霜地加重了它的财政重负。今天的美国遇到了相同的难题，美国是霸权体系的受益者，为了维持这种使它受益的国际体系，它必须在政治、经济和军事各个领域中提供维持稳定的公共物资和承担必要的国际义务，然而，高额的统治和管理成本即便是对相对富有的美国来说也是难以承担的重负，因为过多的国际承诺带来了过高的系统维持成本，最终将削弱美国战争及战略竭力推动的经济繁荣。美国在战后就通过提供公共物资建立遏制苏联的同盟，虽然保持了比较稳固的反苏同盟，顺利实现了它的预期战略意图。但是，为了维持系统秩序，维持同盟国家之间的关系，不得不忍痛允许它的同盟国采取免费搭车（free riding）的行为。由此引致的霸权成本之高始自杜鲁门政府的“遏制战略”，在艾森豪威尔政府和肯尼迪政府执政时期尤为突出，仅肯尼迪政府在1961～1963年的三年之中就投入高达24亿美元的军事援助。作为一种特殊形式的霸权护持方式，经济和军事扶助在美国对欧洲的控制中发挥了重要作用，在对发展中国家特别是与美国结盟国家的控制中同样也是如此，为配合军事战略，避免出现“多米诺骨牌”效应，美国推行了一种以援助基础的“共同安全”战略，并建立了一系列的军事同盟，而同盟维系的基础是以大量的军事、经济援助为前提的（见表5－1、表5－2）。

表5－1　　1945～1970年美国援助总额①　　单位：百万美元

	近东南亚	远东太平洋	拉丁美洲	非　洲	总　额
军事援助	7 283	22 740	1 207	314	31 544
经济援助	21 668	17 255	8 966	3 909	57 988

表5－2　　美国和受援国军费开支比较②　　单位：十亿美元

年　份	美　国	英　国	法　国	西　德	日　本
1953	49.6	4.5	3.4		0.3
1955	40.5	4.3	2.9	1.7	0.4

① 据张敏谦《美国对外经济战略》（世界知识出版社2001年版）提供的数据整理。

② 据保罗·肯尼迪《大国的兴衰》第475页提供的数据整理。

续表

年　份	美　国	英　国	法　国	西　德	日　本
1960	45.3	4.6	3.8	2.9	0.4
1965	51.8	5.8	5.1	5.0	0.8
1970	77.8	5.8	5.9	6.1	1.3

表 5-3　　1970 年前美国与受援国经济成长率比较①　　单位：%

国　别	劳动生产率	GDP 增长率（54~68）
美国	2.1	4.02
日本	14.2	10.10
西德	5.3	5.99
法国	6.6	5.35
英国	3.6	2.71

从表 5-3 可见，欧日各国充分享受了美国在军事上、经济上提供的“公共产品”，受援国由于负担极少的军费开支，成为美国军事上的搭车者和经济上的受惠者，经济成长与美国形成鲜明反差，与之形成鲜明对照的是，美国的经济成长率慢于大多数受援国家，美国为霸权付出了相当高的护持成本。以至里根后来感叹：遏制政策是一项花费巨大的政策。……在第二次世界大战以后的几十年中，美国为其他国家的经济发展贡献了近 2 000 亿美元，这些援助起到了至关重要的作用，没有它们，我们就不可能保持在世界上的领先地位②。

历史上，大国衰落的原因之一就是为了保持自己的势力范围而支付高昂的维护成本，以致最终削弱了综合国力。从某种意义上说，军事力量与经济力量可以互补，但是，如果维持强大的军事力量所需要的费用过高，终将危及国家赖以强盛的经济基础，随之而来的必是国家的衰亡，因为国际承诺太多、军事费用过于庞大，必然导致所谓的帝国战线过长的结果，直到最后被完全拖垮③。随着国际体系控制范围的扩大，美国维持这种范围的成本也越来越大，进一步扩张的边际成本高于其边际收益，久而久之，维持系统的成

① 据《科学技术立国的日本》（北京大学出版社 1992 年版）第 213 页提供的数据整理。

② 1987 年里根致国会报告：《美国国家安全战略》第 9 页、第 21 页。

③ Paul Kennedy，“The Rise and Fall of the Great Powers”，New York Wiley，1989.

本将大大超出了美国自身的经济支撑能力，导致维持国际霸权体系的投入和它拥有的资源之间出现越来越大的距离。所以，霸权成本的日益攀升是美国在建设和使用军事力量时追求效益的外在压力。

第四节 武器装备优势是效益追求的助推力

经济学原理表明：企业竞争力集中表现在技术优势、差异优势和领先优势三方面，形象地说，这三者的基本含义依次为：产品技术含量高、产品与其他的不同以及产品的市场份额大。优势是赢得效益的前提，而装备优势是整体优势的基础，美国整体优势的表现形态之一就在于因高技术武器装备的科技含量而引致的差异优势和领先优势。在对称性战争中，如果装备之间不存在差异或者差异很小，在其他条件同等的情况下，将降低战争主体战略目标达成的机会，战场综合效益随之也相对较低；如果武器装备的技术含量高，在非对称战争中的战场控制能力是显而易见的。美国充分利用异质装备差异，即武器装备的技术优势和差异优势赢得战争中的领先优势，赚取战争综合利润。

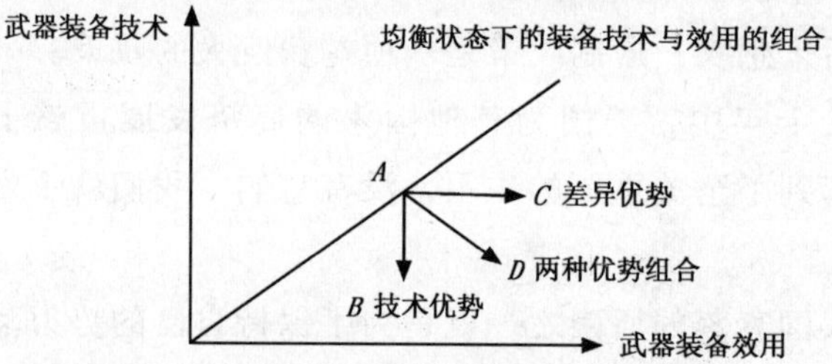

图 5-1 美军装备的技术优势与差异优势

图 5-1 中斜线表示均质装备与技术的效用组合线，如果和交战对方装备相同，假定其他条件不变，均质装备都集中在一条竞争线上，装备的技术与效用是均衡的，最多只能获得与交战对手相同的战争红利，如图中 A 点。如果凭借高技术装备的技术含量，就能在竞争对手面前保持技术优势如 B 点，在此基础上，如果借助武器装备的位势差异在交战对手面前赢得差异优势如 C 点，并将“技术优势”与“差异优势”两种优势有机组合在一起如 D 点，在其他条件既定的前提下，战场综合效益的获得几率将大大提升。

这种理想预期的优势战略在美国的战争及战略中曾被运用到极致。“装备差异”带来的领先优势战略迁延性地表现在近期发生的几场高技术战争中，如海湾战争中，美军实施的是“先空后地”战略；科索沃战争中，美军采用的是“以空制胜”战略；而在阿富汗战争中，美军运用的则是“以空为主，以地为辅”的战略，无论哪一种战略，几乎都充分地发挥了美军的空中高技术武器装备的优势。

远程精确制导武器是美军空中装备优势的集大成，这为美军实现综合效益追求奠定了技术基础。首先，精确制导武器因打击准确、方法灵活、手段多样而产生强大的“震慑效应”顺应了“不战而屈人之兵”的需要，从而使美军“不战”或“小战”就可使对方放弃抵抗，屈从于己方的意志。其次，精确制导武器较高的“效费比”切合了“节约高效”的作战原则，精确打击的作战效益成倍地高于一般的概略性打击。朝鲜战争中，摧毁一个重要目标需要出动 600 架次飞机，投掷 1 800 吨弹药；在现代高技术战争中，只要 1～2枚精确制导弹药即可达成目标；海湾战争中，多国部队仅用占弹药总量 7% 的精确制导弹药就摧毁了约 80% 的重要目标，由此可见其作战效费比之高。再次，精确制导武器灵活的“可控性”，使美军易于赢得战争的“主动权”。通过对交战对方重要目标的精确火力打击，既能创造战机，又能实施战场分割，为快速全面歼敌创造有利条件；既能即时抓住战机，又能造成敌系统瘫痪，改变战场力量对比，形成对己有利的战场态势。因此，利用精确制导武器夺取战场主动权，进而速战速决实现战略目的是美军赢得战场效益的一贯理想预期。

实践证明，以精确制导武器为代表的装备差异优势为美军减少战场伤亡率提供了技术保证。自越战结束以来，美军发动的几次大规模局部战争几乎都是低死亡甚至是“零伤亡”记录。越南战争阵亡 58 015 人；在 1991 年的海湾之战中，仅 148 名士兵丧命沙场，而在科索沃战争中则实现了零伤亡。正是高技术异质装备为美军赢得战争优势、赢得战争综合效益奠定了技术基础。当前美国旨在抢占军事制高点的高技术研发计划依然异彩纷呈，层出不穷，而这种技术上的优势是其实现战争综合效益追求的助推力。

第五节 战争的可控性是效益追求的客观条件

美国控制战争的力量主要来自于经济和技术两个方面。

经济全球化为美国控制战争增加了筹码。当今世界是一个开放的经济世界，闭关锁国发展经济的时代早已成为历史，这种状况突出表现在世界贸易的增长率大大高于世界工业生产增长率、对外投资增长率又大大高于世界贸易增长率两个方面，投资市场的形成提高了美国与其他国家、尤其是与大国之间的相互依存度，各种生产要素件随着跨国公司的兴起、海外投资的剧增而快速流动，对彼此市场的需求使经济边界日趋模糊，即便因利益分歧滑向战争的边缘，倘若进行战争的代价超过了所追求的经济利益，并因此严重影响国家的生存和发展，美国会停止走向战争的步伐。另外，经济全球化使美国经济结构出现了重大调整，高技术产业的兴起使技术发达的美国能凭借发展中国家对其技术上的依赖，通过输出技术而获取巨额经济利益，技术上的优势使得美国对一些发展中国家实行经济制裁的条件更为充分，正是在这个基础上，经济制裁才成为美国缩短或者控制战争进程的有效手段，1990 年美国对伊拉克的制裁，1992 年以美国为首的北约国家对塞尔维亚的制裁就是明证。

高新技术是美国能够控制战争的另一种力量。以信息技术为例，美国是世界上信息技术最发达的国家之一，信息技术的广泛运用将极大地提高美国对战争的控制能力。一是改变军队结构及其活动方式。那种传统的集诸军兵种于一体的大型多功能合成军队，将逐步被功能相对单一但效能突出的小型数字化军队所取代。二是提高决策效能。作战指挥与控制因为数字化作战进程模拟和计算机决策辅助系统的大量应用而使军事活动的节奏明显加快，从而缩短战争进程。三是在信息技术基础上迅速发展起来的现代传媒系统将改变战场环境，不但将不同区域的战场联系在一起，而且使战争的透明度大大增加，信息传递既迅速又准确，山川、河流、海洋、天空等自然屏障都不再是障碍，从而使战争决策者能够在更广阔的范围内直接对战争的进程和结局施加影响。

总之，包括信息技术在内的技术优势是美军整体军事优势的基础，正是由于技术优势的存在，美军对战场控制的能力相对其他国家要强，为了保持并扩大这种优势，美国不遗余力发展高新技术，拉大与潜在对手的“技术代差”，以高新技术上的“位势差”谋求获取战争综合效益的全面领先优势，为控制战争、实现效益追求创造条件。

第六节　军事财力是实现效益追求的根本保证

一、理论上的路径与现实中的困境

军事财力是军事力量建设的经济基础，军事财力投量的多少、投向的分配主要取决于战略目标函数的自变量比例关系，战略目标（S）一定时，则函数的自变量由军事人力（A）和武器装备（E）组成，建立战略目标函数：

$S = F\ \{(A),\ (E)\}$

由于军事财力投入主要通过军事人力和武器装备价值量来体现，则 A 与 E 的关系为：$A + E = 1$，在军事财力既定的前提下，军事人力费用的增加意味着武器装备投入的减少，武器装备的投入不仅取决于军费购买力，更取决于国防工业的技术水平，而国防工业技术水平的提高是一个长期且渐进的过程，因此，在一定时间阶段内要实现既定的战略目标，只能依靠扩大军事人力数量规模来达成，由此表现为军事人力费用的增加。从财力资源配置的角度来看，要达成战略目的，其基本路径只能是，在增加军事人力数量的基础上使人均战争收益与人均战争成本之差达到最大，即：

$$Y = f(x) \tag{1}$$

其中 Y 为国家安全，x 为投入的军事人力；

$$U = PY/x \tag{2}$$

P 为价格；U 为军事人力的平均收益；

$$K = w + R/X \tag{3}$$

K 为人均成本，w 和 R 分别表示军人工资价值率和武器装备价值率；

$$\max(U - K) = (PY/X) - (W + R/X) \tag{4}$$

（1）式表明目标的达成取决于军事人力投入的多寡。（4）式意味着最终要达成目标并获取战争收益并使之最大化，必须使人均战争收益与人均战争成本之差达到最大。从一般意义上来说，军事人力越多，军事优势越大，战略目的达成的几率也相应增大，但是，在战争现实中，从效益的角度看，一旦军事人力的“量”超过满足战争的基本需求，此时实战中的优势值并不按比例成倍增大，而是相对减少，作战效益将越来越低。这种现象与经济学中的边际成本递增、边际收益递减法则相吻合，因为，军事人力“量”的无限度地增加会使战场机动、指挥控制和后勤保障等等难度增大，在预期战争结果一定的同时，战争成本随之也大大增加。因此，单纯依靠大规模的军事人力资源投入来实现效益目标显然是一种不经济的作为。由于美国经历了从基于应付全面战争到应付局部战争的转变过程，因此，军事人力的“量循环”和“质循环”是美国在战争准备、战争动员、战争实施和战争复员阶段交替采用的手段。理论上的战略目标实现路径显然并非是美国在军事力量建设与运用中想长久沿袭的轨道，事实上，一味扩大军事人力规模的做法是美国在军事力量建设与运用中极力要摒弃的。

二、理想预期与现实举措

从经济的角度来评析和追溯美军效益追求的步伐，最初提出客观且又理性举措的应该首推尼克松政府的“现实威慑”战略，它结束了冷战之初杜鲁门政府创始、历届政府沿袭、无论是从军事还是经济角度来看都算消耗庞大的“遏制战略”，“现实威慑”战略强调美国不应企图解决世界上所有的难题，应该收缩海外兵力，脱身越南。无可争辩，“现实威慑”战略固然是一条介于世界警察和孤立主义之间的中间路线，企图谋求大国均势以期东山再起，但从经济的视角来看，它也折射了一定的经济学内涵：优势并非一定是量的累积，而是质的优胜，单纯增加人力只是一种“量循环”，只有通过集约化的资源投入，不以军事人力“量”的增加为条件，而是充分发挥既有资源的效用，实现“质循环”，才是实现效益追求目标的最佳方案。自此以后，美国对军事力量建设与使用的理想预期，概括地说，就是根据既定战略目标灵活选择“双循环”中的任一方案，并实现由“量循环”向“质循环”的转变，这种转变的趋势表现为：(1) 在军事人力的运用上倾向于使用技术密集型军种和合成精干的特种部队，在近期发生的几场战争中，精锐特种作战部队通常是美军的首选。(2) 在提高军队有机构成的路径上力求减少军事人力规模，加大武器装备的经费投入。(3) 在军事财力的投向、投量上倾向于技术含量高的军种。(4) 在军事物力的配置上更倾向于提高武器装备的聚合程度，即在武器装备的运用上强调系统与系统的有机结合。

理想预期决定了现实举措，近年来军费开支中科研费用上升的趋势折射了美国希冀用提高军队有机构成的办法来实现战略目标达成的效益追求。提高军队有机构成的根本目的是提高战斗力，而战斗力在数量上主要取决于投入到军事活动中的军事人力和武器装备的额度，战斗力 C（Combat power）的生成由军事人力 M（Manpower）、武器装备 E（Equipment）和编制体制 O（Organization）等因素来决定的，运用函数表示 t 时段的战斗力即是：

$$C(t) = F(E, M, O) \tag{5}$$

如果从战斗力构成的角度来衡量军事力量运用效果，则有

$$C = (M^{\alpha}E^{\beta}O^{\gamma})(NG)^{\gamma} \tag{6}$$

其中，α、β、γ 表示三个因素的权重，即军事人力、武器装备和编制体制在战斗力中的重要程度。N 代表投入的军事人力数量，G 表示投入的军费数量，其中，权重指数 α、β、γ 可根据作用的轻重程度分别赋不同的比例值，因为军事人力和武器装备既是决定战斗力高低的主要物质因素，又是实现效益追求的决定性因子，因此，美国在军事力量建设和运用中最关注的是武器装备和军事人力，并因此在军事财力的投向与投量上表现了“技术制胜、财力支撑”的效益追求心态。

1. 军事人力规模的调整走向。美国理想预期中的军事力量建设与运用的路径是：强调部队能力而非部队规模，运用集约化的技术密集型军种作为达成战略目的的主要军事力量，在战争经费投入上优先装备技术军兵种和快速机动部队，为缩短战争进程、实现效益追求奠定物质基础。阶段性地减少军事人力数量是美国军事人力建设中的重要举措，虽然美国在海外的战事连绵不断，但军事人力规模并未有上升走势，而是朝着“精兵”趋势发展。美国军事人力规模由庞大到精干的“减肥”运作计划始自冷战，现役军事人力由 20 世纪 90 年代初的 217.4 万人锐减至 1998 年的 148.38 万人后，在 21 世纪初，军队规模保持在 120 万人左右，压缩幅度约 10%～30%，军队规模压缩的直接后果是减少了军费在人力上的投入，增强了对武器装备的投入力度。

用技术密集代替人力密集是美国在裁减军队规模后的核心举措。使军事人力构成由人力密集型向技术密集型发展，并以技术装备取代人力，旨在减少军事行动中的伤亡，减少国内舆论对海外军事行动的制约和政府战略决策面临的压力，使军队更好地成为对外干预的工具。同时，将大量高技术武器系统配备军队，如人工智能武器、微波武器、隐形武器和定向能武器等，美军的技术密集程度由此显著提高。而在实战中，美军通常使用技术密集型军

种和合成精干的特种部队，最大限度发挥各自优长，希望借此谋求整体作战优势。但这种常规做法在21世纪初的伊拉克战争中遭到质疑，驻伊美军陷入困局的原因之一就是："装备优良、规模精干的美军无法应对打游击战的伊拉克人，因为后者很少坚守阵地。另外，美军在关键地点也无法派驻足够的部队，因为数量不足的占领军被分派到伊拉克战斗激烈的地区。"[①] 可见，美军军事人力规模总的理性趋向虽是高效、精干、合成，但在具体战争中，还必须根据不同的战场情况，运用相应规模、相应构成的军事人力才能顺利达成战略目的。

2. 武器装备结构的耦合方式。提高武器装备结构的关联程度和聚合质量是美军的理想预期。关联程度是指在战斗力的生成过程中，各军兵种武器装备之间能相互提供火力支援（装备效能互换）的契合度，它是联合作战的必然要求。在实战中，美军武器装备效能互换的方式是并联耦合，表现为一个军兵种部门的战斗力生成需要其他多个军兵种部门提供支援，相互配合、协同作战，共同取得战争的胜利。例如，在海湾战争中，空军首先对敌海空军实施打击，以夺取制海权制空权，为陆海军抢滩登陆作战提供必要的火力支援和火力掩护，同时陆、海军通过远程攻击武器对敌指挥控制中心、机场、港口和地面防空设施等进行军事打击，为空军的军事行动提供火力支援。

军兵种之间的协调取决于武器装备之间的聚合质量和关联程度，只有当武器装备结构聚合质量达到最高水平时，运用军事力量时才能实现效益最大化追求。为了提高武器装备的关联度，美国的重要举措之一就是明晰分工，并为此提供雄厚的财力保障。从理论层面来看，由于军事分工具有自我繁殖的功能，分工一旦形成，就会发挥双向的互动作用，在没有外部因素强制约束的条件下，军事分工自身具有进一步提高分工的惯性，在军事分工的自我繁殖过程中，随着军事分工自身质量的不断提高，其自我繁殖的速度以加速度进行，进而达到提高武器装备关联度的目的。军事分工自我繁殖加速度的质变过程之所以能促进武器装备关联度的提高，其根本原因就在于军事分工使得军事活动更专业化，更技术化，更协同化，进而使各军兵种提供装备效能互换的空间大大拓展。

3. 军队有机构成的提高路径。军队有机构成是从价值的角度反映军事

---

① 《参考消息》2005年3月25日第5版。

人力与武器装备比例关系的指标。提高军队有机构成是加强战斗力的关键，军事人力与武器装备存在着战斗力生成边际替代效应，通过提高军队有机构成，可以生成高效的战斗力。如果用 x 表示军事人力，用 y 表示武器装备，a 和 b 分别为军人工资和武器装备的价格，W_1、W_2、W_3 代表三条不同水平的战斗力无差异曲线（$W_1 > W_2 > W_3$），U 代表既定的军费规模，建立所示模型。直线 U 与 W_2 相切 O 点，O 点是在给定军费规模下战斗力水平最高的点。点的右下方 i 点意味着军队有机构成尚未达到最佳状态，仍有很大的调整空间，由于受军费总规模的约束，在一定价格条件下，武器装备与军事人力之间具有此消彼长的替代关系，美军提高军队有机构成的办法就是通过压缩军队规模，把大量用于军事人力的财力支出用到采购和研制新式武器装备上，使军队有机构成不断向 O 点移动，从而最大限度地利用武器装备的技术优势赢得战争综合效益。根据美国《2005 财年国防授权法案》，在美国 2005 年的国防预算中增加的大量经费被用于购买 F/A－22 战斗机、F－35 "联合攻击战斗机"、"影子" 无人战机等新式武器装备上。另外，对导弹防御系统的青睐、对构筑空中 "马其诺防线" 的热衷都是这一举措的直接反映。

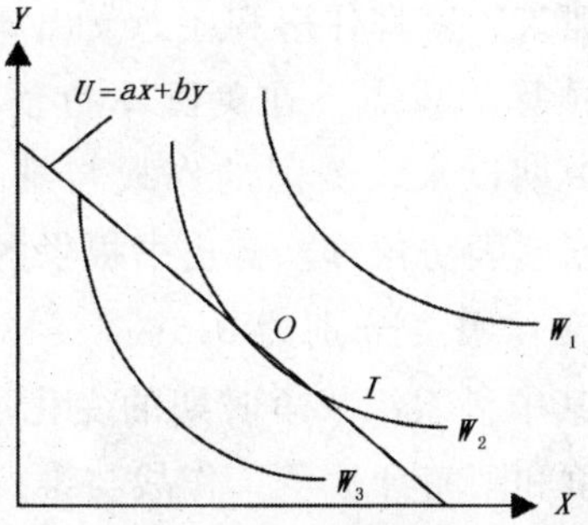

图 5－2　美军理性预期的军队有机构成

4．军事财力的投向投量。军事财力是军事人力和武器装备建设的财力保障，军费投量是指投入到各预算项目的数量，直接体现军事力量建设的规模、结构和重点。投向是指军费总量在各项目上的分配比例关系，反映军事力量建设的变化态势。由于美国经济独特的优越条件，军费投入总量较之其他国家相对要高，在投向上以提高军队有机构成为重心。财力的优势使美国在 "量循环" 和 "质循环" 的效益追求中有了坚实的财力后盾，在确保 "量" 的前提条件下，力求质的成长：

第一，武器装备采购、科研费稳健增长。1999 财年装备的研制费用为 440 亿美元，2000 财年达到 530 亿美元，2001 财年又增至 600 亿美元，美军装备采购费由 20 世纪 90 年代中期的 400 多亿美元逐步增加到 2003 年的 635 亿美元[①]。2005 年美国计划军费开支 4 160 亿美元，其中用于购买新型武器就达 770 亿美元。装备采购费的变化反映出美军提高军队有机构成的急切心理，采购费呈现的连年增长态势反映了美军希冀以武器装备优势求得战争综合效益的技术制胜观。而装备科研费稳中有升，则从另一方面反映出美国为保持武器装备的长期优势而付出的高昂代价（见表 5－4）。

表 5－4　　美国武器装备科研费在军费中的比例　　单位：亿美元

年　　份	1993	1994	1995	1996	1997	1998	2005
科研费 *A*	380	346	354	343	327	373	700
军费 *B*	2 761	2 788	2 706	2 609	2 672	2 713	4 160
A/B（%）	13.76	12.41	13.08	13.15	12.24	13.75	16.83

第二，作战和维持费平战差别大。美国军费包括军事人员费、作战与保养、装备采购、研究试验与鉴定、军事建筑、家庭住房、应急支出等项目，其中作战与保养、军事建筑、家庭住房和应急支出属于维持费开支，作战与维持费历来是军事财力预算的重点，在美国军费预算中占有极为重要的地位。自 20 世纪 90 年代中期以来，美国的作战与维持费呈现出明显的两头大、中间小的特点。根据《国防预算》蓝皮书提供的数据，1995 财年～2001 财年，该项经费的实际变化幅度分别为 3.5%、－3.0%、－3.5%、1.8%、5.1%、2.0%、0.4%，其中科索沃战争时期的变化增幅最大，为 5.1%。布什上台后，因为反恐战争和阿富汗战争，作战与维持费更是大幅度增长，为 10.4%，创下了自 1985 年以来的最高记录，说明美国在战时运用军事力量时，试图通过提供充足的财力保障为其获取战争综合效益奠定物质基础。

第三，在军事人力规模缩小的基础上提高军事人员费用。在减少军事人力规模的基础上提高军事人员费用，是美国裁军后军事财力预算的一个重要特点。随着军队有机构成的提高，武器装备日益向着自动化、智能化、集约化方向发展，操纵装备所需要的军事人力较之过去大大减少，表现在军事人力规模上，但值得注意的是，在 1993～1999 年，美军的军事人员费占国民

① 总后财务部全军“九五”重点课题《中外军费管理比较研究》第 6 页。

生产总值的比例仍平均保持在 0.95%，占军费的比例平均保持在 26.06%。6 个财年中，军事人员费和军队员额虽然都是逐年同步减少，但军队员额裁减了 26.5%，而军事人员费用总量只减少了 17.14%，相对于军队员额的减少，军事人员费是增加的，按人均数计算，军事人员费增长了 12.74%，可见美军在裁减军队员额的基础上不断提高军事人员费用（见表5－5）。

表 5－5　　美国军事人员费和军队员额变化幅度①

年　份	国民生产总值（亿美元）	军　费（亿美元）	军事人员费（亿美元）	军事人员费/GNP（%）	军事人员费/军费（%）	军队员额（万人）
1993	63 433	2 761	759.74	1.19	27.5	170.51
1994	67 369	2 788	713.65	1.06	25.60	161.05
1995	72 538	2 706	715.57	0.97	26.44	151.82
1996	76 360	2 609	697.75	0.91	26.74	147.17
1997	78 588	2 672	699.20	0.89	26.17	145.21
1998	85 000	2 713	694.74	0.82	25.60	143.14
1999	88 049	2 888	703.31	0.80	24.35	

第四，战时增加军事人力投入。这是美国军事财力投向的惯性和特点，是因战时军事人力短缺而实施的应急性措施。如在伊拉克旷日持久的驻扎，以及不断遭受自杀袭击的现实让美军士兵对比较利益的预期下降，从而决定了军事人力资源的使用效益低下，进而直接影响到战争的综合效益。为此，美军通过在战时增加军事人力投入来提高军人比较利益，以期缓解窘境。所谓比较利益，是指军人从军事劳动中获得的经济利益同其他相关人群的收益进行比较后的相对值，如果舍象掉军人对祖国忠诚的政治因素，一般而言，当比较利益与预期值存在差距时，就会带来军人劳动效率高低的波动，当军人比较利益介于期望值的上限和下限之间时，军人考虑到职业转换成本等因素，会选择继续服役、但效率下降；当比较利益达到或者超过期望值的上限时，军人比较利益得到满足，从而能够自觉发挥主观能动性，军事人力投入完全或大部分转化为公共安全产品收益，进而实现了效益的最大化，军事人力资源供求达到平衡。当军人比较利益小于期望值的下限时，军人将以各种理由转换职业或逃避风险，军人劳动效率低下。征战沙场的美军中不乏为国

① 根据刘洪《国际统计年鉴》（中国统计出版社 1998 年版）第 88 页的数据整理。

家利益甘洒热血的有志青年，但不可否认的是，很多人是冲着军队的优厚待遇而去的，一旦比较利益小于期望值下限时，战场效率就会下降，因此，战时增加军事人力投入成为美军财力支出的一大特点。2002 年美国人年均收入 2.4 万美元，同期美国士兵年平均收入为 3.29 美元，军官为 6.4 美元，前线官兵则有更为优厚的工资及福利待遇。现驻扎在海湾的美军士兵人均年薪达到了 3.3 万美元，军官平均 6.5 万美元。按照规定，参战军人能得到各种各样的补贴，例如，战区军人补贴每天为 150～300 美元。另外，占收入总数近 1/3 甚至更高的税收是美国人心中永远的“痛”，而战场上的美军却没有这种烦恼，除了月收入超过 5 532 美元的军官外，参战人员的收入全部免税，而且这笔收入存入银行的存款利息也不用交税。美国政府认为“应该缓解军方人员和家属在税收方面的担忧，以此向他们表示敬意”①。

第五，军费投向投量向技术军种倾斜。美军进行的现代战争多是诸军兵种合成作战，其中海空军对战争的全局影响越来越大，因此，在建设和运用军事力量的效益追求中，美国充分发挥军事财力预算配置资源的功效，不断调整资源配置的重点，加大海、空军建设力度，军费投向投量向海、空军倾斜。早在 1994 财年，陆、海、空三军军费分配比例为 1∶1.349∶1.244，2005 年调整为 1∶1.22∶1.16，军费投向略有变化，但仍倾向于海空军，投向的倾斜既反映了军费需求结构的变动趋势，又折射了美军希望借财力优化军队结构，使之适应现代高技术战争的特点和要求。

表 5－6　　2000～2005 年军种军费投量一览表②　　单位：亿美元

年　份	军费总额	陆　军	海　军	空　军	其　他
2000	2 672	672	833	791	373
2001	2 864	713	914	848	389
2002	2 883	736	892	867	388
2003	2 987	764	931	892	400
2004	3 076	789	962	923	403
2005	3 189	823	1 003	951	412

注：其他武装力量指海岸警卫队、国民自卫队等。

由表 5－6 中数据可见，2004 年美军军费投入最多的军种是海军，约

① 《环球时报》2003 年 4 月 14 日第 15 版。

② 根据英国《简氏防务周刊》1999 年各期整理。

31.27%；其次是空军，约为30.01%；陆军排在第三位，为25.65%，海军投量最大，增加的幅度最快，可见美军在军费投量投向上把技术军种作为建设重点。事实上，在1990～2004财年间，美国海军军费始终位于三军军费的首位，其次是空军。军费投向投量反映了军种的作用，海、空军作为优势军种或主导军种，它是美国军事需求和技术条件的反映，表明海、空军在战斗力形成过程中所占的不可替代的优势地位：一是能通过技术进步促使战斗力生成函数变化；二是能持续地促进战斗力增强；三是具有较强的扩散效用，能成为其他军种战斗力的倍增器。造成投量投向明显倾斜的主要原因除了美军对“提高军队有机构成”理性预期目标使然外，最根本的原因还是美国所奉行的扩张主义全球军事战略所决定的。

三、实现效益追求的财力保障特征

在实施理想预期目标中的一系列举措时，需要财力作坚实支撑，理性预期能否实现与财力保障息息相关。美军一方面由于笃信技术制胜论而对财力保障滋生无限需求，另一方面又由于战争资源的约束而不得不恪守效益法则，从而使效益追求中的财力保障呈现下列双重的矛盾特征：

1. 军费总量持续偏高和临时增加同时并存。虽然美国每个财年的军费预算规模都相对偏高，仍常常因为战争和突发事件而临时追加。在科索沃战争中，随着空袭的不断升级，战争经费远远不能满足战场需求，国会分别两次追加拨款共计151亿美元军费开支，以弥补供需开销缺口。而“9·11”事件后，更是临时新增184亿美元的巨额军费开支①。2000财年中，国会拿出19亿多美元的追加拨款用于提高部队的作战能力，国防部在制订2001～2005财年的规划时，为此规划追加16多亿美元的拨款②。

2. 绝对规模扩大和相对规模下降交相辉映。军费绝对规模巨大可以从联邦政府其他项目开支的比较中得到求证。在美国联邦政府的开支中，军费是仅次于社会保障费用的第二大开支，其绝对量远远高于联邦政府的其他项目的开支。如2001财年，联邦政府社会保障开支：4 270亿美元；军费：3 009.91亿美元；健康开支：1 706亿美元；教育及社会服务开支：737亿美元；国际事物开支：215亿美元。2002财年的军费预算仍是仅次于社会保障

---

① 中国社会科学院美国研究所：《美国年鉴》，中国社会科学出版社2002年版，第214页。

② 《科索沃战争》上卷，军事科学出版社2000年版，第28页。

开支预算的第二大预算开支项目。2003～2007年，布什政府提出的军费预算要求共计20 600亿美元，其中2007年度将达到4 510亿美元①。与此相对照，军费的相对规模呈下降存执趁势，相对规模是指军费在GDP中占的比重，从动态的角度来考察，自冷战结束后的1990财年以来，尽管军费绝对规模保持增长态势，但军费在GDP中所占比重出现持续下降的趋势，从1990财年的5.2%下降到2003财年的3.3%。虽然14年间只下降了1.9个百分点，但这一指标反映了美国在经济全球化背景下的军事力量效益追求的拓展，即谋取“和平红利”。1986年军费支出占国内生产总值高达6.5%，1993年同类指标已降到4.3%，到1997年再降到3.4%②。克林顿政府采取的一系列配套措施如裁减部队规模、减少海外驻军、取消中程轰炸机和多用途战斗机等生产计划、关闭军事基地、实施军转民计划等折射了美国在军事力量建设中对和平红利的觊觎③。值得关注的是，军费相对规模的下降并不影响军事财力投入总量，因为美国国民生产总值的基数大，军费相对规模的下降不代表对军事力量建设与运用的支持能力减弱。

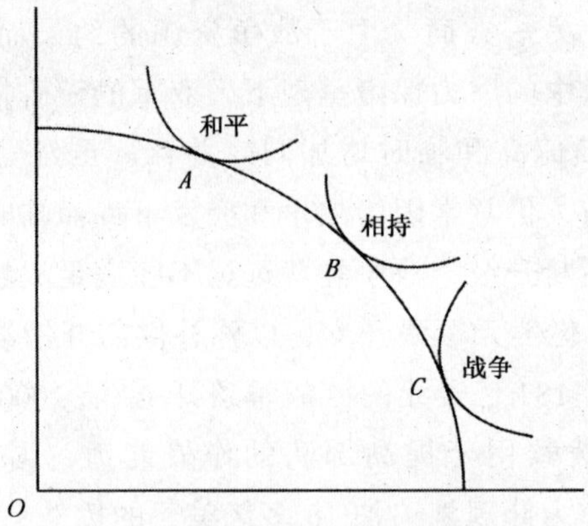

图5－3　美军财力配置偏好均衡点

如图5－3所示，与曲线相切的无差异偏好线有三条，它们分别代表着三种不同状态下军事财力资源配置的偏好。第一种状态是和平时期，预算的规模大小将由A点在横轴上的截距所决定；第二种状态是战争时期，均衡点移至C，意味着军费开支大大增加；介于两者之间的第三种状态为相持阶

① 军事科学院：《世界军事年鉴2003》，解放军出版社2003年版，第41页。

② Economic Report of the President，February 1994，p.56.

③ 《后冷战时期美国裁减国防预算之影响》，台湾《美欧月刊》1994年11月。

段，均衡点随之移到 B。纵览美国军费开支总量，均衡点大多在 B 点和 C 点游移，这是美国战争及战略进攻性和好斗性在军事财力上的真实反映。由于美国的国民生产总值基数大，总需求膨胀的特点并不极度显性，反而因有来自两方面的强力支持而获得满足：一是资本自我扩张的强烈冲动，使得美国运用军事力量具有深厚的微观经济基础；二是军费开支的增长使得军事力量建设的效益追求有坚实的宏观经济支撑。

3. 财力支撑与风险转嫁相伴相随。从理论上讲，军事财力在保障军事力量建设和运用时应该是高效率的资源运作，因为国家是军事财力的配置主体，但在实际运作中，却有风险转嫁的现象同时存在。军事财力在由资金分割成战斗力的过程中，通常由美国私营企业提供国防用品，当政府向军品生产商购买军品时，后者通常会要求政府军事部门分担风险，从而产生“成本溢出”现象，更为突出的是，国防部门的决策人如果是生产企业的既得利益者，可能与军品商人相互勾结，以达到提高军品价格的目的。所以，政府作为军费的直接投资人，能保证军事力量在运用和建设中获得强大的财力支持，但军品供应商也可能将“成本溢出”的风险同时转嫁给军队，因此，军事财力在保障军事力量建设和运用的同时也具有转嫁风险的潜在性。

4. 军费投向倾斜的机会成本和军种收益彼升此降。美军在财力投入上强调倾斜技术军种，由此出现军费二次分配的机会成本问题，所谓军费二次分配的机会成本，是指军队在军费二次分配的过程中，为了满足或加强某一军种建设需要而同时放弃的其他军兵种建设所带来的收益。用于某一军兵种建设的费用多，则意味着用于其他军兵种建设的费用就少，因此，过于倾斜某一军种固然顾及了特定时期军事战略的需求，保证了所倾斜军种的特定收益，但同时也放弃了其他军种的潜在收益，军费投向倾斜后的机会成本是不可消除的，如果二次分配后的机会成本过高，则有可能导致军事力量建设乃至运用中的结构性失衡。自 20 世纪 90 年代以来，美军一直重视海、空军投入，导致陆军建设相对滞后，不得不在 2002 年之后开始加大陆军投入，以降低军费倾斜投向引致的机会成本。

5. 军费涨幅周期性波动与持续稳定齐头并进。军费周期波动和战略目标的利益渴望密切相关。军费周期波动是指在一定时期内军费增长速度呈周期的、具有规律性波动，军费周期波动在本质上是指国防费增长速度快慢变化所形成的波形运动，它体现了军费的周期增长规律。美国历史上军费波动幅度较大的时期或是战时、或是军备竞赛时期，如 20 世纪 50 年代的朝鲜战争时期(3 890 亿美元)、60 年代的越南战争时期(4 340 亿美元)，80 年代美苏对抗时期(4 250 亿美元) 和目前全球霸权护持时期(4 160 亿美元)。当战争爆发或军备竞赛正酣时，经济力转化为暴力，表现为军费上升的趋势；战争实施阶段，军费达到高峰；战争即将结束时，表现为军费下降态势直到均衡。只要战争或者军备竞赛存在，这种周期性的波动经常存在，并形成常态，尽管美国军费周期性波动现象严重，但由于战略的进攻性，相对其他国家而言，在总体上仍呈持续稳定增加的趋势。

GDP 是反映一个国家经济实力的综合性指标，是军费增长的前提条件和经济基础，从军费占 GDP 的比例来考察，冷战期间，美国军费平均占其国民生产总值的 6%；冷战后，对军费进行了较大幅度的削减，从 1990 年的 3 000 亿美元左右（占当年国民生产总值的 5.4%）下降到 1995 年的 2 706 亿美元（占当年国民生产总值的 3.73%），军费占 GDP 比例维持在 3.19% ~ 4.35%之间，相对其他国家而言仍然较高（世界公认的合理比例幅度是 2.5% ~ 4.5%之间)，反映了美国对军事力量建设持续稳定的支持能力。

表 5 – 7　　美国 1993 ~ 2005 年军费统计表①　　单位：亿美元

年　份	GDP	军　费	占 GDP%
1993	63 433	2 761	4.35
1994	67 369	2 788	4.14
1995	72 538	2 706	3.73
1996	76 360	2 609	3.42
1997	78 588	2 672	3.40
1998	85 000	2 713	3.19
1999	88 049	2 888	3.28
2000	99 631	2 878	2.89
2001	102 000	3 105	3.04
2002		3 433	3.20
2003		3 793	3.30
2005		4 160（预算）	

从表 5 – 7 中可见，20 世纪 90 年代后半期，由于美国经济总量逐年在扩

① 资料来源：《世界军事统计年鉴》、美国商务部《经济指标》2000 年 7 月和 2001 年 6 月。

大，军费总量又出现上升的势头，军费在世界军费总额中所占的比重一直居高不下，最高年份竟高达35%，“尽管美国每年的国防支出（按目前的美元比价看）比冷战时期的水平大约减少了1 000亿美元，但仍高于俄罗斯、中国、德国和法国的预算总和”[①]。高额的军费开支是军事力量建设与运用的坚强后盾。

总之，作为具有深刻全球霸权主义战略倾向的美国，削减军事人力规模、增加装备技术含量、以军事财力为坚强后盾是其理想预期提高军队有机构成的必然追求，从理论层面考察，美国庞大的全球战略目标需要扩大军事人力规模，但由于在实战中备尝高技术装备差异优势的甜头，以及根深蒂固的源自于垄断资本利益最大化的效益理念，导致其在军事力量建设与运用的效益追求中笃信并选择“技术制胜、财力支撑”的路径。

① 《参考消息》2000年8月20日。

第六章 对我国战争及其军事战略效益追求的思考

美军不顾“远程奔袭乃兵家大忌”的战争法则多次出兵伊拉克，尤其是在对伊“劝降萨达姆——斩首行动——震慑与畏惧”战略行动全过程中无不折射出美军对战争效费比的强烈追求，即尽量以最小战争规模达成战略目标，当前次目标未达成时再升级战争规模。与过去的战略指导相比，战略决策愈加凸现了美军在战争全程中的利益渴望与效益追求，以及与它发动战争的目的交相辉映。事实上，当人们纵览美军实施的每一次高技术战争时，从被誉为典型的高技术战争——海湾战争开始至最近的倒萨战争，无论是发动战争的动因还是达成战略目的的手段，无一例处的带有不可磨灭的经济烙印。如海湾战争，战火的缘起表面为恢复科威特领土的完整，实则窥视里海的石油；发动科索沃战争，旨在巩固美元在世界金融体系中的霸主地位，加大对欧洲经济的控制，为美国获取长远的全球垄断性经济利益奠定基础。“倒萨行动”意在加强对中东地区石油资源的控制，增强美国控制世界经济的能力。迄今为止，美国进行的每一场高技术战争都是围绕控制全球经济命脉、最终称霸世界而展开的，军事战略和美国经济的联系达到了前所未有的密切，以致用唇齿相依来形容丝毫不为过。

战争并不因为中国人民爱好和平而远离这片美丽的国土，面对战争威胁，只有更新理念，创新战略决策制度，在评估经济风险的基础上制定战略计划，正视战争并充分利用战争的积极效应才是理性的选择。美国五大联合军事演习再次说明，战争及其战略已经远远逾越了单纯的军事领域，它在追求自身综合效益的同时，已经成为助推经济成长的重要手段。虽然美国战争及其战略的求利性和我国战争的求利性有着截然不同的内容，但其效益追求的理念却有值得借鉴之处。经济力是军事战略谋划的客观物质基础，是达成军事战略目标的基本手段，是遏制与制约战争的重要依据，是军事战略不断变革的最活跃的因素。它既是战争主体发动战争的经济动因，更是约束战略目标达成的终极原因，所以，脱离了经济力值域的军事战略是空中楼阁。军事战略已经不单纯是对战争的计划和运筹，它实际上是一个战争成本与军事、经济综合效益的选择过程，因此，对军事战略中的效益进行研究具有重要的现实意义。唯有如此，才能使军事战略建立在坚实的经济基础之上，提高军事和经济效益，进而达到战争主体的预期目的。

第一节　五大联合军事演习的再次佐证

一、在战略目的确定上，以经济利益为核心的国家利益是军事战略的逻辑基点

为了加强部队快速反应作战能力，演练全球部署及打击能力，美国从2004年6月份以来同步在亚太地区举行了五大联合演习，这次大规模的联合军事演习再次昭示了美国在战略目标、手段选择和军事力量运用中的诸多特点：一是参演国家多，展现了联盟战略的身影，仅五大联合演习之一的“环太平洋2004”参演国家就包括澳大利亚、英国、加拿大、智利、日本、秘鲁、韩国和美国八个国家；二是演习地点广，五大军演遍及美、欧、亚、非全球水域，凸现了美国国家利益的全球性；三是演练种类多，显现了非战争军事行动与军事行动的一体性，几乎涵盖各种作战科目，有防空、空中突击、反潜、海上攻防、两栖战、反特种作战、紧急增援、远程力量投送、海上运输两栖攻击和人道主义援助等项目。

从现实层面上说，美国是目前世界上军事实力最强的国家，海军能够控制世界各大洋和海峡咽喉要道，空军能够全球到达遂行全球攻击任务，是世界上唯一能够动用陆海空三军在全球联合作战的国家，在太平洋地区的军事优势也无可匹敌，根本无须大张旗鼓张扬军事实力，显然，此番军事演习，意在彰显美军关注的焦点和干涉西太平洋地区事务的决心，表明美国在该地区具有重要的地区利益，它奏响了军事干涉的号角，既是战争意志与军事力量的昭示，更是美国21世纪初战略的经济特性折射。

曾几何时，美国力图在所有具有重大利益的地区都保持和显示军事力量，如欧洲和中东，长期以来，由于种族、文化以及地缘战略的原因，美国

全球战略的重点始终放在大西洋对面的欧洲，欧洲既是美国实现其全球战略的基地，又是美国重要的经济伙伴，与美国的贸易额每天要超过10亿美元[①]。沧桑巨变，欧洲虽然依旧对美国举足轻重，但从此次演习来看，美国将亚太地区的重要性逐渐放到了欧洲之前，因为亚太地区凸现了美国未来重要的地区利益：亚太地区已经成为美国海外经济的核心地区[②]，美国在亚太地区拥有1 000多亿美元的投资，36%的贸易量，是美国同拉美贸易的3倍，同欧洲贸易的1.5倍。跨太平洋的贸易额超过跨大西洋贸易额的近1/3，加之美国出口量的30%是到亚太国家，正是这些出口为美国创造了无数的就业机会，繁荣了美国的经济[③]。美国的昌盛和亚太已经牢牢相连，毫无疑问，经济上具有活力和潜力的亚太地区在美国全球战略中的地位上升了，亚太的吸引力使美国对这一片蔚蓝的海域和广袤的土地寄托了无限的希望。从军事上来观察，亚太是被美国认为潜在威胁与日俱增、且正在逐渐成为一个有大规模军事竞赛的地区。在美国看来，这里既有正在崛起的、也有日渐衰败的地区大国，很多国家都拥有大规模军队和获得大规模杀伤性武器的潜力，这一地区还存在着美国眼中的拥有丰富资源的军事对手，而美国在亚太地区不仅战区范围辽阔，而且基地和途中设施的密度要低于其他重要地区，获得设施使用权的把握也较低。所以，从表象上看，美国军事演习虽然是例行的，但从深层来看，美国对关乎美国经济利益的亚太地区已经虎势眈眈，在该处紧锣密鼓张显示力量也就不足为奇了。

二、在战略手段运用上，非战争军事行动和联盟战略仍是不可或缺的选择

为了以最小成本顺利达成战略目标，非战争行动、战时经济战和联盟战略是美国在实战中惯常使用的具有经济学意义的手段选择。其中，非战争行动是美国遏制战争萌芽、控制战争升级的常规手段，此次军演，再次强化了包括军事威慑、军事外交在内的非战争行动的经济效应，显现了美国希冀营造对美国有利的战略优势、防止战争升级的战略企图。进入21世纪后的相当一段时期内将是世界战略格局向多极转变的过渡期，在美国看来，这是其

① Flournoy , 2001 QDR: Strategy - Driven Choices for America's Security, p.237.
② 周建明等著：《美国安全解读》，新华出版社2002年版，第114页。
③ （Flournoy, 2001 QDR: Strategy - Driven Choices for America's Security, p.251.

推行“单极世界”构想的所谓战略机遇期，军演表明，美国要在这个机遇期里营造对美国有利的战略态势，亚太地区的朝鲜半岛、台湾海峡都存在着潜在的危机，美国意欲遏制危机，一旦冲突爆发，从美国目前威慑的态势看也绝不会袖手旁观。

刚柔相济的联盟战略在美国看来是维持霸权系统稳定、使美国更加安全与繁荣的基石，联盟战略旨在依靠联盟的力量弥补有限资源的不足，美国庞大的战略目标需求是无限的，而美国的战争资源又是相对有限的，只有依靠联盟的力量弥补自身战争力量的不足，并在共同利益纽带的基础上分摊战争成本，因此，缓解资源有限性和需求无限性的矛盾是美国青睐联盟战略的经济图谋。21世纪之初，亚洲和太平洋地区进入了一个多变、不稳定和重新组合的时期，亚太各力量级的独立自主意识在增强，日本正在寻求与美国建立更加平等的伙伴关系，东盟国家开始逐步摆脱美国的控制。所有这些在美国看来构成了对亚太安全的威胁，为防止出现联盟力量松散，美国企图通过联合军事演习维持联盟关系，一旦危机发生，即可利用联盟力量实施直接干预。美国单极化与地区多极化并存的局面使其在许多情况下已不能独立行动，而是要依靠同盟国的合作，美国单极力量影响力的削弱促使其通过联合演习维系并强化联盟战略，进而控制亚太事务。

三、在军事力量运用上，强调威慑与实战相结合

美国是一个须臾离不开对手的国家，确定战略对手后显示实力是美国运用军事力量的特性，而举行威慑性的演习就是惯常做法。纵览美军达成战略目标的手段，似乎有针对性地举行军事演习已经成为常规性举措：在冷战时期，美国推行核进攻与核威慑战略，为达到控制欧洲对抗华约的目的，在前西德和意大利等国设立了专门供演习用的训练基地，并定期举行军事演习，演习内容主要以核战争或者是核威慑条件下的常规战争为背景，作战对象主要是前苏联和华约组织；冷战结束后，推行“同时打赢两场局部战争”战略，随后大幅增加在中东和东亚有针对性的演习次数；为控制中东，美军在海湾地区多处设立军事训练基地，和以色列、沙特、科威特、埃及等定期或不定期举行联合军事演习，其演习主要以伊拉克为重点作战对象；在东亚，美军重点加强了与日韩之间的军事同盟，每年都和日韩举行多起大规模联合军事演习，这些演习中绝大多数是以北朝鲜、俄罗斯等作为作战对象来组织实施的。凡此种种军事演习，旨在以威慑的最小成本获得最大战略效益。美

国国防部正在制订的四年一度的《防务指南》兆示了其中隐含的经济学色彩，“美国会在恐怖威胁尚未形成之前就派出特种部队帮助盟国训练军队，而非等到恐怖组织已成气候，再派遣军队进行军事打击”①。可见，美国在运用军事力量时注重威慑与实战的有机结合，军事力量的运用不只限于实施战争才能达成战略目的。

第二节　我国实现战争和战略效益追求的路径和制度设计

一、理念更新

美国在本世纪初已经把重点转向亚太，重点防范和遏制中国，美国军事战略的主要舞台也随之从欧洲转向亚太特别是西太平洋沿岸地区，这样将大大恶化中国的安全环境，加之我军面临着前所未有的高技术战争样式，故在对战争力量运筹和运用的军事战略制定中，必须首先在观念上进行更新，然后才能实现军事战略的效益追求。

1. 经济利益渴望应成为战争及其军事战略目的的应有之义。和平共存是中国永远善良而美好的追求，对中国古代“苟能制侵邻，岂在多杀伤”的和为贵战略的历史传承使我们一度羞怯谈及战争的经济利益渴望，然而，美国联合军事演习表明，美国在本世纪初已经把战略重点转向亚太，重点防范和遏制中国，军事斗争的主要舞台可能从欧洲转向亚太特别是西太平洋沿岸地区，这样将大大使中国的安全环境复杂化，增加了中国崛起与腾飞的障碍。战争远不再单纯是维护和平的工具，它还具有拉动经济成长的积极经济效应，当我们无奈地面对战争时，就应赋予战争现象所固有的经济利益渴望，我们可以在战争准备时期，借助“破窗效应”拉动经济成长，利用军费的乘数效应获取国民经济新增投资收益；借助军事工业生产量增加之时合理布局生产力；在规避军事打击时，周全而科学地协调沿海产业结构的空间配置。一言以蔽之，在规避战争破坏性一面的同时，充分利用战争客观存在的“破窗效应”是我们应对战争威胁时应有的积极心态。

① 《参考消息》2005年3月13日第5版。

资本的利益是美国国家利益的化身，可充分利用美国军事战略规律性的利益取向，将经济利益作为化解战争风险的共同基础。截至2002年底，美国在华投资的项目为37 212个，协议投资额为762.53亿美元，实际投资额403.79亿美元①。美国在华投资的范围、投资的领域都很广泛，投资范围涉及中国20多个省、市和自治区，涉及的行业包括机械、石油、电子、通讯、化工、能源、纺织、房地产、汽车等。名列《财富》杂志前500名的美国公司中有300余家在华投资。其中，仅美国通用汽车公司就在上海浦东投资20亿美元与中方合作生产汽车②。显然，中国是美国巨大的市场，而对市场经济体系国家而言，市场和资源是经济的两大生命线，因此，在我军事战略运筹中，除了周密考虑政治和军事上的应对性外，还应充分评估经济利益对美国战争及战略的影响及其制约作用。

2. 经济风险评估应是战争及其军事战略决策的重要参考依据。传统战争观认为：为了战争胜利可以不惜任何代价。殊不知未来战争将是一场我军未曾经历过的高技术局部战争，战争对国民经济的破坏性更大，这应该成为战略决策者制定和选择军事方案时的顾忌之一，如果对经济风险进行评估，将有助于决策者在可承受的成本范围内制定战争计划，选择适当的打击规模，最后定夺效益最大、投入最小的军事方案。虽然经济风险评估涉及复杂的国际政治环境、经济因素和国家有关政策的调整，完全依靠数学模型和计算难免有失偏颇，但这种经济风险评估有助于战略决策者在充分考虑战争后果的基础制定战争计划，将战争损失降到最低限度，从而确保综合战争效益最大。像我国这样幅员辽阔、资源相对丰富，经济体系完善、具备较强经济承受力、并且在国际上具有一定政治影响力的国家，有限规模的军事斗争形式将不会对我国经济的长远建设造成严重的影响。以小规模军事斗争为例，通过评估战争对我国经济影响的程度与范围，可以据此预测我军事斗争的经济风险。

根据××、××等敌占外岛部署兵力炮火可直接打击厦门、漳州、泉州和福州四地的现状，可确定我国在战时火力打击时遭敌破坏的首要区域范围；依据敌航空兵火力打击范围可到上海、南京、武汉、南昌和汕头，延伸到香港的现状，能判定××外岛炮火打击给四城市带来的直接和间接经济损

---

① 《中国对外经济统计年鉴2002》，中国统计出版社2003年版，第91页。

② 参见《中美经贸关系：发展与挑战》，《美国问题研究》，第74～75页。

失将覆盖生产、金融、流通、旅游消费和资本市场等领域；参照美国在冷战期间提出的摧毁标准：即摧毁前苏联的1/5～1/4的城市人口和1/3～2/3的工业生产能力，就是其难以承受的经济损失，超过这个限度就难以支撑战争，根据经济区范围上的差异和"破坏性打击和毁灭性打击"程度的差异、××外岛兵力直接炮火打击和航空兵火力打击覆盖我地领域范围的不同，分别按1/3和2/3的破坏概率计算被打击区域的经济风险。评估结果表明，六城市因遭敌火力打击导致的直接经济风险是：产值占全国总产值的6.65%，人口损失占全国总人口的0.89%（见表6－1），四城市遭受的直接产值损失为2 551.21亿元，人员伤亡1 149.52万人，分别占全国总量的2.49%和0.88%（见表6－2）。战时经济风险评估结果表明，战时状态下的经济遭损程度在我国国民经济承受力范围之内。

表6－1　　六城市经济风险评估

	国内生产总值（亿元）	总人口（万人）	产值损失额（亿元）	人员损失量（万人）	重要经济目标
××市	5 408.76	1 334.23	1 622.63	400.27	××钢铁厂
××市	1 297.57	563.28	389.27	168.98	××石化厂
××市	1 493.09	768.10	447.93	230.43	××大桥
××市	1 150.08	388.77	345.02	116.63	××飞机制造厂
××市	483.29	117	144.99	35.10	××××高架桥
香港	12 870（GNP）	681.58	3 861	204.47	
合　计	22 702.79	3 852.96	6 810.84	1 155.88	

六城市产值损失额占全年国内生产总产值比例：6 810.84/102 398 = 0.0665（6.65%）
六城市人力损失量占全国总人口比例：1 155.88/12.977 = 0.008907 = 0.8907 = 0.89%

注：国民生产总值按2002年价格计算。各城市人口按户籍统计数量计算。产值数据采自《中国经济年鉴2003》，产值、人口按1/3一般破坏性打击概率计算。

表6－2　　四城市经济风险评估

	国内生产总值（亿元）	总人口（万人）	产值损失额（亿元）	人员损失量（万人）	地域经济优势
××市	760.33	137.16	456.20	82.30	对外贸易口岸
××市	1 380.11	728.87	828. 07	437.32	外资注入多

续表

	国内生产总值（亿元）	总人口（万人）	产值损失额（亿元）	人员损失量（万人）	地域经济优势
××市	1 347.28	597.54	808.37	358.52	对外贸易口岸
××市	764.28	452.3	458.57	271.38	创汇农业基地
合　计	4 252	1 915.87	2 551.21	1 149.52	

四城市产值损失额占全年国内生产总值比例：2 551.21/102 398 = 0.0249（2.49%）

四城市人力损失量占全国总人口比例：1 149.52/12.977 = 0.008854 = 0.88%

注：产值、人口按 2/3 毁灭性打击概率计算。

对战争风险的具体分析虽然需要依据战争成本的主要影响因素来考察，如战略指导方针、敌我双方的军事优势对比和战争的外部环境等，但战略目标能否最终实现，必然要受到现实经济发展水平的制约，经济发展水平的主要指标是国民生产总值和国家财政水平，国民生产总值越大，国家财政收入越多，军队建设和用于战争的物质基础就越雄厚，军事消费的物质和技术条件就越充分，国家经济对战争的承受能力也就越强。我国一贯坚持“积极防御”的战略指导方针，在未来可能的战争中，战争目标的有限性、战争规模和强度的合理把握以及作战样式的灵活选择，将有助于降低我对敌斗争的战争成本。因此，结合未来一段时期内可能的军事斗争任务，我国战争准备的成本将比战争实施时的直接成本相对要大，既然直接战争成本有限，战争对我经济的影响也就在国民经济承受能力范围之内。

3．后勤装备应尽量与作战装备同步发展。传统战争观认为：作战装备应该优先于后勤装备发展。其实，在 21 世纪的战争中，高新技术武器装备将各领风骚，战争将是系统的全方位对抗。长期以来，由于历史原因使然，导致我军在军事力量建设中重作战装备轻后勤装备，“装备建设应分轻重缓急，先作战装备再后勤装备”一度成为装备建设的主要理论依据，在军费不足的背景下，这种理论的确有它合理之处，但从战略层面讲，这种人为拔高单一兵种战略地位的做法容易割裂战略体系，削弱乃至阻碍了整体力量的发挥，而恰恰只有整体力量优势才是实现效益追求的可靠平台。配套的高技术后勤装备是实现效益追求的关键，是整体战斗力不可分割的重要组成部分，战略目的能否最终实现，除了作战装备高技术化外，后勤装备也不可小视。目前我军后勤装备的整体水平与武器装备相比明显滞后，如越野机动能力、运输补给能力、抢救抢修能力等难以适应高技术战争快速保障、机动保障的要求，从总体上影响了作战装备正常效能的发挥。为此，应根据总的战略指导思想，采用系统论的思维方式发展后勤装备，扬各军兵种之长，建构综合集成系统，形成交互性战略体系，与战略体系相匹配，建立侦察系统、指挥控制系统、精确打击系统和后勤保障大模块系统，形成系统化的整体力量优势。要摒弃重武器装备、轻后勤装备，将后勤装备与武器装备相割裂的观念，把后勤装备作为武器装备的子系统统筹考虑，在发展武器装备的同时，注重开发研制相应配套的后勤装备，并逐步实现系列化，后勤保障装备的发展趋势应是：在保障方式上，陆、海、空军相协同；在技术性能上，高、中、低相结合；在保障能力上，大、中、小相配套。后勤装备与武器装备同步发展、同步保障，形成高效的整体作战能力，而这将是军事力量运用中实现综合效益追求的技术基础。

4. 加大军费投入应成为追求战略效益的经济保障。在我军战略力量建设的进程中，一度因国家经济建设大局之需而强调军队过紧日子，伴随着国家的日益强盛和经济繁荣，我国已经具备了加大战略力量建设资源投入的条件了。一句精典的俗语道出了物质的基础性作用：巧妇难为无米之炊，同样，追求战略效益也需要坚实的经济基础。国内生产总值是国民经济发展的标志性指标，既是财富的象征，更是国防费的源泉，它是国家对军队建设财力投入的直接体现，是用于国防建设和战争的专项经费，也是国家分配社会总产品的特定部分和国家预算支出的重要项目，一般包括人员生活费、活动维持费和装备费，其中的装备费又是提高战斗力的物资条件。从表 6 – 3 可见，我国国民生产总值的绝对值和增长率两个指标呈现稳步增长趋势，GNP 的增长率从 1998 年的 7.1% 上升到 2007 年的 11.9%，GNP 的绝对数从 1998 年的 2 515 亿元人民币增长到 2007 年的 37 607 亿元人民币，而同时期的国防费也随之增加，占 GNP 的比重从 1.11% 上升到 1.44%，更具现实意义的是，国防费占 GNP 的比重从 2002 年就开始呈现显而易见的稳定特征，国防费占 GNP 的稳衡比重表明了我军实现战争及其效益追求已经具有一定的经济底蕴，随着我国国民经济的蓬勃发展，国防费和装备费的绝对值在国民生产总值中的额度不断提高，增长率走势将持续稳定，从而为实现我军追求战略效益奠定了坚实的财力基础。

表 6-3　1998~2007 年我国国内生产总值（GDP）和国防费（ME）统计①

年份	GDP（亿元人民币）	GNP 增长额（亿元人民币）	GDP 增长率	国防费（亿元人民币）	国防费增长额（亿元人民币）	国防费增长率	国防费占 GDP 的比重
1998	79 553	—	—	934.7	—	—	1.11%
1999	82 068	2 515	7.1%	1 076.7	141	15.1%	1.20%
2000	89 404	6 529	8.0%	1 212.9	131	12.2%	1.22%
2001	95 933	6 465	7.3%	1 442	235	19.5%	1.32%
2002	102 398	10 677	8.0%	1 707.8	266	18.4%	1.42%
2003	117 252	14 854	9.3%	1 907.9	200	11.7%	1.40%
2004	159 878	24 056	9.5%	2 200	292	15.3%	1.38%
2005	182 321	22 443	9.9%	2 475	275	12.5%	1.35%
2006	211 923	29 602	11.6%	2 979	504	20.4%	1.41%
2007	249 530	37 607	11.9%	3 509	530	18.1%	1.44%

表 6-4　1997~2005 年我国国防费与装备费统计

年份	国防费（亿元人民币）	装备费（亿元人民币）	装备费/国防费	国防费增长率（%）	装备费增长率（%）	国防费增长值（亿元人民币）	装备费增长值（亿元人民币）
1997	812.57	255.6	0.3145				
1998	934.7	314	0.3359	0.1503	0.2285	122.13	58.41
1999	1 076.7	347.8	0.3230	0.1519	0.1076	142	33.8
2000	1 212.9	389.3	0.3209	0.1264	0.1193	136.2	41.5
2001	1 442	494.6	0.3429	0.1889	0.2704	229.14	105.3
2002	1 707.8	572.8	0.3353	0.1842	0.1580	265.74	78.18
2003	1 907.9	647.8	0.3395	0.1171	0.1309	200.09	74.99
2004	2 200	732.58	0.3329	0.1536	0.1309	292.14	84.80
2005	2 475	836.54	0.3380	0.12497	0.1419	274.95	103.96

① 表 6-3 和表 6-4 数据来源：国防费与装备费数据均取自国务院办公厅公布的《中国的国防》和 2007 年《中国统计年鉴》。2004 年国防费采自 2007 年《中国统计年鉴》，为保持数据连续性，2004 年装备费根据装备费增长率估计得出。装备费增长率 =（本年装备费 - 去年装备费）/去年装备费。

二、视角求新

兵以奇制胜，奇与谋相依。谋的核心就是正确的思维方式，在令人叹为观止的谋略艺术中我们总能看到闪烁智慧光泽的辩证思维，从某种程度上讲，思维方式的落后比武器装备的落后更可怕，落伍的思维方式无法运筹未来战争的制胜谋略。因为在滞后的战略思维方式基础上产生的战略决策必然导致战争的最终失败。面临新的战争样式，我认为军事战略学研究应从下列几个方面作相应的调整：

1. 研究视界需要调整。战略学既是一门艺术，更是一门科学，求真胜于求美。从学科产生背景考察，它是战争实践的产物，应用性是其基本特征；从学科运用过程和存在价值来看，它也并非单纯为建立一种华丽的理论体系而构建，而是为解决战争指导中所遇到的重大现实问题而产生，作为应用性、实用性很强的学科，它具有强烈的政策取向，其研究的逻辑起点应定位在直接为战略决策提供建议上。纵览战略研究长廊，除了一些著名的战略学专家经典的著作外，不少的笔墨仍倾注于古代兵法的赏析，传统战略文化的挖掘，徜徉其间，虽然由衷地为我国古代军事家的大智大慧折服，但在新的战争形态面前，有些战略理念已经远远落后于时代。理论是灰色的，而生命之树长青，理论的生命力归根到底来自于为实际问题的解决提供指导，作为应用学科的战略学更应如此。基于此，我们应扭转研究的视角，从关注理论体系转向重大实际问题的解决，从又古又老的故纸堆中跳出来，使学科朝着应用性、实用化的方向健康发展。

2. 研究方法需要改进。列宁曾说：统计是认识社会最有力的武器之一。其实，它又何尝不是认识战争规律和战略指导规律的有力武器之一。一门研究战争运筹的应用科学，只有恰如其分地运用数量分析和计量分析，才能更准确地反映军事战略学各种变量之间的关系，进而担负起这一学科的历史使命。毛泽东关于歼灭战的分析可谓是定量分析的典范："集中绝对优势兵力，即集中六倍、五倍、四倍于敌，至少也是三倍于敌的兵力"；"歼灭敌军一万人，自己须付出二千至三千人的伤亡作代价"……通过定量分析，毛泽东原先预计解放战争五年的进程大为缩短，"再有一年左右的时间，就可能将国民党反动政府从根本上打倒了"。系统论、控制论和信息论的产生已经弥合了自然科学与社会科学之间的鸿沟，计量经济学等分析学科的不断完善为军事战略学提供了科学的研究工具。反观战略学研究方法，目前最突出和集中地反映在研究方法和手段的单一性与割裂性上：一方面，对战争指导规律的认识和具体运筹还停留在文字描述阶段，注重定性分析。虽然战略学是一个完整而严密的理论体系，但在学科研究上如果过于重视定性的分析，缺乏数理和计量分析，提出的对策往往只能是方向性或者倾向性的意见，由于缺乏科学的统计数据支撑，因而可操作性不强，研究结果的可信度也大打折扣；另一方面，有的研究试图通过建立数学模型来增加研究的科学性和说服力，但模型有之亦可，去之也无不可，未能生成所论问题的有机构成成分。上述两种倾向说明战略学研究在定量分析方面距离“战略学是门科学”还有相当的距离，更多的是在追求一种“谋略艺术”的境界。必须承认，战略运筹过程中很多的自变量无法量化，但用经济学的方法仍可对战争全局中的大量问题进行实证分析：

关于战争规避：经济学家埃尔斯伯格认为，通过计算并评估交战国危机风险的量值 P，可预测交战对方的战争倾斜度，使 P 值最大化是规避进攻的最佳选择；

关于战略力量的运用：量化收益、评估资源投入、进而确定战争总成本与效益（包括对潜艇或轰炸机目标选择的评估），只有当计算结果等于或大于 0.999 以上战略力量的使用才最经济；

关于战略资源配置：需要建立总体有效供给的集体逻辑，有效的总体供给是在实际最佳防务量的前提下使边际收益等于边际成本的总和。即 $\sum MB = MC$ 确定了经济与战争的选择原则；

关于战斗中的收益递减规律：当达到既定战斗力比值后，继续增加兵力所产生的效果比其他所产生的效果要差。战斗力效能与人海战术不一定成正比例。

关于作战消耗规律的定量评估：人员伤亡率、装备损失率均可用标准伤亡率或者标准损耗率 * 可变因素来计算和评估。

如果上述方法运用于战略全程研究，也许比单纯用文字描述更为科学和精炼。

3. 研究内容需要充实。传统文化的积淀使战略学研究或多或少要打下历史的印记，并使研究内容带有传承性的特点，但扫描战略学研究的内容，除了能从少数战略大家的著作中管窥到描绘未来战争运筹的蓝图外，不难发现传统的谋略艺术尤其是战略文化、战略遗产在战略学研究中占有相当大的篇幅，而那些刻板的程式化结论往往又不能指导新一轮的战争，相对其他学科，战略学研究应该没有定型的理论体系，或者说它的体系是随着战争形态和所面临的军事需求的变化而随之变更的，所以，充实战略学研究的时代应对性内容刻不容缓，根据战争样式的变化不断拓展研究领域是新时期战略学研究内容的应有之义。在这方面，外军战略研究给我们提供了一定价值的参照系。这种价值体现在两方面：(1) 每经历或者面临一次战争，就提出新的运筹方法，从概念的提出至具体的指导方法都处在不断完善和更新的境地；(2) 从当前战争尽可能评估和预测未来的走向，并根据这种走向脉络提出规范决策的新思路和操作性办法。

4. 军兵种战略研究需要强化整体性。系统论表明：单元效能低于整体绩效。但目前军兵种战略研究呈现提升自身战略在国家战略、军事战略体系中的地位、忽略甚至贬低其他的趋势，如海军认为自己是国际性战略军种，其远海防卫思想将对21世纪中国战略发展具有深刻的影响；陆军认为未来军队结构将是“无导不成军”，常规导弹力量的战略作用将是军事战略与综合国力相适应的优选决策，是适应新军事变革趋势的必然抉择；空军则认为高技术战争“空中化”特点，必须确立空军力量主角观念；第二炮兵更是独占头，“核战略是大国军事战略的基石”，发挥着常规军事战略难以替代和逾越的作用。不可否认，军兵种战略均有自身固有的作用，但战争是由若干要素构成的整体，是交战双方系统对系统的较量，思维主体在战略研究中必须运用系统的观点进行系统思维，强化各军兵种的联系与协调，把战争全局作为一个有机整体，视各军兵种力量为不可分割的战斗力构成，一言以蔽之，只有将军兵种战略研究置于整体战略研究之下才是科学的思维模式。

三、制度创新

1. 建立军事财力供应与军事需求联合决策机制。建立健全财力供应机构与财力需求联合决策机制是赢得战争综合效益的财力保证。军事财力是建设和运用军事力量的坚强后盾，而目前我军军费结构配置效率最大化的缺陷多多：一是决策本身的不科学。由于信息的不完全、工具的不先进、体制的不完善等等缺陷导致决策方案的不科学。二是决策过程中的漏洞导致效率缺失。从委托代理的角度来看，军费的供给与使用之间实质是一种双边垄断的关系，即资金的供给与使用者都不存在选择与被选择的前提，其间的责权利划分难以泾渭分明，如资金的使用者可能机动地处置经济特权，而资金的供给者难以全面监督使用者保证预期目标的实现，或者说监督成本太高而无法有效监控。三是分配过程中的效率损失。不同军种之间不可避免地产生本位集团利益，这些军兵种各自的利益目标函数在特定时期会偏离总体目标函数，因此，并不能完全保证军种集团行为与战略目的保持高度一致。凡此种种，客观要求建立军事财力供应部门与军事需求部门联合决策机制。科学的军费决策方案，离不开科学的决策系统，军事财力决策系统理论上应由技术组织系统、行政组织系统、信息系统、咨询系统与监控系统构成，这五个子系统的科学化是军费预算决策科学的必要条件，但无论由哪些具体机构组成，原则上应该由提出军事需求与提供财力保障的两大部门组成，如总后财务部和总参作战部，作战部门可根据我军面临的战略形势进行战略评估，对战争准备、战争实施和战争复员全过程进行综合分析和测评，并提交军事需求计划，为财务部门军费预算提供参考方案，从而提高军费结构的配置效率，保证既定规模下的军费整体效能发挥。总之，联合决策机制可使军费的投向和投量始终围绕着所要达到的预期战略目标，尤其重要的是，如果国家安全威胁程度加重，联合决策机制还可相机扩大军费支出的规模。

2. 创新战争决策制度是提高战争综合效益的根本路径。创新的本意是指从一个新思想的产生到产品设计、研制、生产、营销的一系列行动，是成本收益比较后的产物，在内涵上原本是从经济学意义来界定的。管理学家彼德·德鲁克在其《创业精神与创新》一书中对创新进行了新的诠释：一种赋予资源以新的创造财富能力的行为，任何能使现有资源的财富创造潜力发生改变的行为都是创新。过去人们常常认为战争是维护国家安全的特殊行为，不惜一切代价是理所当然的，其实，军事人力、军事物力、军事财力和军事科学技术等战争资源本身就是财富，具有保值增值的特质，如果对这些战争要素的运用不能带来效益，那么这种资源配置就是失败的，犹如资本投入没有回报一样。战争主体虽然只是有限理性的“经济人”，但必须充分利用战争自身的财富效应，遵循事物应有的本质特性，通过战争运筹赋予战争资源增加财富效应的能力。由于战略决策者是有限理性的“经济人”，决策者有强烈的个人偏好，加之信息不完全、信息不对称、战场环境的不确定性等等都有可能导致战争资源配置无效或者低效，所以，要降低资源配置失效的风险，提高战争综合效益，必须进行制度创新，使决策者成为高度集中统一的有机整体，增强决策理性，借助机制上的统一来约束和规范战争决策行为，降低战争资源配置的交易成本，从而为提高战争效益提供制度保证。

但军事制度创新又是艰难的。一是因为初始的制度安排作为一种制度存量，在很大程度上决定了新的制度选择，对新的制度变迁会产生一种巨大的惯性，因为战争指导者沿着原有的制度路径和方向前进，其风险和成本比另辟新的路径要小，如果初始制度选择有效并且方向正确，惯性会推动新制度向战争效益的有效方向前行，否则，这种惯性就会成为制度创新的障碍。二是现存制度安排中已经形成了一个既得利益集团，既得利益集团将竭力维持现存制度安排，决策集团基于原有利益格局的惯性在某种程度上束缚和阻碍了制度创新的速度，从而增加了创新成本，加剧了制度非均衡，新的制度安排实质上是权力和利益的转移和再分配，新的制度安排必然会使一些军事资源拥有者或者供给者得益而另一些受损，当外界环境客观上要求制度创新时，预期在创新中可能受到利益损失的资源供给者就会通过各种手段去阻止制度创新，正是军事单元利益集团的存在削弱了战略决策者强制性制度变迁的动力，迟滞了制度创新，加剧了制度非均衡向严重失衡转变，所以，现存军事制度安排是有惯性的，对新制度安排有推动和阻碍作用，要进行制度创新，就要打破既存利益格局，为此必须付出创新成本，制度创新的艰难也正在此处。

战争决策制度创新是一种特定的新制度安排，这种制度安排一方面使战略决策者可以高效率地集中调配战争资源实现预期战争目标；另一方面，也保证战争中各单元主体在既定制度前提下降低交易成本，从而降低战争总成本。经济学原理表明：当交易费用不存在时，无论如何界定产权都不影响经济效率；当交易费用存在时，产权界定直接影响着经济效率。战争的风险性使与之相应的战争要素配置也具有风险性，战争需要投入大量的资源，军事人力规模、军事物力数量、军事科学技术动员和军事财力额度合理的确定标准就是这些要素的价格，在战时准确权衡这些要素的价格直接关系着战后战争成本的核算，军事要素价格的确定在平时尚有一定的难度，何况战时，而有效率的产权制度不但能有效的降低要素的交易费用，还能减弱战争要素配置风险，从而降低战争成本，提高战争综合效益。经济学家康芒斯在谈论制度功能时说：如果说支配人类活动的自我利益是“蒸汽能源”的话，那么引导动力的，便是制度这台发动机[①]。用这句话来佐证涵盖产权制度在内的战争决策制度的功能真是再合适不过了。

3. 创新战略决策方法是提高战争综合效益的主要手段。在战略运筹中，

---

① 参见《经济问题杂志》1988年第6期。

一味依靠定性分析，过于强化人的主观作用，只能从宏观上对预期结果描述，难以准确地分析利弊得失，应充分借助成熟的科学技术和既定的理论体系，注重采用定性和定量相结合的科学运筹方法，使预期战争结果在战前就有准确和客观的展示。而计算机作战模拟技术、指挥自动化技术和国防经济理论的广泛运用为此提供了极大的可能。如可利用计算机模拟，给决策者预示一个类似于实战的战场环境，对战争的全过程进行生动的模拟和精确的描述，从而纠正决策者个人偏好，使战略决策者更好地驾驭战争，避免战争决策计划的盲目性和随意性。而运用指挥自动化技术，可以从多方面准确收集战场信息，消除信息的不完全状态，从而使决策者能根据客观情况的变化，适时对既定决策方案进行相应的调整和修正，减少战争失控的可能，保证战争计划向预期方向发展。而将国防经济理论的成本效益原理运用于战争决策，可以避免决策者过于强化军事效应而忽略战争的综合效益，战争资源是对国民收入的净分割，是国民财富增长过程中的净流失，在满足既定国防需求的前提下，战争投入应强化成本效益比较分析的理念，力求探寻战争综合效益最大化途径。

4. 制度创新应该承袭我国传统兵法的精髓。以“先胜”作为获取实战效益的客观前提。先胜、全胜和战胜在今天的战略运筹中仍具有现实意义。当今的“全胜”不单纯取决于战中的博弈，而且取决于和平时期军事力量的设计与打造。未来高技术局部战争中，夺取战场的“先胜”，更多的不是决定于战争，而是决定于建设，决定于准备。追求高技术战争的高效益，物质准备是客观基础，精神准备是能动条件，信息准备则是重要保障。加速军事革命进程，加强军队质量建设，是“胜于易胜”的理性选择；

以“伐谋”作为巧取实战效益的主观条件。《孙子兵法》强调以“伐谋”求得“全胜”的理念在今天的战略决策中仍不失其现实意义。面对瞬息万变的高技术战争样式，战略决策者必须利用谋略的无形威力，灵活机动地采用不同的作战样式以取得预期的实战效益。如美军在四场战争中就有四个样式：海湾战争是“先空中打击、后地面突击”的非线式机动战；科索沃战争是“以空中打击为主”的非对称、非接触作战；阿富汗战争是“全频谱支援”的特种作战；伊拉克战争是“以直击要害为主”的信息化空地一体作战，可见战争没有固定的范式。高技术战争中高效费比的获取本身就是谋略的结果，战前、战中和战后各个环节和战略、战役、战斗各个层次的综合效益追求，都有赖于高超谋略的灵活运用。

四、对策从新

今天的世界，外在一个多极的世界，一度相对稳定的大国关系架构已经被美国打破。继“老边疆”、“新边疆”和“高边疆”之后，为称霸世界，美国已举起了开垦“外边疆”的大旗，生存与发展、战争与和平两对基本的矛盾已经摆在我们面前，有针对性地加强我军建设、为军事战略实现国家利益渴望奠定实力基础已迫在眉睫。

1. 军队有针对性的军事能力建设。

——加强战略能力建设、特别是外线反击能力建设，将军事斗争准备的基点放在打赢高技术条件下的局部信息战争上，摒弃火力制胜的传统观念，强化战略能力整体建设，逐步形成威慑能力、实战能力、控制战争的能力和评估能力的连锁链，努力制止战争，一旦战争不可避免，立足于实行前沿防卫，外线反击的战略作战方针。

——聚焦信息化建设，根据信息化战争的客观要求，加强机械化向信息化转化、以信息化带动机械化建设，蓄积我军独特的技术优势，并将此作为对敌威慑的核心要素，信息优势是技术优势的主要标志，以信息为基础，利用信息技术对武器装备进行“横向一体化”改造，使其具有通用性，从而提高军队的整体效能。

——建立健全的战略体系。健全的战略体系涵盖国家战略、军事战略和军兵种战略三个层级，军事战略是国家整体战略的有机组成部分，其制定和实施必须服从国家发展大局，军兵种战略是实现军事战略的具体举措，必须防止人为拔高单一兵种的战略地位，应根据总的战略指导思想，扬各军兵种之长，建构综合集成系统，形成交互性战略体系，与战略体系相匹配，建立侦察系统、指挥控制系统、精确打击系统和后勤保障大模块系统，形成系统化的整体力量优势。

——完善战略评估体系。战略评估是对战争活动全过程的综合分析和评价。过去我国战略评估机制具有机构组建的临时性和评估间隔时间长等特点，不利于对战略实行科学评估。可考虑组建专门的评估机构，对全球环境、国家安全率、战争成本、战争效益、战略目标达成度，防务改革、战备状态、战时动员等实施全程测评，并定期提交防务评估报告。

——实现战略目标的技术途径是提高军队的平衡性。继续深化指挥体制、军事部署、部队规模与结构、国防管理和后勤保障等方面的改革，实现多样化能力与主要能力的平衡，既打赢局部战争与实施非战争军事行动能力的平衡；战时战略进攻能力和平时维护国家安全稳定的防御能力的平衡；对付现实台海斗争实力和应对未来大国威胁力量的平衡。

——实现战略目标的根本性途径是有针对性地增加军费投量和科学分配军费投向。前者指加大军费中的装备采购费和发展类投资量；后者主要指加快军事革命步伐，在三军军费分配中大幅度减少对非技术性后勤保障部队的投资额，同时精简各军兵种总部管理部门及其隶属部门的行政机构，使纵向管理流更加畅通。

2. 国家有针对性的经济辅助政策。丰裕的军费支出是提高战争和战略效益的经济基础，基于我国经济发展现状和军费开支现状，张扬军费支出的财富效应是最佳的效益选择。在宏观经济学中，财富效应是指由于物价水平的普遍下降使得既定预算的实际价值上升的现象，也就是在名义货币余额保持不变的情况下，由于物价水平的下跌使得实际货币余额增加，同时也意味着购买力的增加。通货紧缩是指物价水平普遍下跌的经济现象，在发生通货紧缩的情况下，军费支出具有实际的财富效应，而且比非通货紧缩时期要高，国家应该适度扩大军费支出的投量规模，这样一方面可以弱化军队建设以往的“欠账”负效应，另一方面可以通过扩大国内有效需求来促进经济的回升和复兴。在通货紧缩时期，军费的机会成本最能折射军费的财富效应。美国采取的做法是利用战时经济统制政策，尤其是物价统制保持物价下降以获取军费的财富效应。

机会成本是指决策者决定把一定的经济资源用于某种特定目的时，不得不同时放弃将该资源用于其他用途所带来的效用价值，即进行特定选择所承受的机会损失。当一国将财政收入的一部分用军费的形式作用于军事用途时，同时也放弃了用于民事需要所带来的一定收益。如果军费的机会成本高，则说明放弃的民用收益大，反之，如果军费的机会成本低，则说明同时放弃的民用收益小，反证了军费的使用效益高，表 6－5 通过计算中、美两国通货紧缩前期和后期的军费机会成本来考量两国军费的使用效益在通货紧缩时期要大于非通货紧缩时期。

第一，从我国军费的机会成本考察通货紧缩时期的军费财富效应。在我国经济成长的历史进程中，1998～2002 年是物价持续下降年份，表 6－5 数据表明，1997～2002 年间我国 GDP 平均增长率为 8%，最高年份达 8.8%，最低年份是 1999 年的 7.1%，与此同时，6 年中平均物价指数只有 1997 年上涨了0.8%，其余年份都是下降，下降幅度最大的是1998年的3.6%，1998年前后是物价全面下降时期，图6－1则更直观地说明1998年全国主要消费品普遍下降的情形，由此可见，1998～2002年是物价持续下降年份，其中，1998年下降幅度最大且涵盖面最广，符合典型经济学意义上的通货紧缩现象。与此同时，军费占国家财政支出的比重总体上呈下降趋势，即从1997年的8.80%下降到2002年的8.03%，军费占GDP的比例始终在1.09%～1.50%之间徘徊，而世界上大多数国家同类指标多在2%～4%之间，即使是印度，也在2.4%～2.8%之间。

表6－5　　1997～2002年物价变动率　　单位：%

年　份	1997	1998	1999	2000	2001	2002
物价指数	0.8	－3.6	－3.0	－1.5	－0.8	－1.3
军费占财政支出的比例	8.80	8.66	8.20	8.29	7.65	8.03
军费占国内生产总值比例	1.09	1.19	1.31	1.35	1.50	1.50

注：根据2002年《中国统计年鉴》、2003年《中国统计摘要》、《2000年中国的国防》（白皮书）整理。

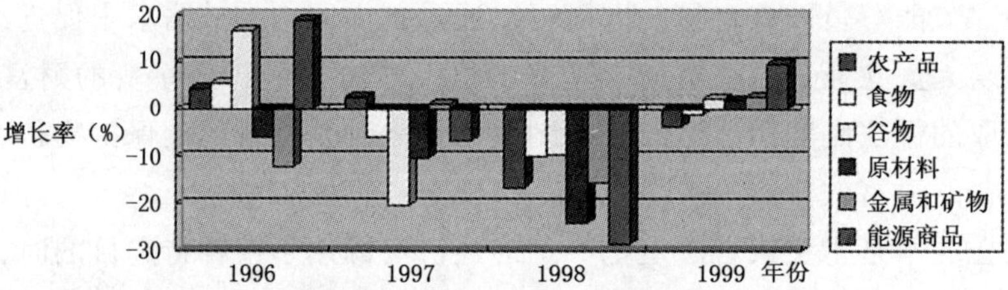

图6－1　全国主要消费品价格变化趋势图　单位：%

本书根据柯布－道格拉斯函数来计算通货紧缩时期的军费机会成本。设国民经济系统生产函数为：$Y = AK^{\alpha}L^{\beta}$，其中，Y表示产出；K表示资金投入；L表示劳动力投入；A表示技术进步指数；表示资金弹性；表示劳动力弹性。采用规模收益不变假设，

即$\alpha + \beta = 1$，又可以表示为：$Y = AL\ (K/L)^{\alpha} = AL\ (K/A)^{0.67}$。

以1993年的军费机会成本计算为例，$A = 2.065$，$L = 250$万人，$K = 104.3$亿元，则根据公式可得计算结果：$Y = 2.065 \times 0.025 \times\ (104.3/2.065)^{0.67} = 0.71$，其他各年的军费机会成本计算同理。详细计算结果见表6－6。

表 6－6　　我国通货紧缩前后期的军费机会成本计算　　单位：亿美元

年　份	技术进步指数	军费投入	军费机会成本
1993	2.065	104.3	0.71
1994	2.145	113.0	0.76
1995	2.225	115.5	0.78
1996	2.305	123.5	0.83
1997	2.385	138.4	1.31
1998	2.465	163.2	1.36
1999	2.545	192.4	1.40
2000	2.625	214.0	1.45
2001	2.705	256.2	1.47
2002	2.785	301.0	1.60
2003	2.865	329.2	1.72
2004	2.945	339	1.79
2005	3.025	348	1.82
2006	3.105	351	1.88
2007	3.185	457.5	2.22

根据表 6－6 计算的军费机会成本数据，以 5 年为一个周期考察通货紧缩时期（1998～2002 年）前后 5 年的军费机会成本情况，在通货紧缩的 1998～2002 年的 5 年间，军费机会成本增加了 0.24 亿美元（1.60－1.36＝0.24），年平均增长 0.048 亿美元（0.24/5＝0.048），在 2003 年至 2007 年非通货紧缩的 5 年间，军费的机会成本增加了 0.5 亿美元（2.22－1.72＝0.5），年均增长 0.1 亿美元（0.5/5＝0.1），非通货紧缩时期的军费机会成本比通货紧缩时期要多 0.26 亿美元（0.5－0.24），而在 1993 年至 1997 年的 5 年期间，机会成本增加了 0.6 亿美元（1.31－0.71＝0.6 亿美元），年均增长 0.12 亿美元（0.12/5＝0.12），非通货紧缩时期的军费机会成本比通货紧缩时期要多 0.36 亿美元（0.6－0.24＝0.36），显而易见，非通货紧缩时期的军费机会成本比通货紧缩时期要高。换言之，非通货紧缩时期的军费财富效应要小于通货紧缩时期，佐证了军费的财富效应与物价水平密切相关，物价越低，军费的财富效应越明显。

表明在大的宏观背景下，要提高军费的使用效益，实现战争和战略的效益追求，国家必须保持物价持续稳定，使军费的财富效应得到最大化的张扬。

第二，从我国军费的欠账现状求证通货紧缩时期的军费财富效应（见表6－7）。扫描我国军费欠账现状，主要呈现两大特点：

一是军费投入规模和发达国家相比缺口很大（见图6－2，详细缺口额计算见下表6－8）。从绝对规模来看，我国军费开支表面上不断增加，军费投入不足的现象有所改观，但事实上和发达国家相比缺口仍然很大，这是因为相对规模偏低，与发达国家相比，差距一目了然，个别年份甚至低于发展中国家印度，这种现状的军费开支与我国230多万军队规模相比、与我国广袤领土面积相比、与军队现代化建设对军费的需求相比、与信息化条件下局部战争的客观需要相比，都还存在着很大的差距，军费的不足使我军在现代化建设上处于相对劣势地位，军费欠账已经成为我军现代化建设的瓶颈。然而，纵览通货紧缩时期的军费缺口动向，不难发现在1998～2002年期间，随着军费总额的增加，实际的军费缺口总体呈下降态势（见表6－8），即从1998年的176.96亿美元下降到2002年的172.19亿美元，平均每年下降额度为0.954亿美元，而在非通货紧缩时期，军费的缺口额每年无一例外都呈现了上升趋势，尤其是2003年以后至2006年，由于物价持续上升，军费的实际缺口额上升了231.41亿美元，平均年递增缺口额为46.3亿美元，毫无疑义，这佐证了在通货紧缩时期，随着初始军费规模的加大，军费财富效应要大于非通货紧缩时期。

二是国民的人均军费、军队的人均军费和美国相比其比值相对要低（见表6－9、表6－10），其中，图6－3和图6－4更加彰显了这种巨大的差距。以通货紧缩最为典型的1998年为例，中、美军人的人均军费分别是5 080美元和200 835美元，中国军人人均军费只相当于美国的2.53%，而同期的中、美国民人均军费分别是9美元和914美元，中国的国民人均军费仅是美国的0.98%。虽然军人人均军费和国民人均军费与美国相比不可同日而语，但在通货紧缩时期的增幅上却是显性的，我国军人人均军费从1998年的5 080美元增加至2002年的9 281美元（见表6－9），年均增幅840美元，而在非通货紧缩时期的年均增幅分别为568美元（2004年）和332美元（1997年），同期的国民人均军费增加了1.4美元，而非通货紧缩时期仅增加了1美元（2004年）和0.5（1997年）美元，尽管差距不大，但却具有特殊的含义，它从某个角度折射了通货紧缩时期的我军军费支出的效益。

表 6－7　　通货紧缩时期的军费和其他国家比较　　单位：亿美元

年　份	1991	1992	1993	1994	1995	1996	1997	1998	1999	2000	2001	2002
中　国	71	81	104	113	116	124	138	163	192	214	256	301
美　国	2 730	2 782	2 674	2 514	2 557	2 660	2 703	2 676	2 784	2 799	2 911	3 480
俄罗斯		40	68	203	430	400	420	310	380	440	470	460
日　本	348	362	380	387	459	502	512	409	404	484	395	405
印　度	101	81	67	71	83	118	122	99	150	145	142	152

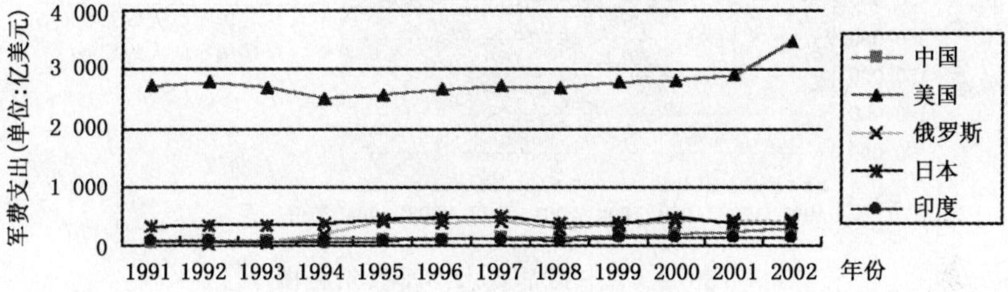

图 6－2　各国军费开支图

表 6－8　　1996～2006 年我国军费缺口额计算[①]　　单位：亿元人民币

年　份	1996	1997	1998	1999	2000	2001	2002	2003	2004	2005	2006
GDP	67 884.6	74 462.6	78 345.2	82 067.5	89 067.5	95 933.0	102 398	116 694	159 878	182 321	209 407
合理军费规模	2 036.54	2 233.88	2 350.36	2 462.03	2 682.11	2 877.99	3 071.94	3 500.82	4 796.34	5 469.63	6 282.21
实际军费规模	806.46	910.08	934.70	1 076.40	1 207.54	1 442.04	1 694.44	1 907.87	2 117.01	2 446.5	2 838
当年军费缺口	1 230.08	1 323.80	1 415.66	1 385.63	1 474.57	1 435.95	1 377.50	1 592.95	2 679.33	3 023.13	3 444.21
折合亿美元	153.76	165.48	176.96	173.2	184.32	179.49	172.19	199.12	334.92	377.89	430.53

① 军费缺口是指由我国国民经济实力决定的应该供给的军费规模与我国政府每年实际拨付的军费规模之间的差距，其关系式为：军费缺口＝国民经济应该供给的军费规模－政府实际拨付的军费规模。国民经济应该供给的军费规模也就是合理军费规模的概念，它是指在一定的国民经济实力的基础上，考虑国防安全需要的资金供给数额。军费的合理规模可以由以下模型来确定：$F_j = \lambda(3\% \times GDP)$，式中 F_j 代表军费的合理规模，而 λ 为不安全系数，GDP 为表示国民经济实力的国内生产总值，3% 为常系数即和平时期（假定不安全系数为 1 时）军费的合理规模与国民经济实力的相关系数。就目前我国的安全形式来看，综合考虑目前世界“一超多强”现状，可估计我国将处在一个较长时期的和平时期之中，所以我们有根据地假定不安全系数 λ 为 1，这时上述等式变为：

$F_j = (3\% \times GDP)$，

而实际供给的军费规模用 FA_j 表示，根据上述分析可以得到当时实际军费的缺口额（简称 SD），则 $SD_i = F_j - FA_j, i = 1,2,3,\cdots,n$ 由此计算出军费缺口数额。

表 6－9　通货紧缩时期中、美军队人均军费比较　单位：美元

年份	1997	1998	1999	2000	2001	2002	2003	2004
我国军队人均军费	4 416	5 080	5 850	6 563	7 837	9 281	10 369	11 505
美国军队人均军费	197 905	200 835	203 837	211 451	237 956	251 281	305 608	338 337

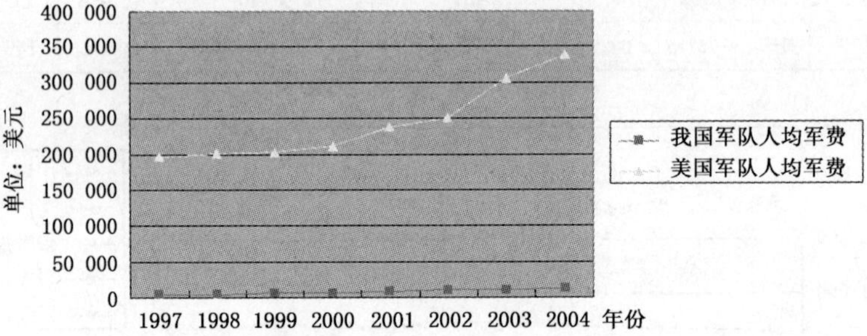

图 6－3　中美军队人均军费走势图

表 6－10　通货紧缩时期中美国民人均军费比较[①]　单位：美元

年　份	1997	1998	1999	2000	2001	2002	2003	2004
我国国民人均军费	8	9	10	12	14	16	18	20
美国国民人均军费	901	914	928	963	1 083	1 144	1 391	1 540

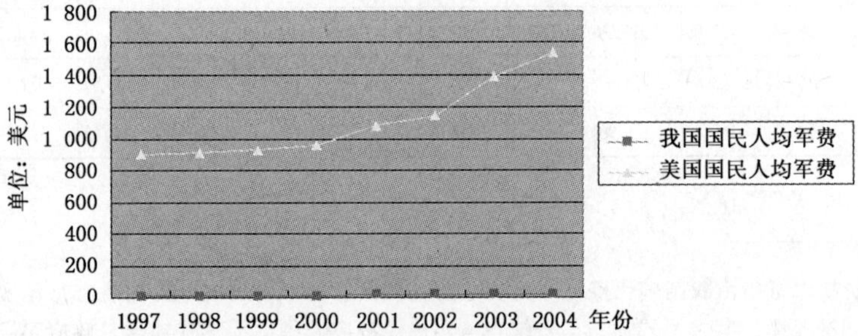

图 6－4　中美国民人均军费趋势图

在发生通货紧缩的情况下，军费支出存在着不可质疑的财富效应，且财富效应远远大于非通货紧缩时期，当然，军费财富的效应大小还和初始军费

① 为计算的方便，我国军队人均军费根据军队人数 230 万人计算得出，国民人均军费根据国民人数 13 亿人计算得出。美国军队人均军费根据军队人数 136.58 万人计算得出，国民人均军费根据国民人数 3 亿人得出。汇率换算按照 1 美元＝8 元人民币计算。

规模、物价水平有着密切相关的联系，当初始物价水平和物价下跌速度外生给定时，初始军费规模的扩张将会带来更大的财富效应，在我国军费欠账严重的现实背景下，这一结论具有重要的理论价值和现实意义。当国家宏观经济出现通货紧缩的情况下，尽管国家可能采取各种措施扩大消费需求和投资需求，包括增加工资和扩大政府投资总量，尽管实际效果可能并不显性。这一方面是由于居民的边际消费倾向较低，增加工资不一定能有效地扩大消费需求；另一方面，由于政府将较多的资金投向了一些正在发生亏损的国有企业，因而预期的效果并没有达到。在这种情况下，可考虑适度扩大军费总量规模，以获取更多的军费财富效应，这样一方面能通过新增军费购买力以弥补以往军队建设的“欠账”，满足战略效益追求，另一方面可通过增加军费开支的形式，扩大国内有效需求，拉动经济的有效回升。新增军费的来源途径可考虑从以下两个方面着手：一是适度增加国债的发行额度，从银行系统获取资金（大量资金滞留在银行系统里，由于通货紧缩使得各家银行竞相“惜贷”，加剧了投资需求的不足）；另一种举措则是适度增加货币发行。这正如同著名美国经济学家保罗·格鲁格曼在其著作《萧条经济学的回归》一书中，通过对理想经济模型“保姆公司”的分析，得出了应该通过适度的货币发行来治理通货紧缩的结论一样，如果通过适度增加货币发行量的经济举措，客观上能够起到通过影响人们的理性通胀预期来使经济走出困境的作用。

附　录

一、美国 GDP 和区域强国 GDP 之间的估价方程

1. 美国与南非。

US = －9 848.322＋75.6·OT

相关变量：US
方法，最小平方法
日期：2008 年 5 月 17 日 15 时 19 分
取样：1989 1993
观察数量：5

变　量	系　数	标准差	统　计	概　率
C	－9 848.322	40 553.69	－0.242847	0.8238
OT	75.56644	33.32535	2.267537	0.1082
R－平方	0.631528	平均相关变量		80 310.00
调整后 R－平方	0.508703	S.D. 相关变量		25 462.80
回归的标准差	17 847.53	Akaike 信息标准		22.70629
残差平方和	9.56E＋08	Schwarz 标准		22.55007
对数可能性	－54.76573	F－统计		5.141722
Durbin－Watson 统计	2.106280	概率（F－统计）		0.108171

通过估价方程可见，美国 GDP（US）与南非 GDP（OT）之间存在正相关关系。表中 Prob＝0.11，说明方程出现错误的概率比较小，能通过 15%的假设检验；Adjusted Rsquarde＝0.50，表明残差平方和较大，回归平方和偏小，方程拟合优度较小，也就是说因变量与自变量间的正确度偏低，因此“南非 GDP 每增加一个单位，美国的 GDP 增加 75.6 个单位”的结论相对欠真实。常数项为负数，可能是由于样本数据太少且不连续导致的；另外，在现实中，美国的 GDP 受很多因素影响，南非 GDP 只是其中一个影响因素。

2. 美国与德国。

US = －7 824.3＋4.8·OT

相关变量：US
方法，最小平方法
日期：2008 年 5 月 17 日 16 时 54 分
取样：1989 1993
观察数量：5

变　量	系　数	标准差	统　计	概　率
C	－7 824.269	33 532.17	－0.233336	0.8305
OT	4.760155	1.769795	2.689664	0.0744
R－平方	0.706868	平均相关变量		80 310.00
调整后 R－平方	0.609157	S.D. 相关变量		25 462.80
回归的标准差	15 918.69	Akaike 信息标准		22.47755
残差平方和	7.60E＋08	Schwarz 标准		22.32132
对数可能性	－54.19387	F－统计		7.234295
Durbin－Watson 统计	2.115044	概率（F－统计）		0.074435

通过方程可见，美国 GDP（US）与德国 GDP（OT）存在正相关关系。

Adjusted Rsquarde＝0.61，表明方程拟合优度比较大，“德国 GDP 每增加一个单位的 GDP，会引起美国的 GDP 增加 4.8 个单位”的结论可以成立。常数项为负数，可能是由样本数据太少，且不连续导致的；也可能是美国的 GDP 受很多因素影响，德国 GDP 只是其中之一，并且德国 GDP 与其他因素间存在某种关联。

3. 美国与日本。

US = －63 686.3＋3.9·OT

相关变量：US
方法，最小平方法
日期：2008 年 5 月 17 日 16 时 46 分
取样：1989 1993
观察数量：5

变　量	系　数	标准差	统　计	概　率
C	－63 686.25	37 770.81	－1.686123	0.1904
OT	3.934474	1.021457	3.851827	0.0309
R－平方	0.831806	平均相关变量		80 310.00
调整后 R－平方	0.775742	S.D. 相关变量		25 462.80
回归的标准差	12 058.14	Akaike 信息标准		21.92204
残差平方和	4.36E＋08	Schwarz 标准		21.76582
对数可能性	－52.80511	F－统计		14.83657
Durbin－Watson 统计	2.698116	概率（F－统计）		0.030932

通过方程可见，美国 GDP（US）与日本 GDP（OT）存在正相关关系。

Adjusted Rsquarde = 0.78，表明残差平方和较小，回归平方和偏大，方程拟合优度较大，“日本 GDP 每增加一个单位，美国的 GDP 增加 3.9 个单位”的结论比较真实。常数项为负数，可能是由样本数据太少，且不连续导致的；也可能是美国的 GDP 受很多因素影响，日本 GDP 只是其中之一，并且日本 GDP 与其他因素间存在某种关联。

4. 美国与中国。

US = 34 359.9 + 5.4·OT

相关变量：US
方法，最小平方法
日期：2008 年 5 月 17 日 16 时 42 分
取样：1989 1993
观察数量：5

变　量	系　数	标准差	统　计	概　率
C	34 359.86	3 829.666	8.972026	0.0029
OT	5.395869	0.403594	13.36956	0.0009
R－平方	0.983493	平均相关变量		80 310.00
调整后 R－平方	0.977991	S.D. 相关变量		25 462.80
回归的标准差	3 777.503	Akaike 信息标准		19.60069
残差平方和	42 808 584	Schwarz 标准		19.44446
对数可能性	－47.00172	F－统计		178.7451
Durbin－Watson 统计	3.345917	概率（F－统计）		0.000905

通过方程可知美国 GDP 与中国的 GDP 存在正相关关系。

常数项和因变量的 prob 值都极小，说明系数的显著性很高，出错的概率很小。Adjusted Rsquared = 0.98，说明方程整体的显著性和正确性很高。综合说明了根据美国 GDP 和中国 GDP 建立起来的关系方程通过系数显著性和整体显著性检验，“中国 GDP 每增加一个单位，会引起美国 GDP 增加 5.4 个单位”的结论是真实可信的。佐证了中国 GDP 对美国 GDP 的重要影响。

5. 美国与巴西。

US = －0.2＋1.4·OT

相关变量：LOG（US）
方法，最小平方法
日期：2008 年 5 月 17 日 16 时 51 分
取样：1989 1993
观察数量：5

变　量	系　数	标准差	统　计	概　率
C	－0.199700	5.134935	－0.038890	0.9714
LOG（OT）	1.357880	0.608807	2.230394	0.1120
R－平方	0.623808	平均相关变量		11.25083
调整后 R－平方	0.498411	S.D. 相关变量		0.331923
回归的标准差	0.235078	Akaike 信息标准		0.231373
残差平方和	0.165785	Schwarz 标准		0.075148
对数可能性	1.421568	F－统计		4.974656
Durbin－Watson 统计	1.380147	概率（F－统计）		0.111956

通过方程可知美国 GDP（US）与巴西 GDP（OT）存在正相关关系。

Adjusted Rsquarde＝0.50，表明残差平方和较大，回归平方和偏小，方程拟合优度很小，“巴西的 GDP 每增加一个单位，美国的 GDP 增加 1.4 个单位”的结论不可采纳。常数项为负数，可能是由样本数据太少，且不连续导致的；更有可能是美国的 GDP 受很多因素影响，巴西 GDP 只是其中之一，并且巴西 GDP 与其他因素间存在某种关联。

综合以上五个国家的 GDP 和美国 GDP 的估价方程来看，除了南非和巴西因为方程拟合度小不予采用估价方程的结论外，其他国家如中国、德国和日本三个国家的结论可信度较高。三个国家的 GDP 对美国 GDP 的影响程度由强到弱依次为：中国、德国和日本。

二、美国 GDP 和各洲 GDP 之间的估价方程

1. 美国与美洲。

US = －12 625.4＋4·OT

相关变量：US
方法，最小平方法
日期：2008 年 5 月 17 日 17 时 03 分
取样：1989 1993
观察数量：5

变　量	系　数	标准差	统　计	概　率
C	－12 625.44	10 308.85	－1.224718	0.3081
OT	3.967649	0.427872	9.272991	0.0027
R－平方	0.966288	平均相关变量		80 310.00
调整后 R－平方	0.955050	S.D. 相关变量		25 462.80
回归的标准差	5 398.456	Akaike 信息标准		20.31479
残差平方和	87 429 982	Schwarz 标准		20.15856
对数可能性	－48.78697	F－统计		85.98836
Durbin－Watson 统计	2.644169	概率（F－统计）		0.002654

通过方程可见美国 GDP（US）与美洲 GDP（OT）存在正相关关系。美洲 GDP 每增加一个单位，美国的 GDP 增加 4 个单位。常数项为负数，可能是由样本数据太少，且不连续导致的；也可能是美国的 GDP 受很多因素影响，美洲 GDP 只是其中之一，并且美洲 GDP 与其他因素间存在某种关联。

2. 美国与亚洲。

US＝－17 785＋1.7·OT

相关变量：US
方法，最小平方法
日期：2008 年 5 月 17 日 17 时 02 分
取样：1989 1993
观察数量：5

变　量	系　数	标准差	统　计	概　率
C	－17 785.03	11 438.17	－1.554884	0.2178
OT	1.675159	0.190450	8.795806	0.0031
R－平方	0.962671	平均相关变量		80 310.00
调整后 R－平方	0.950228	S.D. 相关变量		25 462.80
回归的标准差	5 680.669	Akaike 信息标准		20.41670
残差平方和	96 809 988	Schwarz 标准		20.26047
对数可能性	－49.04175	F－统计		77.36620
Durbin－Watson 统计	2.445223	概率（F－统计）		0.003096

通过方程可见其经济学意义就在于，美国 GDP（US）与亚洲 GDP（OT）

存在正相关关系。亚洲 GDP 每增加一个单位，美国的 GDP 增加 1.7 个单位。常数项为负数，可能是由于样本数据太少，且不连续导致的；也可能是美国的 GDP 受很多因素影响，亚洲 GDP 只是其中之一，并且亚洲 GDP 与其他因素间存在某种关联。经过反复的数据分析，欧洲和非洲的 GDP 与美国 GDP 间存在的相关关系不明显，基本上不存在统计数据上的相关关系，因此无法建立起关系方程。可能是数据收集不完整，样本数据太少且不连续导致的，也可能是欧洲各个国家的 GDP 之间本身就存在很强的相互影响，因此将其 GDP 的总和作为一个整体再与美国 GDP 进行数据分析，人为忽略了很多扰动因素。

综合以上美国 GDP 和两大洲 GDP 的估价关系方程结果，可见两大洲 GDP 对美国 GDP 影响程度由强到弱依次为美洲和亚洲。

三、区域强国 GDP 和 ME 之间的估价方程

1. 中国：GDP = 355.9 + 64.4·ME。

由建立的方程得知中国的 GDP 与 ME 呈正相关关系。Prob = 0.0074，Adjusted R - squared = 0.912，说明方程的拟合优度较好，GDP 对 ME 解释准确度很高。

相关变量：GDP
方法，最小平方法
日期：2008 年 5 月 12 日 21 时 20 分
取样：1989 1993
观察数量：5

变 量	系 数	标准差	统 计	概 率
C	355.8977	1 400.056	0.254203	0.8158
ME	64.41350	9.902109	6.505029	0.0074
R - 平方	0.933797	平均相关变量		8 515.800
调整后 R - 平方	0.911730	S.D. 相关变量		4 679.835
回归的标准差	1 390.393	Akaike 信息标准		17.60174
残差平方和	5 799 579	Schwarz 标准		17.44551
对数可能性	- 42.00434	F - 统计		42.31540
Durbin - Watson 统计	2.181979	概率（F - 统计）		0.007378

2. 日本：GDP = 8 104.5 + 77.3·ME。

由建立的方程得知日本的 GDP 与 ME 呈正相关关系。Prob = 0.027，Adjusted R - squared = 0.792，说明方程的拟合优度相对较好，GDP 对 ME 解释准确度比较高。

相关变量：GDP
方法，最小平方方法
日期：2008 年 5 月 12 日 21 时 23 分
取样：1989 1993
观察数量：5

变　量	系　数	标准差	统　计	概　率
C	8 104.511	7 166.551	1.130880	0.3403
ME	77.34552	19.17726	4.033189	0.0274
R - 平方	0.844290	平均相关变量		36 598.60
调整后 R - 平方	0.792387	S.D. 相关变量		5 902.426
回归的标准差	2 689.415	Akaike 信息标准		18.92121
残差平方和	21 698 863	Schwarz 标准		18.76498
对数可能性	- 45.30302	F - 统计		16.26661
Durbin - Watson 统计	2.469726	概率（F - 统计）		0.027409

3. 俄罗斯：GDP = 5 969.7 + 7.2·ME。

由建立的方程得知俄罗斯的 GDP 与 ME 呈正相关关系。Prob = 0.049，Adjusted R - squared = 0.696，说明方程的拟合优度一般，GDP 对 ME 解释准确度可以采纳。

相关变量：GDP
方法，最小平方方法
日期：2008 年 5 月 13 日 09 时 40 分
取样：1989 1993
观察数量：5

变　量	系　数	标准差	统　计	概　率
C	5 969.735	3 430.997	1.739942	0.1802
ME	7.156510	2.245293	3.187339	0.0498
R - 平方	0.772021	平均相关变量		13 252.20
调整后 R - 平方	0.696029	S.D. 相关变量		10 380.90
回归的标准差	5 723.366	Akaike 信息标准		20.43168
残差平方和	98 270 770	Schwarz 标准		20.27545
对数可能性	- 49.07919	F - 统计		10.15913
Durbin - Watson 统计	1.801468	概率（F - 统计）		0.049813

注：样本数据 1989～1993 年只表明这个数据分析仅采用了五年的数据，以 1989 年为起始数据，2003 年为终止年，平均每隔 5 年采集一个数据。为了软件分析方便，将这些数据假定为连续年份。样本数据详见表 2－7 到表 2－11。

主要参考文献

1．姚有志著：《百年战争评说》，北京：军事科学出版社2001年版。

2．胡永宏等：《综合评价方法》，北京：科学出版社2000年版。

3．梅孜编译：《美国总统国情咨文选编》，时事出版社1994年版。

4．海平著：《各国综合国力排行榜》，中国经济出版社1998年版。

5．军事科学院战略研究部编：《军事战略基本理论问题》，北京：军事科学出版社1990年版。

6．彭光谦、姚有志著：《军事战略学教程》，北京：军事科学出版社2001年版。

7．李际均著：《军事战略思维》，北京：军事科学出版社1996年版。

8．［美］埃克斯著，王振普、陈培高合译：《美国与全球性的矿物争夺》，北京：中国对外经济贸易出版社1983年版。

9．洪国起、王晓德著：《冲突与合作：美国与拉丁美洲关系的历史考察》，太原：山西高校联合出版社1994年版。

10．［美］布尔斯廷著，谢延光等译：《美国人：建国的经历》，上海：上海译文出版社1991年版。

11．［美］布尔斯廷著，时殷弘等译：《美国人：殖民地的经历》，上海：上海译文出版社1991年版。

12．布尔斯廷著，中国对外翻译出版公司译：《美国人：建国历程》，北京：三联书店1993年版。

13．［美］布尔斯廷著，中国对外翻译出版公司译：《美国人：开拓历程》，北京：三联书店1993年版。

14．［美］施纳贝尔著：《美国兵在朝鲜，第二卷：战争爆发前后》，北京：国防大学出版社1994年版。

15．［美］米利特、［美］马斯洛斯金著，军事科学院外国军事研究部译：《美国军事史》，北京：军事科学出版社 1989 年版。

16. 陈海宏著：《美国军事史纲》，北京：长征出版社 1991 年版。

17. 朱成虎编：《美国军事战略》，北京：国防大学训练部，1990 年版。

18. ［美］韦格利著，彭光谦等译：《美国军事战略与政策史》，北京：解放军出版社 1986 年版。

19. 朱崇坤著：《霸权的历程：美国军事战略冷观察》，北京：新华出版社 2000 年版。

20. 蔡祖铭著：《美国军事战略研究》北京：军事科学出版社 1993 年版。

21. 国防大学外军外语教研室编：《美国军事战略》，北京：国防大学训练部，2002 年版。

22. ［苏］波格丹诺夫等编：《美国军事战略》，北京：解放军出版社 1985 年版。

23. ［美］弗雷德尔著，刘庆庆、高学余译：《美国历届总统小传》，北京：新华出版社 1982 年版。

24. 郑伟民著：《衰落还是复兴：美国在当代世界经济中的地位》，北京：社会科学文献出版社 1998 年版。

25. 复旦大学资本主义国家经济研究所编：《美国垄断财团》，上海：上海人民出版社 1977 年版。

26. 陈翰笙著：《美国垄断资本》，北京：世界知识出版社 1955 年版。

27. 阿木编著：《美国大出兵》，北京：中国工人出版社 1993 年版。

28. ［捷］林哈尔特著，郑启温等译：《美国实用主义》，北京：人民出版社 1956 年版。

29. 王元明著：《行动与效果：美国实用主义研究》，北京：中国社会科学出版社 1998 年版。

30. 中国社会科学院美国研究所编：《美国年鉴 2001》，北京：中国社会科学出版社 2001 年版。

31. 中国社会科学院美国研究所编：《美国年鉴：2002》，北京：中国社会科学出版社 2002 年版。

32. 陈宝森、侯玲著：《美国总统与经济智囊》，北京：世界知识出版社 1996 年版。

33. 邢福有著：《为圆一个美国梦：美国总统的执政谋略》，重庆：重庆出版社 2001 年版。

34. [美] 斯坦著，金清、郝黎莉译：《美国总统经济史：从罗斯福到克林顿》，长春：吉林人民出版社 1997 年版。

35. [美] 卢墨尔著，金石、刘申合译：《美国战争经济与危机》，北京：世界知识出版社 1955 年版。

36. 陈宝森著：《美国经济与政府政策》，世界知识出版社 1988 年版。

37. 周柏林著：《美国新霸权主义》，天津：天津人民出版社 2002 年版。

38. 郭圣铭著：《美国独立战争》，北京：商务印书馆 1984 年版。

39. 王缉思、李晓岗著：《霸权梦：美国的全球战略》，厦门：鹭江出版社 2000 年版。

40. [美] 怀特著，徐朝友、胡雨谭译：《美国的兴盛与衰落》，南京：江苏人民出版社 2002 年版。

41. 章杨著：《美国的战争：从阿富汗到伊拉克》，北京：中国社会科学出版社 2003 年版。

42. 复旦大学美国研究中心编：《美国研究》，上海：复旦大学出版社 1986 年版。

43. [美] 汉森著，北京大学经济系译：《美国的经济》，北京：商务印书馆 1962 年版。

44. [美] 索贝尔著，尤安山、吴长义译：《美国的经济智囊》，上海：上海译文出版社 1989 年版。

45. 阮次山著：《震撼与考验：美国的抉择》，北京：九州出版社 2004 年版。

46. 秦亚青著：《霸权体系与国际冲突：美国在国际武装冲突中的支持行为：1945～1988》，上海：上海人民出版社 1999 年版。

47. 刘靖华著：《霸权的兴衰》，北京：中国经济出版社 1997 年版。

48. [罗马尼亚] 皮泰雅著，后勤学院学术研究部译：《经济与国防》，北京：解放军出版社 1987 年版。

49. 张雄著：《经济哲学：从历史哲学向经济哲学的跨越》，昆明：云南人民出版社 2002 年版。

50. [美] 萨缪尔森著，高鸿业译：《经济学》上册，北京：商务印书馆 1979 年版。

51. [美] 萨缪尔森著，高鸿业译：《经济学》中册，北京：商务印书馆 1981 年版。

52. [美] 斯蒂格利茨著，高鸿业等校译：《经济学》上册，北京：中国人民大学出版社 1997 年版。

53. 薛兆丰著：《经济学的争议》，北京：经济科学出版社 2002 年版。

54. 樊纲著：《经济文论》，北京：三联书店 1997 年版。

56. [美] 沃尔特·拉塞尔·米德著，曹化银译：《美国外交政策及其如何影响了世界》，北京：中信出版社 2003 年版。

57. 姚有志著：《二十世纪战略理论遗产》，北京：军事科学出版社 2001 年版。

58. 姚有志著：《世纪论兵》，北京：解放军文艺出版社 2002 年版。

59. 刘化绵著：《中国军事经济学教程》，北京：解放军出版社 1992 年版。

60. [德] 勒施著，王守礼译：《经济空间秩序：经济财货与地理间的关系》，北京：商务印书馆 1995 年版。

61. 洪兵著：《中国战略原理解析》，北京：军事科学出版社 2002 年版。

62. [古罗马] 恺撒著，席代岳译：《恺撒战记》，桂林：广西师范大学出版社 2002 年版。

63. 马克·A. 施托勒著：《盟友和对手》中文版，新华出版社 2002 年版。

64. [德] 克劳塞维茨著：《战争论》第 1 卷，商务印书馆 1997 年版。

65. [美] 阿伦·米利特著：《美国军事史》，北京：军事科学出版社 1989 年版。

66. 保罗·肯尼迪著：《大国的兴衰：1500 年以来的经济变迁与军事冲突》，纽约兰登书屋 1987 年版。

67. 石培华、王学梅著：《美国新经济走向评析》，贵阳：贵州人民出版社 2001 年版。

68. [美] 卢墨尔著，金石、刘申合译：《美国战争经济与危机》，北京：世界知识出版社 1955 年版。

69. 中国社会科学院美国研究所：《美国研究》，2000，No.1～4；2001，No.1～4；2002，No.1～4；2003，No.1～4。

70. 糜振玉著：《战争与战略理论探研》，北京：解放军出版社 2004 年版。

71. 军事科学院战略研究部编：《战争与战略理论集粹》，北京：军事科学出版社 1989 年版。

72. 张文生、杨仕文著：《全球出击：美军海外行动史 1946～1997》，北京：中共中央党校出版社 1997 年版。

73. 张晖编著：《难圆霸主梦：20 世纪美国十次出兵》，北京：军事科学出版社 1999 年版。

74. 傅大刚、金鑫著：《挑战世界：美国出兵海外纪实》，北京：台海出版社 1999 年版。

75. 黄彬、曹仁义著：《美国二百年对外用兵实录》，北京：兵器工业出版社 2003 年版。

76. 冷战后美国对外用兵编辑委员会编：《冷战后美国对外用兵研究》，北京：军事科学出版社 2002 年版。

77. 姜英著：《20 世纪美苏十大出兵》，呼和浩特：内蒙古人民出版社 2003 年版。

78. [英] 基斯·哈特利等著，姜鲁鸣等译：《国防经济学手册》，北京：经济科学出版社 2001 年版。

79. 胡鞍钢、门洪华主编：《解读美国大战略》，杭州：浙江人民出版社 2003 年版。

80. 钮先钟著：《战史研究与战略分析》，台北：军事译粹社 1988 年版。

81. [美] 奥利维尔·如恩斯著，闰循华等译：《为什么 20 世纪是美国世纪》，北京：新华出版社 2002 年版。

82. 洪兵著：《国家利益论》，北京：军事科学出版社 1999 年版。

83. 杨鲁军著：《论里根经济学》，上海：学林出版社 1987 年版。

84. [澳] 卡特、麦道克著，杨鲁军、虞虹译：《理性预期：八十年代的宏观经济学》，上海：上海译文出版社 1988 年版。

85. 梁小民著：《经济学是什么》，北京：北京大学出版社 2002 年版。

86. [英] 拉波希尔著，李燕晴、汪希宁译：《亚当·斯密》，北京：中国社会科学出版社 1990 年版。

87. [美] 索贝尔著，尤安山、吴长义译：《美国的经济智囊》，上海：上海译文出版社 1989 年版。

88.《马克思恩格斯全集》第 20 卷，北京：人民出版社 1971 年版。

89. [美] 尼克松著，范建民等译：《超越和平》，北京：世界知识出版社 1995 年版。

90. [美] 希尔斯曼等著，曹大鹏译：《防务与外交决策中的政治》，北京：商务印书馆 2000 年版。

91. [美] 杜鲁门著，李石译：《杜鲁门回忆录》第 1 卷：《决定性的一年》，北京：三联书店 1974 年版。

92. [英] 斯密著，郭大力、王亚南合译：《国民财富的性质和原因的研究》上卷，北京：商务印书馆 1972 年版。

93. [英] 斯密著，郭大力、王亚南合译：《国民财富的性质和原因的研究》下卷，北京：商务印书馆 1974 年版。

94. 孜编译：《美国政治统计手册》，北京：时事出版社 1992 年版。

95. 熊伟民著：《战时美国的欧洲战略》，湖南：湖南教育出版社 1997 年版。

96. 周建明著：《美国安全解读》，北京：新华出版社 2002 年版。

97. 刘金质著：《美国国家战略》，沈阳：辽宁人民出版社 199Z7 年版。

98. [美] 汉斯编，顾世纯译：《美国战略论文集》，台北：黎明文化事业公司 1986 年版。

99. 恭嵩等著：《战争艺术与经济杠杆》，济南：黄河出版社 1992 年版。

100. [美] 乔根森等著，李京文译：《生产率与美国经济增长》，北京：经济科学出版社 1989 年版。

101. [美] 罗伯特·基欧汉著，苏长和译：《霸权之后：世界政治经济中的合作与纷争》，上海人民出版社 2001 年版。

102. 王绳祖：《国际关系史 1648～1814》（第 1 卷），北京：世界知识出版社 1996 年版。

103. 王绳祖：《国际关系史 1814～1871》（第 2 卷），北京：世界知识出版社 1996 年版。

104. 王绳祖：《国际关系史 1871～1918》（第 3 卷），北京：世界知识出版社 1996 年版。

105. 王绳祖：《国际关系史 1917～1929》（第 4 卷），北京：世界知识出版社 1996 年版。

106. 阎学通著：《美国霸权与中国安全》，天津：天津人民出版社 2000 年版。

107. [美] 约瑟夫·奈著，郑志国等译：《美国霸权的困惑：为什么美国不能独断专行》，北京：世界知识出版社 2002 年版。

108. 库桂生主编：《国防经济学说史》，高等教育出版社 2003 年版。

109. 库桂生主编：《国防经济建设与经济建设协调发展的新探索》，北京：国防大学出版社 2003 年版。

110. 库桂生主编：《国防经济理论的创新与发展》，北京：国防大学出版社 2002 年版。

111. 方长平著：《国家利益的建构主义分析》，北京：当代世界出版社 2002 年版。

112. 多恩布什、费希尔：《宏观经济学》，北京：中国人民大学出版社 1997 年版。

113. 萨克斯、拉雷恩：《全球视角的宏观经济学》，上海：上海三联书店出版社 1997 年版。

114. 保罗·格鲁格曼：《萧条经济学的回归》，北京：中国人民大学出版社 1999 年版。

115. 田国强：《为什么中国的宏观调控政策仍未达预期目的》，《国际经济评论》1999 年第 11 期。

116. Sean J. A. Edwards（US）：Mars Unmasked：the Changing Face of Urban Operations，Arlington：RAND，2000.

117. ussell F. Weigley（US）：The American way of war：A History of United states military strategy and policy，New York：Macmillan Publishing，1973.

118. Archer：World history of warfare，London：Cassell，2003.

119. Torbjqrn L. Knutsen（US）：the Rise and Fall of World Orders，Manchester：Manchester University Press，1999.

120. Thomas A. Bailey（US）：The American pageant：A history of the republic，Massachusetts：D.C. heath and company，1971.

121. J. D. Morelock（US）：the Army Times Book of Great Land Battles：From the Civil War to the Gulf War，New York：Berkley Books，1999.

122. Stephen J. Combala（US）：US military strategy and the Cold War endgame，London：Frank Cass and Company Limited，1995.

123.（US）Richard A. Gabriel、（US）Donald W. Boose，JR.：The great battles of antiquity：a strategic and tactical guide to great battles that shaped the development of war，Westport：Greenwood Press，1994.

124. Marten Van Heuven（US）：American engagement，Santa monica：Rand，2000.

125. Jnnnifer Morrison Taw (US): Operations other than War: Implications for the U.S. Army, Santa Monica: RAND, 1995.

126. Chris hedges: War is a force that gives us meaning, New York: BBS publicAffairs, 2002.

127. John Arquilla (US): In Athena's Camp: Preparing for Conflict in the Information Age, Santa Monica: RAND, 1997.

128. John D. Pinder (US): Evaluating Future Force Options for the U.S.Army: a hybrid, interactive, multiple - attribute, exploratory approach, Santa Monica: RAND, 2000.

129. Armed Forces and Society(武装力量与社会)2004, 1、2.

130. Economist,2004.30.31.32.37.38.39.

后　记

本书是在我的博士论文和博士后研究报告的基础上增补完成的。

在军事科学院攻读博士期间，当导师最终为我选定“美国军事战略的经济因素分析”作为我博士论文选题时，直觉上预感这是一个很难驾驭的题目，因为要从经济的视角去探析一个具有浓郁政治色彩的社会现象，首先必须拂去美国战争行为表象上的东西，然后才能客观分析交互乃至隐匿在美国战争的政治性、军事性、意识形态等综合因素之中的经济性，毫无疑问，这需要极其宽广的战略眼界。

非常幸运的是，我的导师、导师组成员和指点过我的学术界师长都是具有大战略思维的战略学专家。没有第一任导师——军事科学院原院长、现任总参第一副总长葛振峰将军传授的军事理论和丰富的实践经验作底蕴，我不可能选择美国战争及其军事战略作为博士论文的研究对象。没有第二任导师——军事科学院原外军部副部长傅立群将军渊博的学识支撑和悉心指导，我不可能攻克写作过程中的一个又一个难关。导师们高尚的学术品格、忠诚的军人养成、坚强豁达的人生态度是我做学问和做人的楷模；没有李际均、姚有志、刘继贤、彭光谦、梁晓秋、武希志、皮明勇、陈舟、姚云竹、姜春良、库桂生、金一南、江凌飞、王克斌、冯亮等军事科学院、国防大学、总参作战部、总后军需部首长和专家们的潜心指教和热情帮助，我不可能顺利完成博士论文，也就不可能有这本书的雏形。老师们的教诲将使我终生受益，师恩永存。

与此同时，我也要真诚地感谢军事经济学院国防经济系主任罗敏教授——我的博士后合作导师。导师缜密而辩证的思维方式、与时俱进的学术风格以及渊博精湛的学术造诣使我受益匪浅，他既是我的良师，更是难得的益友，两年的研究指导将惠及终生，没有他无私的帮助和持续的支持，这本书的瑕疵可能会更多，我永远感念他。由衷感谢那些不知名的、盲评本书的专家们，你们的鼓励和认可是我将美国战争继续研究下去的不竭动力。

最后，我要深切感谢生命中最挚爱的两个人：丈夫陈传喜和儿子陈飞，他们为我所作的默默奉献溢于言表。

杜文君

2008 年 12 月 28 日